Demokratie und Autokratie in der vergleichenden Demokratieforschung

Jürgen Hartmann

Demokratie und Autokratie in der vergleichenden Demokratieforschung

Eine Kritik

 Springer VS

Jürgen Hartmann
Helmut-Schmidt-Universität/Universität
der Bundeswehr
Hamburg
Deutschland

ISBN 978-3-658-07478-4   ISBN 978-3-658-07479-1 (eBook)
DOI 10.1007/978-3-658-07479-1

Die Deutsche Nationalbibliothek verzeichnet diese Publikation in der Deutschen Nationalbiblio-
grafie; detaillierte bibliografische Daten sind im Internet über http://dnb.d-nb.de abrufbar.

Springer VS

Lektorat: Dr. Jan Treibel, Wenzel Seibold

Gedruckt auf säurefreiem und chlorfrei gebleichtem Papier

Springer VS ist eine Marke von Springer DE. Springer DE ist Teil der Fachverlagsgruppe Springer
Science+Business Media
www.springer-vs.de

Inhaltsverzeichnis

Einleitung

1

Die Politikwissenschaft – eine Demokratiewissenschaft? Blickt man auf die Titel der Fachbücher und die Artikel der Fachjournale, stellt sich die Frage, ob die Politikwissenschaft, insbesondere, soweit sie sich dem Vergleich politischer Systeme zuwendet, noch andere Themen für wichtig hält. Da wird fleißig kategorisiert und botanisiert. Von Qualitätsdemokratie ist die Rede, dem Standardtypus, davon unterschieden werden die defekte Demokratie, die delegierte Demokratie und die Wahldemokratie, sämtlich Minus-Ausgaben der vollständigen Demokratie.

Die Demokratie wird in Teilregime eingebettet wie den Rechtsstaat, ein faires Wahlsystem, Medienfreiheit, ganz am Ende sind auch irgendwo seltsame Vokabeln wie soziale Gerechtigkeit und Sozialstaat herauszuhören. Wo die Qualitätsdemokratie im hellen Licht erstrahlt, das in den weniger perfekten Demokratien stufenweise abgedimmt wird, findet sich auf der Gegenseite die düstere Welt der Diktatur, die, um sie noch dunkler zu machen, in ganz, ganz alter Sprache und überaus bildungsstark als Autokratie vorgeführt wird. Auch diese wird unter die Lupe genommen, vorzugsweise unter der Fragestellung, welche Varianten es davon gibt und ob die eine oder andere Variante bessere Aussichten verheißt, sich zu einer Demokratie zu wandeln. Zuletzt sei vermerkt, dass inzwischen auch die Denker vordemokratischer Epochen bis zurück in die Antike gedreht und gewendet werden, um darin bereits Ursprünge der Gegenwartsdemokratie zu entdecken.

Jahrzehntelang kam die Politikwissenschaft bei der Charakterisierung der Demokratie mit klassischen Formaten wie der repräsentativen und der direkten Demokratie über die Runden, mit der parlamentarischen und präsidialen Demokratie. Diese wurde dann in jüngerer Zeit noch in die Mehrheits- und Konsensdemokratien differenziert. Ebenso verhielt es sich mit der Diktatur. Da gab es die totalitäre

© Springer Fachmedien Wiesbaden 2015
J. Hartmann, *Demokratie und Autokratie in der vergleichenden Demokratieforschung*, DOI 10.1007/978-3-658-07479-1_1

und die autoritäre Diktatur, Letztere auch als ein autoritäres Regime bezeichnet. Die totalitäre Diktatur war zugleich ein gesellschaftliches Großexperiment mit einem neuen Menschen, die autoritäre Diktatur eine Herrschaftsform, die den Zugang zu Macht und Geld durch die Ausschließung mehr oder weniger großer Teile der Gesellschaft einschränkte.

Nach den Gründen für die gegenwärtige Demokratieforschung muss man nicht lange suchen. Sie liegen im Ergebnis des Wettkampfs der politischen Systeme. Er bestimmte die Weltpolitik in der zweiten Hälfte des letzten Jahrhunderts. War die Erforschung des Wandels autoritärer Systeme in jüngerer Zeit zunächst noch von einer Welle der Demokratisierung im Südeuropa der 1970er und im Lateinamerika der 1980er Jahre inspiriert und wurde sie zunächst auch hauptsächlich von Region- und Länderspezialisten geführt, explodierte sie geradezu, als die sozialistische Staatenwelt in sich zusammenfiel, als anschließend im östlichen Mitteleuropa neue Demokratien entstanden und selbst in Russland und die Ukraine vorübergehend optimistische Entwicklungen in Richtung auf Demokratie hineingedeutet wurden.

Jetzt rastete eine Demokratieforschung ein, wie wir sie heute beobachten. Ihr zentrales Thema, der unaufhaltsam scheinende Siegeszug der Demokratie auch in den regimepolitischen Schlechtwetterzonen der Welt, wird seit Jahren durch Stagnation und Rückschläge dementiert. Doch setzen sich im Forschungs- und Lehrbetrieb neue Schwerpunktsetzungen erst einmal durch, geht es nach den Mühen des Anfangs meist jahrelang leichtläufig weiter.

Inzwischen lässt sich sogar von einer Veröffentlichungsindustrie sprechen, die um die Themen Demokratie und zunehmend auch der Autokratie kreist. Sie wird hauptsächlich von US-amerikanischen Wissenschaftlern und Publizisten in Schwung gehalten, die sich im politischen Spektrum ihres Landes eher rechts von der Mitte positionieren. An Epigonen europäischer Provenienz sollte es nicht mangeln. Das hehre Ziel der Demokratieförderung hat in den vergangenen Jahren so manche politische Intervention im Dienste der amerikanischen Außen- und Sicherheitspolitik begleitet. Der Vorwurf mangelnder Demokratie ist ein wohlfeiles Mittel, um Mächte zu tadeln, wie etwa China, die auf der weltwirtschaftlichen Überholspur immer enger aufschließen, oder die wie Russland zu groß und zu sperrig sind, um sich als weltpolitischer Juniorpartner ins Schlepptau nehmen oder sich widerspruchslos als politisch minderwertig qualifizieren zu lassen.

Doch was eigentlich ist Demokratieforschung? Der Arbeitskreis Demokratieforschung in der DVPW führt folgende Arbeitsgebiete auf: 1) Die Bedingungen für die Entstehung und die Behauptung der Demokratie, 2) die Qualität der Demokratie, 3) der Vergleich alter und junger Demokratien, 4) die Steuerungskapazität von Demokratien, 5) die Konsolidierung junger Demokratien, 6) die Gefährdung und Selbstgefährdung der Demokratie, 7) hybride Regime bzw. defekte Demokratien. Diese Themen sollen methodenreflektiert und im interkulturellen Vergleich bearbeitet werden (AK Demokratieforschung [DVPW]: Profil 2013).

In der deutschen Politikwissenschaft ist ein eigener Arbeitsbereich „Demokratieforschung" ausgewiesen. Im angelsächsischen Raum werden die entsprechenden Themen im weiter gefassten Gegenstandsbereich der Comparative Politics bearbeitet. Mit dem *Journal of Democracy* und *Democratization* gibt es allerdings zwei herausragende Journale, die sich der Demokratieforschung widmen. Im letzten Band der in Abständen publizierten Bestandsaufnahmen der US-amerikanischen Politikwissenschaft kommt ein Beitrag über „The Great Transformation in the Study of Developing Countries" den oben aufgeführten Arbeitsfeldern inhaltlich am nächsten (Geddes 2002).

Die Herausgeber von *Democratization*, einem der bedeutendsten Veröffentlichungsplätze der Demokratieforschung, heben, wie es dem Titel des Journals entspricht, ganz auf die Zieldimension politischer Wandlungsprozesses ab. Sie benennen ausdrücklich die – inzwischen nicht mehr ganz so – jungen Demokratien in Osteuropa und in der Dritten Welt (developing world) als die Schwerpunkte ihrer Zeitschrift (Haynes und Croissant 2013).

Wie auch immer: Die Demokratieforschung, wie sie sich in der einschlägigen Literatur darstellt, konzentriert ihr Interesse auf die „jungen" Demokratien. Die „alten Demokratien" dienen eher zur Veranschaulichung und als Reservoir für Kriterien, was eine etablierte Demokratie ausmacht.

Diese Akzentsetzung erklärt auch das wachsende Interesse an der Autokratie. Viele der jüngeren Demokratien dürfen als gefestigt gelten, andere wirken noch instabil, hier und dort erwies sich die Demokratie als Episode. Die Periode stürmischer Ausbreitung der Demokratie scheint absehbar vorbei. Da ist es allzu verständlich, wenn das Interesse an der Beharrungsfähigkeit der Diktaturen entsprechend gestiegen ist.

Das Anliegen dieses Textes ist die kritische Auseinandersetzung mit der Demokratieforschung. Was die Demokratieforscher treiben, hat handwerklich Hand und Fuß. Kritik auf dieser Ebene dürfte bei der Frage stehen bleiben, ob und wie man dies und jenes besser machen könnte.

Für den kritischen Blick erscheint es ergiebiger, danach zu fragen, ob die Demokratieforschung ein politisches Weltbild verwissenschaftlicht, wie sie mit der Historie der Demokratie umgeht und wie weit sie mit anderen Sparten des politikwissenschaftlichen Systemvergleichs kommuniziert.

Solche Fragen stellen sich nicht von ungefähr. Die Demokratie ist das zentrale Legitimationskonzept der westlichen Welt. Sie unterlegt nicht nur die politische Kritik an anderen Herrschaftssystemen, sondern begleitet auch die Interessen, die demokratische Staaten in der Welt verfolgen. Eine Politikwissenschaft, die sich eng an die Politik selbst herandefiniert, muss sich die Frage gefallen lassen, ob sie sich damit begnügt, die politische Welt zu erklären, oder aber ob sie sich, vielleicht ohne es zu wollen, in die politische Welt integriert.

Literatur

AK Demokratieforschung [DVPW] 2013: Profil 199. www.politikwissenschaft.uni-wu-erburg.de/lehrbereiche. Zugegriffen: 25. Juli. 2014.

Geddes, B. (2002). The great transformation in the study of developing countries. In I. Katznelson & H. C. Milner (Hrsg.), *Political science: The state of the discipline* (S. 342–370). New York: Norton.

Haynes, J., & Croissant, A. (2013). Aims and scope. http://tandfonline.com/action/journalInformation?show=aimsScope&journal. Zugegriffen: 25. Juni. 2014.

Historie und Ideen: Vom Verfassungsstaat zur Demokratie

2

In der aktuellen Demokratieliteratur wird gern das Werk großer Geister der Vergangenheit bemüht, um sie als Vordenker der modernen Demokratie vorzustellen. Dabei hat sich eine Art Standardschilderung gebildet. Sie vermittelt den Eindruck einer Kontinuität von der Antike bis in die Gegenwart (Beispiele Vorländer 2010; Schmidt 2010). Prüfen wir zunächst, ob dies der ideenhistorischen Betrachtung standhält. Als Maßstab wird der demokratische Verfassungsstaat unserer Tage gewählt: universelles Erwachsenenwahlrecht, in freier und gleicher Wahl ermächtigte politische Institutionen, verbürgte bürgerliche Freiheiten, Mehrheitsentscheid, Oppositionsfreiheit.

2.1 Die Antike

Wer hat die Demokratie erfunden? Na, welche Frage: Die Griechen waren's, und zwar vor weit über 2000 Jahren! So lautet eine gängige These. Kaum ein Einführungs- oder Übersichtswerk, das sich dem Thema der Demokratie widmet, versäumt es, darauf hinzuweisen. Aber was ist dran? Die Frage stellen, heißt die Antwort präjudizieren – nichts! Was *Kleisthenes*, *Perikles* und *Aristoteles* unter Demokratie verstanden, hat mit der realen Demokratie unserer Tage nichts zu tun.

Die meisten Menschen der hellenischen und römischen Antike, die sich nicht mit dem Bürgerattribut schmücken durften, waren Rechtlose, Sklaven – Produktionsmittel und Haushaltsinventar. Der Bürgerstatus verlieh in aller Regel, wie im „Modellstaat Athen", das Recht zur Teilnahme an der Volksversammlung. Diese

© Springer Fachmedien Wiesbaden 2015
J. Hartmann, *Demokratie und Autokratie in der vergleichenden Demokratieforschung*, DOI 10.1007/978-3-658-07479-1_2

fasste Beschlüsse und wählte die Amtsinhaber. Die Übernahme öffentlicher Ämter war Bürgerpflicht.

Der Bürgerstatus war rechtlich, aber auch soziologisch rigide stratifiziert und an das Vermögen gekoppelt. Für Ämter kamen von den auf maximal 40.000 geschätzten Athener Bürgern bloß einige Tausend infrage, die überhaupt an der Volksversammlung teilnahmen. Allein die Vornehmen und die Begüterten waren für Staatsämter prädestiniert. Kein schnöder Broterwerb hinderte sie daran, sich voll und ganz für das Gemeinwesen einzusetzen. Rhetorisch geschult, beherrschten sie die öffentlichen Versammlungen.

Athen als das Zentrum eines maritimen Reiches im östlichen Mittelmeer war fortwährend in militärische Auseinandersetzungen verwickelt. Der Bürgerstatus verpflichtete zum Militärdienst. Für den Wert des Bürgers und Soldaten galt lange die Devise, je teurer und effektiver die Bewaffnung, desto höher der Bürgerstatus. Weil immer stärker die Masse der Krieger, weniger die Klasse ihrer Waffen die Kampfkraft bestimmte, wurden beispielsweise in Athen immer mehr Menschen der Bürgerstatus zuerkannt (dazu und zum Folgenden Welwei 2011a, S. 151 ff., b, S. 301 ff.; Lakoff 1996, S. 39 ff.).

Damit entstand ein Problem. Es galt zu vermeiden, dass sich ein Tyrann der Herrschaft bemächtigte. Dafür gab es in der antiken Welt reichhaltige Anschauung: die Perser, die Ägypter, die Assyrer, ja nicht zuletzt mit *Peisistratos* und seinen Nachfahren auch die Potentaten in der griechischen Welt. Ein Alleinherrscher drohte die Vorzüge der Zugehörigkeit zum Bürgeradel zu entwerten. Es sollte aber auch vermieden werden, dass die vielen Bürger niederen Ranges die Geschicke bestimmten. Zwar konnten ihnen, der Mehrheit des Volkes, die politischen Rechte schwer wieder genommen werden, ohne den Frieden in der Gemeinschaft aufs Spiel zu setzen. Sollte aber die Bürgermehrheit politisch den Ausschlag geben, stand die Aristokratie zur Disposition der Volksstimmung und derjenigen, die sie zu beeinflussen verstanden. Die naheliegende Lösung war eine auf Stabilität angelegte Konstruktion, die alle drei Kräfte kombinierte und gleichzeitig gegeneinander austarierte: die gemischte Verfassung – der Urgedanke der modernen Gewaltenteilung!

Am bekanntesten wurde das Experimentieren mit Formen der gemischten Verfassung im Stadtstaat Athen. Es gelangte nie in die lupenreinen Formen, wie sie von den antiken Staatsdenkern präsentiert wurden, namentlich von *Aristoteles*. Wichtig für die Geschichte der Demokratie: Die Demokratie als Mehrheitsherrschaft war hier noch kein Ideal, ganz im Gegenteil!

Ein ganzes Genre der antiken Staatstheorie rankte sich um den Vorsatz, das gemeine Volk, da es sich von der Politik schon nicht fernhalten ließ, wenigstens nicht zu mächtig werden zu lassen. Die Bürger mochten wohl Gesetze, also allgemein verbindliche Regeln, mitbeschließen. Das Regieren sollte am besten aber einer Minderheit in der Bürgerschaft überlassen werden, die sich auf die eine oder andere Weise dafür qualifizierte, sei es durch Ansehen, großen Besitz, Erfahrung, Verantwortungsbewusstsein oder was auch immer. Ihr war die Ausübung politischer Ämter vorbehalten.

Blicken wir kurz auf *Aristoteles* (384–324 v. Chr.), der in den Werken, die in die Demokratieforschung einführen, gern als erster Zeuge für die Idee der Demokratie aufgerufen wird. Grundlegend für seine Unterscheidung der Herrschaftsordnungen – es sei hier deshalb so altfränkisch ausgedrückt, weil die Bildung des Staates, wie wir ihn kennen, noch viele Jahrhunderte auf sich warten ließ – sind die Anzahl der Herrschenden und ihre moralische Qualität. Die guten Ordnungen sind die Monarchie, in der ein Einzelner Herrschaft ausübt, ferner die Aristokratie, die Herrschaft weniger, dafür aber der Besten, und schließlich die Politie, in der alle Bürger an der Herrschaft teilhaben, aber keineswegs allein, sondern gemeinsam mit der Aristokratie und einem Monarchen.

Die schlechten Ordnungen sind die Tyrannei, das Regiment einer üblen Herrscherfigur, ferner die Oligarchie, die Herrschaft weniger, denen allein am eigenen Vorteil gelegen ist, und schließlich die Demokratie. Letztere wird als Herrschaft eines Pöbels verstanden, der seinen Emotionen und Vorurteilen freien Lauf lässt (Aristoteles 1998, S. 114). Die Mehrheit entscheidet Kraft ihrer Masse. Das kluge Argument weniger, das vom Wohl des Ganzen geleitet ist, geht ins Leere.

Aristoteles unterstellt einen ständigen Wandel dieser Formen. Die Monarchie kann zu einer Tyrannei mutieren oder aber zu Gunsten einer Aristokratie zurücktreten. Die Aristokratie weicht der Oligarchie, und eine Oligarchie, die lange genug Misswirtschaft treibt, bereitet dem Aufstand des Pöbels den Weg. In diesem Schema sind einige Elemente enthalten, die bis in moderne Demokratiemodelle durchtragen: die Kategorisierung der Herrschaft nach der Anzahl der an der Herrschaft Beteiligten sowie der Missbrauch politischer Ämter und der politische Wandel!

Für existenzielle Situationen, etwa wenn ein Krieg drohte, war nach wie vor ein Erster unter den aristokratischen Gleichen gefragt. Im Kampf gilt es rasch zu entscheiden, dafür eignet sich die Beratung nicht. Hier hat das Amt des antiken Monarchen seinen Ursprung. Diese Herrscherfigur ist aber nicht als Alleinherrschaft zu verstehen. Das Ideal ist die von *Aristoteles* gepriesene Kombination der Herrschaft eines Einzelnen, des Regenten, ferner die Herrschaft der Vortrefflichen, die ihn wählen und die über Gemeinschaftsbelange beraten, und schließlich die Herrschaft aller, des Volkes, das selbst entscheidet, ob es sich einem Gesetz unterwirft, das ihm vorgeschlagen wird.

Diese „gemischte Verfassung" steht im Dienste eines politischen Ziels: die vorhandene Ordnung zu stabilisieren. Beim Lob des großen *Aristoteles* kommt meist allerdings die Tatsache zu kurz, dass nur wenige und dazu noch abgestuft allein Privilegierte im hellenischen Stadtstaat den Bürgerstatus hatten. Die Masse der Menschen, die darin lebten und arbeiteten, waren Rechtlose. Die Privilegierten bildeten die *Polis*, modern ausgedrückt: den öffentlichen Raum. Was sie sonst taten, als Familienhäupter, Gewerbetreibende oder Landwirte, war Sache des *Oikos*, des Hauses, einzig und allein ihre Privatangelegenheit.

In Rom verhielt es sich in mancher Hinsicht ähnlich. Es wuchs sich über die Stadt zum Imperium aus, behielt aber lange seine republikanische Verfassung bei. Hier begegnet uns zum ersten Mal der Begriff der Republik – *res publica*. Die Republik sollte in späteren Epochen einmal in der Abgrenzung zur Demokratie, dann wieder im Einklang mit der modernen Demokratie gebraucht werden.

Der politische Kern des römischen Imperiums war eine stadtstaatliche Verfassung. Die meisten Bürger Roms waren Plebejer, überwiegend Arme. Immerhin waren sie Bürger, also keine Sklaven. Und dies bedeutete, dass sie bürgerliche Rechte besaßen. Aber auch hier verhielt es sich so, dass die formale Rechtsgleichheit nicht allzu viel bedeutete. Die alten und reichen Familien Roms, die Patrizier, beherrschten seit je Staat und Politik. Die Masse der Bevölkerung bestand wie in Athen aus Rechtlosen, aus Sklaven, die dem Eigentumsrecht der Bürger Roms unterlagen.

Das Herzstück der römischen Republik war der Senat. Die Mitgliedschaft war hauptsächlich den Patriziern vorbehalten. Sie galt auf Lebenszeit. Beim Versterben eines Senators rückte anfänglich auf Vorschlag der Konsuln, später auf Vorschlag der Zensoren, die unter anderen das Vermögensregister verwalteten, ein Senator nach. Er musste sich durch die vorherige Bewährung in öffentlichen Ämtern – *cursus honorum* – dafür qualifiziert haben. Der Senat bestimmte die Politik Roms. Das Volk wählte in den Konsuln, Quästoren und Prätoren (Exekutiv-, Finanz- und Gerichtsbeamten) seine Regierenden. Für die Amtsträger galt das Prinzip der Annuität – die unmittelbare Wiederwahl war ausgeschlossen. Die Wahl erfolgte öffentlich durch das Volk Roms. Dieses votierte aber nicht direkt, sondern, in Zenturien gegliedert, vermittels seiner Delegierten. Zwei Konsuln, die lediglich für die Dauer eines Jahres berufen wurden, standen an der Spitze der Verwaltung. In dieser Eigenschaft traten sie auch als Militärbefehlshaber auf. In Notzeiten wurde ein Diktator bestellt. Er hatte den Auftrag, eine schwierige Herausforderung zu bewältigen und besaß dafür weitreichende Vollmachten (dazu und im Folgenden Jehne 2013, S. 24 ff., 81 ff.; Lakoff 1996, S. 65 ff.).

Mit der Drohung einer *secessio plebis* (zwischen dem 3. und 5. Jahrhundert v. Chr.) erzwang der Plebs im Laufe der Zeit eine Erweiterung der Verfassung. Hinter dieser Drohung stand der wirtschaftliche Boykott: das Druckpotenzial einer Abwanderung der Handwerker und Kaufleute aus dem Stadtbezirk Rom. Mit dem Versagen der alltäglichen Versorgung hätten die einfachen Bürger das Zentrum des Imperiums zum Stillstand gebracht. Als Ergebnis dieser antiken „Politik von unten" wurde unter anderem das Amt des Volkstribuns zugestanden. Die Volkstribune hatten den Auftrag, beim Senat die Interessen des Volkes zu reklamieren. Sie besaßen zu diesem Zweck weitgefasste Vetorechte.

Diese Verfassung war im Laufe der römischen Geschichte in vielen Einzelheiten dem Wandel unterworfen. In die Ermächtigung der Regierungsinhaber durch die Wahl und in ihre Bestellung auf einen im Voraus fixierten Zeitraum lässt sich bei kühner Interpretation ein Schimmer der Gewaltenteilungsidee deuten. Die Idee der Gewaltenteilung ist bis in die Gegenwart der Kern des Republikgedankens.

Wir können es kurz machen: Für die moderne Idee der Demokratie gibt Rom nicht viel mehr her als die Verfassungswelt der griechischen Antike.

2.2 Die Vertragstheoretiker

Die Sternstunde des modernen politischen Denkens verbindet sich mit dem Namen *Thomas Hobbes'* (1588–1679). Der englische Staatsphilosoph wird gern als Vordenker der Demokratie angeführt. *Hobbes* hat die zentrale Denkfigur des Herrschaftsvertrags für den modernen Staat in die Welt gesetzt. Der Staat steht im Dienste der existenziellen Interessen des Einzelnen. Zunächst leben die Menschen in einem fiktiven Naturzustand in absoluter Freiheit. Diese Freiheit aber läuft in der rauen Auseinandersetzung der Menschen um die Lebensgrundlagen auf das Recht des Stärkeren und des Heimtückischen hinaus. Keiner darf sich sicher wähnen. Weil nun alle ein Leben in der Furcht vor den anderen führen, wird das Leben schlechthin unerträglich. An diesem Punkt tritt der Staat auf den Plan. Die Menschen einigen sich darauf, sich einem Herrscher zu unterwerfen. Jeder Einzelne verzichtet in einem Herrschaftsvertrag – dem Vertrag eines jeden mit allen anderen – auf seine natürliche Freiheit, und dies bedeutet vor allem: auf eine unbeschränkte Strafgewalt in eigener Sache. Dafür bekommt er die Zusage, dass sich die Staatsgewalt künftig um seine Sicherheit und Unversehrtheit kümmert. Sie verhängt Strafen und verfolgt die Straftäter. Sofern die Staatsgewalt funktioniert, kehrt gesellschaftlicher Friede ein (dazu, auch im Folgenden: Hobbes 2000/1651, S. 94 ff., 136 f.).

Der Arm des Staates muss nicht weiter reichen, als dass er die persönliche Sicherheit garantiert. Was der Untertan glaubt, ist seine Sache, wie er wirtschaftet, ebenfalls. Er darf nur nicht dem Staatszweck, der Geltung des Rechts, zuwiderhandeln. Die Staatsgewalt mag von einer gewählten Versammlung, einer Oligarchie oder einem Alleinherrscher ausgeübt werden. Derlei Dinge sind für *Hobbes* technischer Kleinkram, den er in der Auseinandersetzung mit den antiken Schriften lediglich referiert. Auch *John Locke* (1632–1704) wird in diesem Zusammenhang ins Spiel gebracht. Sein Repräsentationsgedanke und die Bindung des Herrschers an die Zustimmungsrechte eines Parlaments muten modern an. In späterer Zeit sollte sich beides tatsächlich mit der demokratischen Idee verbinden. Bei *Locke* selbst war dies noch keineswegs der Fall. Sein Ausgangspunkt ist die Ungleichheit. Auch hier wird ein staatsfreier Naturzustand vorausgesetzt. Immerhin sind die Menschen schon so verständig, dass sie sich auf die Unterscheidung von Mein und Dein einigen.

Diese Übereinkunft wird allzu häufig missachtet. Einige sind tüchtig oder sie haben schlicht und einfach Glück, sie werden reich. Die vom Pech Verfolgten, Schwachen und Faulen bleiben arm. Neid kommt auf. *Lockes* Problem ist der lästige und Angst einflößende Pöbel, der den Reichen mit Diebstahl und Raubmord den Genuss ihres teils erarbeiteten, teils sauer ererbten Vermögens vergällt. Deshalb einigen sich die Reichen darauf, einen Staat einzurichten, der ihr Eigentum und den Genuss desselben schützt (dazu auch im Folgenden: Locke 2000/1690, S. 213 f., 216 f., 253, 281).

Eine Staatsgewalt ist in Ordnung, mag sie auch eine Steuerlast aufbürden, um die Staatsdiener zu bezahlen, deren Aufgabe es ist, Abschreckung und Strafe zu exekutieren und die Habenichtse in Schach zu halten. Aber diese Staatsgewalt muss an der kurzen Leine geführt werden. Sonst könnte sie auf den Geschmack kommen, sich den Besitz ihrer Auftraggeber, also der Reichen, unter den Nagel zu reißen. Deshalb wird diese Gewalt, verkörpert im Monarchen, von einer Vertreterversammlung der – besitzenden – Bürger kontrolliert. Gemeinsam mit dem Inhaber der Regierungsgewalt beschließen sie die Gesetze.

Der Zweck dieser Veranstaltung, persönliche Sicherheit und Sicherheit des Eigentums, steht nicht zur Disposition der Gesetzgebung. Sollte sich die Regierung trotzdem daran vergreifen, dürfen ihr die Betroffenen den Gehorsam verweigern und sogar Schritte unternehmen, um sie zu entmachten.

Das Thema ist hier im Kern das gleiche wie bei den antiken Denkern, auch die Lösung. Rechte besitzen nur wenige, der Rest der Menschen ist einfach da, als physische Tatsache und wohl auch als die Notwendigkeit, dass es Leute geben muss, die sich die Hände schmutzig machen, damit der Rest ein gutes Leben führen kann. Neu ist allerdings die Idee individueller Rechte, sei es auf persönliche Sicherheit, sei es auf Eigentum. Hierin zeigt sich die epochale Zäsur einer Moderne, die nicht mehr, wie noch die Antike und das Mittelalter, um ein gesellschaftliches Kollektiv kreist. Über die Gedanken des Mandats und des Parlamentarismus, die in der Legitimation des Staates vom Einzelnen her stecken, lässt sich freilich noch keine Verbindung zur Demokratie konstruieren. Nutznießer ist immer noch eine Oligarchie, ganz wie damals, als die Akropolis noch keine Ruine war.

In beiden Fällen handelt es sich um Staatstheorie, um vernünftige Begründungen für eine Staatsgewalt, um nicht weniger, aber auch nicht mehr. Das demokratische System vollzieht sich im Staat. Insofern besteht hier tatsächlich eine Verbindung. Das Gleiche gilt aber auch für autoritäre Systeme. Mit *Locke* hält die Idee der politischen Repräsentation Einzug in das politische Denken. Doch es geht noch keineswegs um die repräsentative Demokratie, sondern um ein Konstrukt, in dem das eben erst gekeimte Besitzbürgertum die Vorteile der exklusiven Staatsgewalt erkennt. Es erkennt darin aber auch schon die Gefahr, dass ihm diese Staatsgewalt über den Kopf wachsen könnte. Mit einer noch recht einfachen Gewaltenteilungslösung trifft es Vorsorge: Nichts Wesentliches geschieht, wenn seine Vertreter nicht zustimmen. Also immer noch Staatstheorie, doch immerhin bereits liberale Staatstheorie. Dessen ungeachtet ist Staatstheorie eine andere Sache als die Theorie des demokratischen Staates. Doch beide haben miteinander zu tun. Um späteren Ausführungen vorzugreifen: Wo kein Staat, da kann es auch keine Demokratie geben!

Historisch vollzog sich die Gründung des modernen Staates in der frühen Neuzeit aus den Interessen und Bedürfnissen diverser Herrscher. Sie hatten den Feudaladel als Hemmschuh für ihre Ambitionen erkannt. Um die religiösen Auseinandersetzungen im Gefolge der Reformation aus dem Herrschergeschäft herauszuhalten, war es ratsam und nützlich, den Staat über die Kirchen zu setzen. In diesem Kontext wurzeln *Hobbes'* Gedanken mit dem Zentralthema eines absoluten Souveräns. Und um diesen Souverän wiederum in Schach zu halten, erdenkt *Locke* eine Theorie, die den Souverän an den Willen der besitzenden Klasse bindet. Freiheit für die Geschäfte und die Sicherheit des Eigentums werden von dieser frühbürgerlichen Klasse zur Bedingung für die Anerkennung des Souveräns gemacht. Beide, *Hobbes* wie *Locke*, rationalisieren politisch-gesellschaftliche Prozesse, die in der Realität urwüchsig und nach keinem staatstheoretischen Drehbuch vonstatten gingen (dazu neben der geradezu uferlosen historischen Literatur das klassische politikwissenschaftliche Werk: Tilly 1975).

2.3 Das moderne Republikdenken

Charles de Montesquieu (1689–1755) ist der wichtigste neuzeitliche Vertreter der Gewaltenteilungsidee. Ihm mögen *James Madison* und *Alexander Hamilton* hinzugerechnet werden. Die Gewaltenteilungsidee ist in die Vorstellung einer zeitgemäßen Demokratie eingeflossen. Dem berühmten Franzosen *Montesquieu* ging es darum, im Herrschaftssystem die ständisch gegliederte Gesellschaft seiner Epoche abzubilden: die Bürger, den Adel und den Monarchen mit seiner Entourage. Die alleinige Herrschaft der Bürger, des Adels oder des Monarchen hat jeweils ihre Nachteile. Die Monarchie kann in eine Despotie umschlagen, die Aristokratie in eine Oligarchie, die Bürgerrepublik in die Herrschaft des primitiven Vorurteils und des schlechten Geschmacks. Besteht aber die Möglichkeit, dass Bürger, Adel und Monarch einander in den Arm fallen, wenn es um die Beschließung der für alle geltenden Gesetze geht, steigt die Aussicht, dass sich nicht die schlechten Eigenschaften der Klassen durchsetzen, sondern vielmehr die positiven: die Einfachheit der Bürger, die Vortrefflichkeit des Adels und das Ehrbewusstsein der Krone (Montesquieu 1994/1748, S. 119 ff.).

Montesquieu spinnt bei genauerem Hinsehen den Gedanken der aristotelischen gemischten Verfassung unter den epochalen Bedingungen des 18. Jahrhunderts aus. Mit dem freilich, was heute unter Demokratie verstanden wird, hat auch dies noch nichts zu tun. Die analphabetischen Bauern, Landarbeiter und Dienstboten seiner Zeit waren dem Aristokraten Montesquieu fremd. Wie die Sklavenbevölkerung der hellenischen Polis waren sie einfach da, nicht mehr.

Von politischer Gleichheit, die im Konzept der modernen Demokratie angelegt ist, findet sich auch in den Gedanken insbesondere Hamiltons (1754–1837) und Madisons (1751–1836), die sich in der berühmten Essaysammlung der „Federalist Papers" niederschlagen sollten, keine Spur. Zwar gab es in den frühen Vereinigten Staaten keine Geburtsaristokratie. Eine Geld- und Pflanzeraristokratie nahm ihren Platz ein. Nun war die amerikanische Gesellschaft nach den Maßstäben der Zeit deutlich egalitärer als die europäische. Auch Menschen mit kleinem Einkommen qualifizierten sich bereits für das Wahlrecht. Habenichtse freilich, von den Afro-Amerikanern ganz zu schweigen, hatten noch keinerlei Rechte, Letztere waren rechtlich betrachtet nichts anderes als eine Sache: Sklaven, wie in der Antike. Doch die Spreizung der Einkommen und Vermögen war unter den amerikanischen Bürgern selbst in dieser Zeit so beträchtlich, dass die Gebildeten und die ganz Reichen im Geiste Lockes für eine Verfassungskonstruktion eintraten, in der sie Vetomacht eingeräumt bekamen. Hier hat die Idee der Zweikammerlegislative des US-Kongresses mit dem Senat als Gegengewicht zum Volkshaus, dem Repräsentantenhaus, ihren Ursprung (Hamilton et al. 1994/1788, S. 314 ff.).

Es ließe sich argumentieren, dass diese Konstruktion auch die weniger Privilegierten schützte. Denn auch der Senat konnte gegen das Volkshaus nichts durchsetzen. Doch dieses Argument greift nicht: Der Status quo ist nun einmal so beschaffen, dass er die Privilegierten begünstigt (Formisano 2001, S. 14 ff.). Wem es im Status quo gut geht, der braucht kein Staatshandeln. Sein liebstes politisches Instrument ist die Verfassungsbremse.

In der Verfassungsfolklore, in der politischen Bildung, auch in politikwissenschaftlichen Darstellungen werden die „Federalist Papers" als die Synthese diverser Ideen einer guten politischen Ordnung dargestellt, was sicherlich zutrifft. Sie werden heute allerdings auch als ein frühes Dokument der Demokratie gelesen. Davon kann keine Rede sein. Wie auch? Was wir heute als Demokratie kennen, gab es noch gar nicht. Demokratie sollte sich erst in den folgenden Jahrzehnten entwickeln.

Keine dreißig Jahre nach Gründung der amerikanischen Republik reifte ein urwüchsiger Demokratiegedanke. Er sollte bald zu einer wirklichen Demokratisierung des politischen Systems führen. Dieser Prozess hatte aber ganz und gar nichts mit dem Werk politischer Theoretiker zu tun. Er war eine höchst praktische Angelegenheit. Demokratie entwickelte sich bei der Besiedlung des amerikanischen Westens und Südwestens, insbesondere in den Lebensverhältnissen einfacher Farmerfamilien, die es gewohnt waren, einander zu helfen und gemeinschaftliche Probleme in Eigenregie anzugehen. In den 1820er und 1830er Jahren, in der Epoche des frühpopulistischen Präsidenten *Andrew Jackson*, gelangte die Demokratie dann in die politische Sprache („Jacksonian democracy").

Erwähnen wir an dieser Stelle auch noch kurz *Alexis de Tocqueville* (1805–1859) mit seinem Werk über die Demokratie in Amerika. Die Gleichheit der Lebensweisen und der Anschauungen beeindruckten den französischen Aristokraten. Er erkannte, dass dies eine Bedingung dafür war, dass die Volksbeteiligung an politischen Dingen überhaupt funktionieren konnte. Nach seinem Geschmack war diese Demokratie aber nicht (Tocqueville 1986/1835 und 1840).

Lassen wir kurz noch einen weiteren Staatstheoretiker Revue passieren, der seine Spuren in der Verfassungslandschaft Europas hinterlassen hat: *Benjamin Constant* (1767–1830). Er intonierte das gleiche Thema wie *Hamilton* und *Madison*, und dieses Thema war die Gewaltenteilung. Er projiziert sie auf die europäischen Monarchien des 19. Jahrhunderts. Der Adel, die beharrende Klasse, ist in der einen Kammer des Parlaments vertreten, das Bürgertum, die dynamisch wachsende Klasse, in der anderen Kammer. Gesetzesbeschlüsse verlangen die Übereinstimmung beider Kammern. Damit nicht genug, hat der Herrscher noch ein Vetorecht gegen die Parlamentsbeschlüsse. Seine Aufgabe ist es auch, Konflikte zwischen den Parlamentskammern zu schlichten. Der Herrscher regiert aber nicht selbst, sondern er lässt von einer Exekutive regieren, die eigens zu diesem Zweck von ihm berufen wird. Zwar kann das Parlament diese Regierung nicht ablösen. Aber die Regierungsvertreter sind gehalten, sich den Fragen und der Kritik des Parlaments zu stellen. Das nicht mit Rechten ausgestattete Volk, den Plebs des 19. Jahrhunderts, muss man sich freilich hinzudenken, will man dieses Konstrukt als Vorläufer der Demokratie deuten (Constant 1972/1815).

Worum geht es diesen Klassikern des politischen Denkens? Das große Thema ist die Repräsentation, und zwar nicht die Repräsentation des Volkes, wie wir es heute verstehen, sondern diejenige einer Klasse, die durch ihre Vertreter regieren oder wenigstens mitregieren will. Damit ihr der Staat nicht über den Kopf wächst, wird seine Legitimation gewaltenteilig organisiert, nur eben im Vergleich mit *Locke* in einer verfeinerten Variante – mit einer Verfassung, einem Parlament und einer unabhängigen Justiz!

Demokratie setzt universelle politische Rechte voraus, nicht zuletzt das gleiche Wahlrecht. Derlei lag *Hamilton* und *Madison* wie auch *Constant* noch fern. Mochten sie dies in ihren berühmten Schriften auch nicht groß zum Thema machen, lässt der historische Kontext doch keine Zweifel daran. Wer kein Eigentum hatte, keine Bildung, wer nicht aus „guter Familie" kam, hatte in der Politik weder als Akteur noch als Inhaber politischer Beteiligungsrechte etwas zu suchen. Also Vordenker nicht einfach nur der Repräsentation, sondern auch eines gewaltenteiligen Repräsentationssystem *ja*, Vordenker der Demokratie aber: definitiv *nein*!

2.4 Die Idee der Selbstregierung

Während die referierten Klassiker noch die Erwartung hegten, dass vom einfachen Volk nichts anderes als Ungemach und nicht zuletzt der Griff in die eigene Geldbörse zu befürchten ist, bahnte sich im vorrevolutionären Frankreich eine Neubewertung des Volkes an. Für sie steht eine weitere Zelebrität des politischen Denkens: *Jean-Jacques Rousseau* (1712–1778).

Klugheit und Urteilsvermögen werden jetzt nicht mehr denen zugeschrieben, die es zu vorzeigbarer Bildung und ansehnlichem Vermögen gebracht haben, sondern vielmehr den einfachen, den „kleinen" Leuten. Um den großen *Rousseau* auf eine simple Formel zu bringen: Eigentum, Statushuberei und Macht über andere verderben den Charakter. Seitdem Rang und Besitz die Gesellschaft in ein Oben und Unten teilen und seitdem ferner ein Staat eingerichtet wurde, der mit Zwang dafür sorgt, dass es so bleibt, fährt die Menschheit auf dem falschen Dampfer. Um dem ein Ende zu machen, gibt es nur eine Lösung: Weg mit dem großen, anonymen Staatsgebilde und Einebnung der Unterschiede in Status und Eigentum! Wenn alle gleich sind, und zwar nicht auf der Basis von Besitzlosigkeit, sondern bescheidener Eigentumsverhältnisse, die für das tägliche Brot und das Dach über dem Kopf sorgen, dann ist es nur vernünftig, alle in gleicher Weise an den Gemeinschaftsbelangen mitwirken zu lassen. Eine Voraussetzung dafür ist aber, dass sich alle kennen. Anonymität verträgt sich nicht mit Gemeinschaftsempfindungen. Und dies wiederum bedeutet, dass es für die Gesetzgebung als Basis der Herrschaft keiner repräsentativen Körperschaft bedarf. Hier hat die Idee von der Demokratie als einer Identität von Regierenden und Regierten ihren Ursprung. Der herkömmliche Flächenstaat taugte nicht für diesen Entwurf. Zwar dachte *Rousseau* auch über die Frage nach, wie die Selbstregierung mit der Lösung überörtlicher Probleme in Einklang gebracht werden könnte. Doch seine Antwort, eine Konföderation kleiner demokratischer Republiken könne die Repräsentation erübrigen, überzeugte schon zu seiner Zeit nicht (Rousseau 1986/1762).

Politischen Schub erhielt die Idee des umfassend verstandenen Volkes erst in der Französischen Revolution. Das Element der Gleichheit in der revolutionären Begriffstrias von Freiheit, Gleichheit und Brüderlichkeit holte das Volk zumindest ideell in die Zukunftsvisionen von Staat und Politik hinein. Das spätbourbonische Frankreich war im Höchstmaß von Ungleichheit gekennzeichnet. Den armen Teufeln, die Paris bevölkerten, den Sansculotten, war dies ein Ansporn, den Privilegierten unter der Fahne der Revolution ans Eigentum und auch ans Leben zu gehen.

Wir beobachten hier, wie sich die Vorstellung vom Bürger peu à peu vom Zustand einer Privilegierung fortbewegt, wie sie sich mit der Idee der Gleichheit verbindet und wie auf diese Weise das ganze Volk einschließlich seiner einfachsten Glieder zu einer positiven Größe avanciert.

Die Französische Revolution ebbte nach einiger Zeit ab, um bald einer neuen Klassengesellschaft Platz zu machen. Was immerhin blieb, waren die politischen Werte der Gleichheit und der Freiheit. Erst mit der Umdeutung des Demos vom Quell' politischer Unruhe und Instabilität zum legitimen Eckpfeiler jeglicher Herrschaft verbreitete sich im frühen 19. Jahrhundert die Idee der modernen Demokratie – als Gegenprogramm zu Standesgesellschaft und Fürstenherrschaft. Nach den revolutionären Ereignissen des Jahres 1848 wurde die Demokratie zur Parole für alle, die gegen die bestehende Ordnung aufbegehrten (Canfora 2006, S. 69). Dies waren zunächst die Liberalen.

Die Liberalen sammelten sich im 19. Jahrhundert unter der Fahne des Verfassungsstaates. Sie gingen aus dieser Epoche als die Sieger hervor. Zwar hatten sie mit der Demokratie, wie wir sie heute verstehen, auch noch nichts im Sinn. Der Status des Bürgers war in Hinsicht auf die politischen Teilhaberechte immer noch ein Privileg. Wählen durfte nach dem üblichen Zensuswahlrecht dieses Jahrhunderts nur, wer so viel Vermögen sein eigen nannte, dass er darauf Steuern zahlen musste. Das Kernanliegen der Liberalen war die Mitregierung des Bürgertums im Rahmen einer Verfassung und parlamentarischer Gesetzgebung. Die neue Klasse, die sich auf Handel und Gewerbe gründete, verlangte nach politischer Macht. Die Mitsprache von Arbeitern, Tagelöhnern, Kutschern und Bauern wollte sie aber so wenig, wie es die im Abstieg begriffenen Mächte des Gestern, verkörpert im Adel, abgelehnt hatten, ihre Macht mit Fabrikanten, Apothekern und Professoren zu teilen. Was Wunder, dass die Vorstellung politischer Rechte unabhängig von Status und Besitz als Ausdruck veritabler Demokratie vor allem von der stärker werdenden Arbeiterbewegung eingefordert wurde?

Universelle politische Teilhaberechte kamen im 19. Jahrhundert auch in den USA auf die Agenda. Der republikanische Entwurf der „Federalist Papers" kreiste, wie oben skizziert, um die Gewaltenteilung. Doch hinter diesem Republikentwurf, der nach multiplen Mehrheiten verlangte, schwelte von Anbeginn der Gegenentwurf eines Gemeinwesens, in dem eine Mehrheit von Menschen wie Du und Ich den Ton angeben sollten.

Thomas Jefferson (1743–1826), der bis an die Schwelle des Erwachsenenalters keine Stadt betreten hatte, schwebte eine Republik kleiner Farmer vor: der Farmer als Inbegriff des tugendhaften, genügsamen Lebens. Er sorgt für sich selbst und seine Familie, und er hilft seinem Nachbarn, wenn dieser durch die Wechselfälle des Lebens in Not gerät. Die Stadt steht demgegenüber für den Reichtum weniger, für dubiose Vergnügungen, lockeren Lebenswandel und Verschwendung. Alle Übel wurzeln dort, insbesondere die Banken und die Regierung. Die Mehrheit mag irren. Da es sich bei einfachen, unverbildeten Menschen aber in aller Regel um vernünftige Zeitgenossen handelt, geraten die Folgen bei weitem nicht so übel, als wenn die Mächtigen, also die Herren über Zinsen, Steuern sowie Krieg und Frieden Fehler begehen (Hofstadter 1948, S. 26 ff.). Auch heute noch eine bestechende Vision!

Wie bei *Rousseau* ist die Sozialromantik hier mit den Händen zu greifen. Für die Entwicklung der demokratischen Idee war es aber wichtiger, dass die Idee einer Herrschaft der gesellschaftlichen Mehrheit künftig als moralisch überlegen verstanden werden sollte.

2.5 Arbeiterbewegung und aufgeklärter Liberalismus

Machen wir einen weiteren großen Schritt in Zeit und Ort und blicken wir auf die gesellschaftlichen Veränderungen im Gefolge der Industrialisierung. Unter dem Einfluss der Arbeiterbewegung und der sozialistischen Weltanschauung verband sich die Idee der Demokratie mit den Hoffnungen der Mehrheit, hier also gleichbedeutend mit den Unterdrückten. Die Mehrheit der Menschen hatte in den Staaten dieser Epoche weder Geld noch Macht. Kurz: Demokratie, die Herrschaft aller, verband sich hier mit der Erwartung einer gerechteren Gesellschaft.

Gleichwohl war in der Arbeiterbewegung, welche im späteren 19. Jahrhundert die Demokratie auf ihre Fahnen schrieb, das Verhältnis zum Staat ambivalent. Gewisse Varianten des Marxismus sahen den Staat für unvereinbar mit der demokratischen Selbstherrschaft an, namentlich die Anarchisten: Die Befreiung der Arbeiterklasse von ihren Fesseln macht den Staat überflüssig. Dieser hat keinen anderen Zweck, als die Herrschaft des Kapitals zu sichern.

Die sozialdemokratische Variante marxistischen Denkens sah den Staat positiv. In den Händen der ausbeutenden und unterdrückenden Klasse ist er ein Übel. Erhält aber auch die Volksmehrheit politische Rechte, bietet sich der Staat als Instrument an, um ihre Lage zu verbessern. Der Staat erscheint wie ein Mechanismus, der nur neu eingestellt sein will, um einen Nutzen für die Mehrheit zu stiften. Wie es *Rudolf Hilferding* (1877–1941) einmal ausgedrückt hat, richten sich dann die Vertreter der Arbeiterklasse in den Amtsstuben und in den Direktionsräumen der großen Unternehmen ein (Hilferding 2012/1947, S. 514 ff.). Was dies bedeutet, kann durchaus unterschiedlich geraten. *Eduard Bernstein* ließ vor mehr als 120 Jahren durchblicken, es bedeute bereits einen großen sozialen Fortschritt, wenn eine aktive Sozialpolitik betrieben werde, um das Los der arbeitenden Klasse zu verbessern (Bernstein 1904). Anderen schwebte eine Wirtschaftsdemokratie vor (Naphtali 1984/1928). Wieder andere, wie die Fabianer *Beatrice* (1858–1942) und *Sidney Webb* (1859–1947) in Großbritannien, rückten Bildung für die arbeitende Klasse in den Mittelpunkt.

Im späten 19. und im frühen 20. Jahrhundert wandelte sich der Staat hier und dort tatsächlich bereits zu einer Demokratie, wie wir sie heute verstehen, allerdings zu einer „bürgerlichen Demokratie", was besagt, dass jede und jeder unabhängig von Herkunft, Bildung, Besitz und Geschlecht gleiche politische Rechte hat. Ferner gelangte die Vorstellung der Parteienfreiheit ins Bild der Demokratie. Parteien avancierten zu Instrumenten des Volkswillens. Diese Demokratie machte allerdings vor der Ökonomie halt. Doch immerhin räumte sie die Möglichkeit ein, dies zu ändern. Eine sozialdemokratische Partei, die eine Mehrheit hinter sich brachte, mochte mit politisch und parlamentarisch erfahrenem Personal aufwarten, das den Staat zu regieren verstand. Eine große Theorie stand nicht dahinter, wohl aber die in sich schlüssige Vorstellung, dass Demokratie die Chance bietet, auf legalem Wege sozialdemokratische Politik zu machen.

Bemerkenswert sind in diesem Zusammenhang auch die Gedanken des Liberalen *John Stuart Mill* (1806–1873). Der Einzelne gilt *Mill* mehr als die Mehrheit. Doch jeder Einzelne ist gleichviel wert. Deshalb ist die Mehrheitsherrschaft ein positives Gut. Damit sie freilich nicht zur Diktatur der Mehrheit gerät und keine nonkonformistischen Ideen erstickt, kommt es darauf an, dass sich jeder ein vernünftiges Urteil bildet. Die Voraussetzungen dafür sind Bildung und bescheidenes Eigentum.

Die Verhältnisse der Klassengesellschaft eignen sich schlecht für die Demokratie. Unten walten kollektive Not, Neid und Hass, oben lautet die Parole auf die kompromisslose Verteidigung des Status quo. Volksbildung und Erziehung zur Verantwortung – durch den Erwerb und Besitz von Eigentum – bieten die Chance zur angst- und vorurteilsfreien Kommunikation. *Mill* sprach zwar noch nicht von Demokratie, auch schwebte ihm ein Wahlrecht vor, das den Gebildeten einen Stimmenaufschlag geben sollte (Mill 1968/1881, S. 242 ff., 1971/1861, S. 118 f.). Doch abgesehen von solchen Details kam sein Entwurf schon weitgehend dem gleich, was heute unter Demokratie verstanden wird.

Eines hat *Mills* Entwurf mit dem sozialdemokratischen gemeinsam: die positive Sicht auf den Staat. Dahinter verbirgt sich freilich eine unterschiedliche Einstellung zur Gleichheit: Bei den Sozialdemokraten zählt nicht so sehr die Gleichheit der Chancen, wie bei *Mill*, sie wollen gleiche Lebensverhältnisse als Resultat staatlicher Politik. Es geht darum, den Abstand zwischen politisch-rechtlicher und sozialer Gleichheit zu verringern.

Beim sozial aufgeschlossenen Liberalen geht es um das Sprießen der unterschiedlichsten individuellen Lebenspläne mit all ihren Katastrophen und glücklichen Fügungen, nachdem jedem seine Chance geboten worden ist. Bei der Ausgestaltung dieser Chancen gibt es keine Alternative zum Mehrheitsentscheid. Was aus diesen Chancen dann gemacht wird, ist für Staat und Demokratie kein Thema mehr. Demokratie steht hier also unter dem Motto, die Gesellschaft so einzurichten, dass die einzelnen weitgehend ohne den Staat zurechtkommen.

In der sozialdemokratischen Konzeption ist der Staat demgegenüber der Schlüssel zur Herstellung gerechter Verhältnisse. Dies hat Folgen für das Staatsbild, in dem sich die Demokratie entfalten muss. Es sind jetzt nicht mehr nur Individuen, die den Staat bewohnen, sondern handfeste Kollektive, Klassen, Parteien, Interessengruppen, Kirchen – ein Ensemble pluralistischer Interessen, aus denen Mehrheiten gebildet sein wollen. Nicht nur die Idee der Demokratie, die uns geläufig ist, vielmehr auch ihre Praxis fällt mit dem beginnenden Zeitalter der Organisationen und der Massenmedien zusammen: mit der Fähigkeit, verzweigte Apparate zu lenken und Stimmungen zu generieren.

Die Schnittstellen beider Konzeptionen, der sozial aufgeschlossenen liberalen und der sozialdemokratischen, sind das gleiche Stimmrecht der Bürger, die Informationsfreiheit, der Parteienwettbewerb und die freie Betätigung von Vereinen und Gruppen im politischen Raum. Um diesen politischen Minimalkonsens über das Format der real existierenden Demokratie zu beschreiben, hat es sich eingebürgert, von freiheitlicher oder liberaler Demokratie zu sprechen.

Liberal ist freilich ein mehrdeutiger Begriff. Der Liberalismus hat historisch und in der Gegenwart zwei Seiten: die eine Seite betont die geistige und politische Freiheit und die Unabhängigkeit des Einzelnen, die andere den Schutz der gewachsenen Eigentumsverhältnisse. Nicht von ungefähr liegen in der Geschichte des Liberalismus und seiner Parteien beide Seiten im Streit.

Die moderne Demokratie, damit mag dieser Punkt abgeschlossen werden, hat ihre Wurzeln also im Aufkommen der Arbeiterbewegung, insbesondere der sozialdemokratischen Variante, auch in einem Liberalismus, der sich nicht darin erschöpft, die politische Flankensicherung des Kapitalismus zu predigen.

Beide Strömungen, so viel mag hier vorerst festgehalten werden, waren auch von politischen Ideen inspiriert. Aber beide verdankten ihre Schubkraft gesellschaftlichen Veränderungen und Herausforderungen. Demokratie war die gleichlautende institutionell-praktische Antwort auf die politischen Herausforderungen der in Europa und Nordamerika entstandenen Industriegesellschaft, auch ein Ausdruck gemeinsamer Ideenhorizonte, vergleichbarer Sozialgeschichte sowie des kollektiven Lernens der einen Gesellschaft von dem als ähnlich erkannten Nachbarn. Dies wirft allerlei Fragen auf: Eignet sich die Demokratie für die Herausforderungen, die sich mit der Überforderung der Natur und des Klimas durch Energieverbrauch und Ressourcenausbeutung stellen? Kann Demokratie in anderen kulturellen Kontexten so funktionieren, als man sie als Standardtypus im Westen kennt?

2.6   Republik und Demokratie

In der liberalen Demokratie unserer Tage hinterlassen auch diejenigen Ideen noch ihre Spuren, die in der Vergangenheit, wie oben geschildert, Skepsis und Furcht vor dem Willen der Mehrheit ausdrückten. Das verfassungspolitische Produkt dieser älteren Ideen war die Gewaltenteilung. Für das liberale Bürgertum des 19. Jahrhunderts war sie der Hebel zur Beteiligung an der politischen Macht. Die europäischen Monarchen mussten ihre Macht mit Parlamenten teilen, die aufgrund eines eingeschränkten, also eines Klassenwahlrechts gewählt wurden. Die Verfassung der Vereinigten Staaten tarierte die gesellschaftlich den Ton angebenden Klassen eine Zeitlang in einem Zweikammerparlament aus, mit dem sich der gewählte Präsident in ähnlicher Weise arrangieren musste wie seine monarchischen Berufskollegen in Europa, bevor diese ihre Regierungsgewalt schließlich an eine vom Parlament beauftragte oder mit seiner Zustimmung bestellte – parlamentarische – Regierung abtraten. Die Gewaltenteilung ist das typische Merkmal des Verfassungsstaates. In Anlehnung an die klassischen Staatsmodelle bezeichnet man ihn auch als Republik.

Der Republikbegriff wird in der politischen Umgangssprache wie in der politikwissenschaftlichen Fachsprache üblicherweise mit der Demokratie gleichgesetzt.

Die Gründungsmythen der amerikanischen und französischen Republiken kreisen um den Bruch mit der Bourbonendynastie bzw. mit der britischen Krone. Beide werden, und zwar je auf ihre Weise falsch, als Tyrannenherrschaft hingestellt. Auch die älteste Partei der Vereinigten Staaten, die heutigen Demokraten, nannte sich noch bis ins 19. Jahrhundert hinein Republikaner. In die politische Form der Demokratie, wie sie heute verstanden wird, wuchsen diese Staaten erst viel später hinein. Ähnlich verhielt es sich in Deutschland. Die erste veritable Demokratie in Deutschland hat sich als die Weimarer Republik in den Geschichtsbüchern verewigt.

Die vermögenden Klassen sollten sich ihrer Exklusivität als Bewohner dieser liberalen, noch vordemokratischen Republiken nicht lange erfreuen. Die politischen Kämpfe des 19. Jahrhunderts erzwangen Schritt für Schritt eine Egalisierung der politischen Rechte, insbesondere des Wahlrechts. Am Ende, als auch die Habenichtse wenigstens wählen durften, zog der demokratische Gedanke auch in die republikanischen Institutionen ein.

Auf den Zinnen des Staates wehte fortan die demokratische Flagge. Doch das Schutzgut der exklusiven Bürgerrepublik blieb intakt: eine Gesellschaft, die Status, Vermögen und Chancen höchst ungleich verteilt, mochte sich durch Umverteilung und andere Maßnahmen auch vieles zum Nutzen und Frommen der kleinen Leute verändern. In der Einsicht, dass die Alternative eine gewaltsame Revolution sein könnte, ließen sich die oberen Schichten schließlich in bescheidenem Maße auf soziale Politik ein. In Deutschland stellte sich der Reaktionär *Bismarck* sogar an die Spitze der sozialpolitischen Reformer.

Die demokratische Idee arrangierte sich mit der ungleichen Gesellschaft. Umgekehrt nahm der Republikgedanke die Idee der staatsbürgerlichen Gleichheit auf. Die in der demokratischen Idee historisch einmal enthaltene Vision einer gerechteren, von mehr Gleichheit gekennzeichneten Gesellschaft trat in den Hintergrund. Sie verschwand keineswegs von der politischen Agenda. Aus dem demokratischen Konsens blieb sie weitgehend ausgeklammert. Vielmehr wurde sie zum Dauerthema der politischen Auseinandersetzung. Durch Mehrheitsbeschluss wurde sie eine Zeitlang einmal so definiert, nach dem Wechsel der Mehrheiten und im Wandel der Zeiten dann wieder anders. Der Konsens über Institutionen und Verfahren verträgt sich mit beidem, mit einer deutlich in Klassen geschichteten Gesellschaft und mit einer Gesellschaft, welche die Lebensverhältnisse merklich egalisiert.

Nichts anderes drücken die Gedanken eines *Hermann Heller* oder eines *Ernst Fraenkel* aus. Der Erstere formuliert sinngemäß, der Letztere expressis verbis, die demokratisch verfasste Gesellschaft lasse sich in einen nicht-kontroversen Sektor unterscheiden, in dem zwischen allen Teilnehmern am politischen Prozess Konsens waltet, und in einen kontroversen Sektor, in dem sich der alltägliche kleine und große Konflikt abspielt (dazu mehr im folgenden Kapitel). Geht man noch ein Stück weiter und nennt man die Basisstrukturen aller real existierenden Demokratien beim Namen, lässt sich dieser Sachverhalt so ausdrücken, dass es über die Art und die Funktionsweise der demokratisch legitimierten Institutionen für gewöhnlich keinen großen Streit gibt, wohl aber sehr viel und dazu noch dauerhaften Streit darüber, wo die Grenzen zwischen Markt und Staat verlaufen, oder mit anderen Worten: wie weit der demokratische Staat die wirtschaftlichen Verhältnisse regulieren darf.

Sind wir erst bei dieser Frage angelangt, drängen sich weitere Fragen auf, die sich nicht aus der Analyse von Ideen und Ordnungsmodellen, sondern aus dem Blick auf die gesellschaftliche Verfassung der in der Welt anzutreffenden demokratischen Systeme ergeben: In den USA und in Großbritannien treffen wir heute einen krachledernen, an den alten *Locke* erinnernden Liberalismus an, der den Staat am liebsten auf seine polizeiliche Funktion zurücksetzen möchte. In Skandinavien das Gegenbild: Immer noch recht egalitär geprägte Gesellschaften, in denen die Umverteilung einen breiten Rückhalt genießt. Das Gleiche gilt in der historischen Retrospektive: In den 1930eern und bis in die 1960er Jahre gab es selbst in den USA eine gewisse Abkehr vom kruden Liberalismus eines Nachtwächterstaates, etwa mit der Einführung einer rudimentären Sozialversicherung. Spätestens seit den 1980er Jahren beobachten wir eine geradezu radikal anmutende Rolle rückwärts: Abbau sozialstaatlicher Leistungen und eine gegen staatliche Aktivität überhaupt gerichtete Stimmung mit Ausnahme der äußeren Sicherheit. Selbst im egalitären Skandinavien wurden aus den verschiedensten Gründen liberale Korrekturen am Wohlfahrtsstaat vorgenommen.

Die Demokratie begegnet uns bei vielen Variationen im Detail als Rechtsstaat, also mit garantierten Persönlichkeitsrechten, d. h. Abwehr- und Mitwirkungsrechten, in Wahlen und Abstimmungen und in Parteien, die sich zur Wahl stellen und den Regierungsprozess organisieren. Ein Stückweit ist darin eine soziale Komponente der Demokratie enthalten. Diejenigen Regierungen und diejenigen größeren Parteien, die es riskieren wollten, das wirtschaftliche Wohl und die durch Beruf, Krankheit und Alter bedingten Lebensrisiken der Menschen zu ignorieren, die von entlohnter Arbeit leben müssen, dürfen sich keine großen Chancen ausrechnen, länger im Amt zu bleiben.

Mit den Veränderungen in Wirtschaft und Gesellschaft wandelte sich auch die Erscheinungsform der Demokratie. Vor 40 Jahren noch waren die Gewerkschaften eine bedeutende politische Kraft. Der Grund: Es gab immer noch recht viele Menschen, die ihr Brot mit abhängiger körperlicher Arbeit in den Industrie- und Infrastrukturbetrieben verdienten. Die Steigerung der Produktivität durch die Automatisierung und die Digitalisierung der Arbeitsprozesse reduzierten dramatisch den Bedarf an manueller Arbeit. Was die Industrie, ja selbst das Handwerk an Arbeit verlangen, setzt immer stärker Bildung und die individuelle Kenntnis komplexer Geräte und Produktionsabläufe voraus. Kollektive Arbeit hat entsprechend an Bedeutung verloren.

Auch die Kommunikationsmuster haben die Individualisierung der Lebensverhältnisse gefördert. Solange es noch kein Fernsehen gab, informierten sich die Menschen aus einem begrenzten Spektrum von Zeitungen und staatlich organisierten Rundfunksendungen. Als das Fernsehen aus der staatlichen Regie ausstieg und zum Markt für private Anbieter wurde, geriet das Informationsverhalten vollends diffus: Für jeden etwas! Die Verlierer dieser Entwicklung, Unterqualifizierte, Schulabbrecher, Milieugeschädigte, die früher noch ein Auskommen mit manueller Arbeit hätten finden können, nehmen kaum noch an den Wahlen teil. Auch für die Gewerkschaften sind sie uninteressant geworden, und leider auch für die Parteien, weil sich dieses „Prekariat" kaum noch zur Wahlurne bemüht. Staatliche Transferleistungen sichern das existenzielle Minimum, Soaps und Sportsendungen rund um die Uhr und sonst das Abklappern der Apps auf dem iPhone füllen die Zeit aus, die den Gebeutelten in früherer Zeiten noch blieb, um politische Versammlungen zu besuchen, zu demonstrieren, in Kneipen zu politisieren und sich zur Wahl zu bemühen.

Dieser historische Aufriss zeigte den Entstehungszusammenhang der modernen Demokratie in Europa und Nordamerika: Die wachsende Partizipation der Gesellschaft, flankiert von politischen Ideen, zunächst derjenigen des Bürgertums, dann der Arbeiterschaft und schließlich die Entfaltung des Repräsentationsgedankens bis hin zu einer veritablen Volksvertretung. Europa und Nordamerika sind bis heute diejenigen Weltregionen, in denen die Demokratie der Regelfall ist. Was allerdings kaum geläufig ist und so gut wie überhaupt nicht thematisiert wird: Europa ist auch diejenige Region, in der die durchaus vielgestaltige moderne Diktatur das Licht der Welt erblickt hat (dazu auch Weyland 2010).

Beide Phänomene, die Demokratie und die Diktatur, haften am Kontext und Begriffsapparat des Verfassungsstaates, Erstere positiv, Letztere in der Negation. Mit der Eingliederung Asiens, des Orients und Afrikas in die moderne Staatenwelt ergab sich ein neues Problem für die Demokratie. War sie in Europa in einem kongenialen Kontext und in einigermaßen unterscheidbaren Etappen gewachsen, man denke an säkulare Großprozesse wie die Wirtschafts- und Handelsfreiheit und die Industrialisierung, war der Rest der Welt, als die Entkolonialisierung eine Vielzahl neuer Staaten hervorbrachte, mit einem „fertigen" Produkt konfrontiert. Die Anpassung der politischen Strukturen an die „westfälische Staatenordnung" gelang in den meisten Fällen, doch demokratische Neustaaten blieben Ausnahmen:

Brachten Staatsverwaltungen und modernes Recht Vorteile, indem sie eine effektive Kontrolle über die Gesellschaft herstellten und die Integration in den diplomatischen Verkehr und in die internationale Wirtschaftswelt ermöglichten, hätte das Demokratiepostulat von den Regierenden dieser postkolonialen Staaten verlangt, ihre Macht zur Disposition der Gesellschaft zu stellen. Zumeist waren diese Gesellschaften mangels starker Parteien und Verbänden auch gar nicht imstande, eine Teilhabe zu organisieren, geschweige denn zu erzwingen. Ein liberales Bürgertum, ja die Idee der Liberalität und Individualität, eine klassenbewusste Arbeiterklasse, kritische Intellektuelle und Medien, die diesen Klassen einen mächtigen Resonanzboden geboten hätten – dies alles gab es weder im China der vorletzten Jahrhundertwende noch in den Nachfolgegebilden des am Ersten Weltkrieg zerbrochenen Osmanenreiches noch in den politischen Hinterlassenschaften der britischen und französischen Kolonialimperien.

Literatur

Aristoteles. (1998). In O. Gigon (Hrsg.), *Politik* (8. Aufl.). München: dtv.

Bernstein, E. (1904). *Zur Theorie und Geschichte des Sozialismus. Teil II: Probleme des Sozialismus* (4. Aufl.). Berlin: Ferdinand Dümmler.

Canfora, L. (2006). *Democracy in Europe: A history of an ideology*. Malden: Blackwell.

Constant, B. (1972/1815). In A. von Blaeschke & L. Gall (Hrsg.), *Werke in vier Bänden* (Bd. 4). Berlin: Propyläen.

Formisano, R. P. (2001). State development in the early republic: Substance and structure, 1780–1840. In B. A. Shafer & A. J. Badger (Hrsg.), *Contesting democracy: Substance and structure in American political history, 1775–2000* (S. 7–36). Kansas: Kansas University Press.

Hamilton, A., Madison, J., & Jay, J. (1994/1788). *Die Federalist-Artikel. Politische Theorie und Verfassungskommentar der amerikanischen Gründerväter* (Übers., eingel., komm. und Hrsg. A. von Adams & W. P. Adams). Paderborn: Schöningh.

Hilferding, R. (2012/1947). *Das Finanzkapital* (Erstausg. 1910). Marburg: Metropolis.

Hobbes, T (2000/1651). *Leviathan oder Stoff, Form und Gewalt eines kirchlichen und bürgerlichen Staates* (10. Aufl.) (Hrsg. und eingel. I. von Fetscher). Frankfurt a. M.: Suhrkamp.

Hofstadter, R. (1948). *The American political tradition*. New York: Knopf.

Jehne, M. (2013). *Die römische Republik. Von der Gründung bis Caesar* (3. Aufl.). München: Beck.

Lakoff, S. (1996). *Democracy: History, theory, practice*. Boulder: Westview.

Locke, J. (2000/1690). *Zwei Abhandlungen über die Regierung* (8. Aufl.) (Hrsg. und eingel. W. von Euchner). Frankfurt a. M.: Suhrkamp.

Mill, J. S. (1968/1881). *Gesammelte Werke, Bd. 5: Grundsätze der politischen Ökonomie* (Übers. T. von Gomperz). Aalen: Szientia.

Mill, J. S. (1971/1861). *Betrachtungen über die repräsentative Demokratie* (Hrsg. und eingel. K. von Shell). Paderborn: Schöningh.

Montesquieu, C. de (1994/1748). *Vom Geist der Gesetze* (eingel. K. von Weigand). Stuttgart: Reclam.

Naphtali, F. (1984/1928). *Wirtschaftsdemokratie. Ihr Wesen, Weg und Ziel.* Köln: Bund Verlag.

Rousseau, J. J. (1986/1962). In H. von Brockard (Hrsg.), *Vom Gesellschaftsvertrag oder Grundsätze des Staatsrechts.* Stuttgart: Reclam.

Schmidt, M. G. (2010). *Demokratietheorien* (5. Aufl.). Wiesbaden: VS.

Tilly, C. (1975). *The formation of national states in Europe.* Princeton: Princeton University Press.

Tocqueville, A. de (1986/1935 und 1840). *Über die Demokratie in Amerika* (2. Bde.). Stuttgart: Reclam.

Vorländer, H. (2010). *Demokratie. Geschichte-Formen-Theorien.* München: Beck.

Welwei, K.-W. (2011a). Athen. Vom neolithischen Siedlungsplatz zur archaischen Großpolis. In K.-W. Welwei (Hrsg.), *Athen. Von den Anfängen bis zum Beginn des Hellenismus.* Darmstadt: Wissenschaftliche Buchgesellschaft.

Welwei, K.-W. (2011b). Das klassische Athen. Demokratie und Machtpolitik im 5. und 4. Jahrhundert. In K.-W. Welwei (Hrsg.), *Athen. Von den Anfängen bis zum Beginn des Hellenismus.* Darmstadt: Wissenschaftliche Buchgesellschaft.

Weyland, K. G. (2010). The diffusion of regime contention in European democratization, 1830–1940. *Comparative Political Studies, 43,* 1148–1176.

Die Demokratie in der Politikwissenschaft

Im Folgenden werden klassische Autoren der Demokratieliteratur referiert, und zwar in chronologischer Folge. Nach der üblichen Trias des englischen Politikbegriffs wird das Werk dieser Autoren dann kurz in die Dimensionen der Polity, der Politics und der Policy eingeordnet. Zweck dieser Kategorisierung: Stellen sich diese Autoren die Demokratie als Rechtsgebilde, als Verfahrensordnung oder auch als materielle Politik vor?

3.1 Demokratiekonzepte

3.1.1 Demokratischer Parlamentarismus und soziale Demokratie

Die Politikwissenschaft ist von jeher eine Demokratiewissenschaft. Dies gilt vor allem für den Objektbereich der Politikforschung: Parlament, Regierung, Parteien, Interessengruppen, Wahlen und Politikfelder. Lange und konkurrenzlos war die Demokratie als solche allein im Ressort der politischen Theorie ein herausragendes Thema.

Die Demokratie gelangte erst recht spät in den politischen Sprachgebrauch. Selbst in den USA, die sich unter der Flagge der Demokratie an zwei Weltkriegen beteiligt hatten, wurde der „Demokrat" lange als jemand wahrgenommen, der die demokratische Partei wählte, für sie kandidierte und auf ihrem Ticket ein Mandat oder ein Regierungsamt ausübte. Für das Regierungssystem hingegen, in neuerer Sprache das Regime, stand die „Republik." Der „Republikaner" als Anhänger oder

© Springer Fachmedien Wiesbaden 2015
J. Hartmann, *Demokratie und Autokratie in der vergleichenden Demokratieforschung*, DOI 10.1007/978-3-658-07479-1_3

Funktionsträger der gleichnamigen Partei war materiell um nichts weniger demokratisch als der „Demokrat." Als der Zweite Weltkrieg aufzog, wurde die Demokratie in der westlichen Welt zur Chiffre, in der sich die eigene Lebensweise und
diejenige anderer Völker umschreiben ließen, die in gleicher Weise auf Freiheit
und Mehrheitsherrschaft hielten. *F. D. Roosevelt*: „(…) making the world safe for
democracy."

In Deutschland war bis in die 1920er Jahre ebenfalls selten von der Demokratie
die Rede. Auch in der Staatsrechtslehre, die damals noch politikwissenschaftliche Themen mit abhandelte, wurde sie kaum thematisiert (z. B. Heller 1993/1925,
S. 343 ff.). Im politischen Spektrum wurde die Demokratie mit der Sozialdemo-
kratie sowie mit den Linksliberalen assoziiert. Beide führten die Demokratie auch
im Namen, Letztere als Deutsche Demokratische Partei. Beide Richtungen bekundeten ihre demokratische Gesinnung mit dem Bekenntnis zur „Republik." Artikel
1 Weimarer Reichsverfassung: „Das Deutsche Reich ist eine Republik. Die Staatsgewalt geht vom Volke aus." In ähnlicher Weise bezeichneten sich damals noch die
deutschen Länder als Freistaaten oder als Freie Städte. Für diese Epoche galt also:
„Republik gleich Demokratie!"

Ähnlich verhielt es sich im Frankreich der III. Republik. Diese erste langlebi-
ge Demokratie in der französischen Geschichte war einfach „die Republik." Die
Verfassung der IV. Republik aus dem Jahr 1946 war die erste, die Frankreich ausdrücklich als demokratische Republik bezeichnete. Auch das Grundgesetz war die
erste deutsche Verfassung, die den republikanischen Staat ausdrücklich als Demokratie definierte! Zumindest in politiksprachlicher Hinsicht begann die Karriere
der Demokratie so richtig erst in der zweiten Hälfte des 20. Jahrhunderts.

Die Themen der wenigen Politikwissenschaftler in der Zeit zwischen den Weltkriegen waren die Parteien, der Parlamentarismus und das Präsidialsystem. Es handelte sich gleichzeitig um die Themen der Soziologen und Rechtswissenschaftler,
die sich mit dem Staat auseinandersetzten.

Die übliche Vorstellung von Demokratie haftete noch stark an der klassischen
Staatstheorie. *Rousseau* war den Gelehrten und den politisch Gebildeten geläufig.
Unter Demokratie wurde in Europa noch weithin eine angestrebte Identität von Regierenden und Regierten verstanden. Vom Parlamentarismus war die Rede, wenn
es um eine politische Realität ging, die in materieller Hinsicht vielfach bereits eine
demokratische war, aber keineswegs durchweg als erstrebenswert galt.

Die positive, idealisierende Sicht auf die Demokratie als die Identität von Regierenden und Regierten hatte ihre Schwierigkeiten mit vermittelnden Institutionen
wie Parlamenten und Parteien. Der Parlamentarismus indes war in der Staats- und
Sozialwissenschaft durchaus ein großes Thema (dazu im Einzelnen: von Alemann
1973; Kluxen 1971).

Hans Kelsen (1881–1973) nahm sich des scheinbaren Gegensatzes von Demokratie und Parlamentarismus an. Auch er verstand unter Demokratie noch die Identität von Regierenden und Regierten. Er versäumte aber nicht hinzuzufügen, dass eine so verstandene Demokratie nicht praktikabel sei. Im Parlamentarismus sah er nichts anderes als einen Modus der Repräsentation, einen Modus allerdings, der auch die Repräsentation derjenigen Bürger und Wähler erlaubt, die in der regierenden Mehrheit nicht vertreten sind. Ein Parlament, das nicht den Willen *aller* Bürger repräsentiert, ist für *Kelsen* außerstande, die für das Regieren notwendige Legitimität erzeugen.

Deshalb sein Vorschlag: Das Volk wählt Parteien, die Abgeordnete in das Parlament entsenden. Der Volkswille, der *pouvoir constituant*, wird damit zum *pouvoir constitué* mediatisiert. Durch die Vertreter der gewählten Parteien wirkt er sich indirekt auf die Gesetzgebung und auf die Regierung aus. Dies leistet am besten ein Wahlsystem, das die Vielfalt der gewählten Parteien abbildet. *Kelsen* war ein Verfechter des Verhältniswahlsystems (Kelsen 1981/1929, S. 182 f.).

Die „reine Demokratie" à la Rousseau wird in dieser Konstruktion durch die parlamentarische Repräsentation und der „reine Parlamentarismus" wird durch die demokratische Wahl modifiziert. Die Parteien, zu *Kelsens* Zeit noch Protagonisten der großen Gesellschaftsentwürfe, darunter Bürgerliche, die für den kapitalistischen Weg plädierten, und Sozialisten, die für eine gleichere Gesellschaft eintraten, messen in dieser „Parteiendemokratie" ihre Kräfte. Wer die parlamentarische Mehrheit hinter sich bringt, hat das Recht zur Entscheidung. Denn darum geht es in der Politik: materielle Ergebnisse zu produzieren.

Otto Kirchheimer (1905–1965) stellt die Demokratie in den Kontext der gesellschaftlichen Verfassung. Das Mehrheitsprinzip allein konstituiert noch keine Demokratie. Politische Demokratie ist noch keine vollständige Demokratie. Eine wirkliche Demokratie darf den Bereich von Wirtschaft und Gesellschaft nicht ausklammern. Linke Mehrheiten haben in der Verfassung der „politischen Demokratie" eine Grundlage, um die politische zur gesellschaftlichen Demokratie zu erweitern. Demokratie darf sich nicht darin erschöpfen, die gegebenen sozialen Machtverhältnisse zu verwalten (Kirchheimer 1964/1930, S. 17 ff.).

Für *Hermann Heller* (1891–1933) manifestiert sich Demokratie in der Beschaffung parlamentarischer Mehrheiten. Die zeitlich begrenzte Mandatierung der Gewählten und die darin enthaltene Möglichkeit des Mandatsverlustes schließen den Missbrauch der Mehrheitsherrschaft aus. Die Mehrheit und die Minderheit sind dialektisch aufeinander bezogen. Die Mehrheit hat politische Macht und spielt sie aus. Die Opposition kompensiert ihre Machtlosigkeit durch ihre Kritik an den Regierenden. Damit steigert sie unter günstigen Umständen ihre Chance, bei nächster Gelegenheit mit der Mehrheit die Rolle zu tauschen.

Dieser Rollentausch kann nur unter der Voraussetzung gelingen, dass die Politiker darin übereinstimmen, dass die Mehrheit nicht alles tun darf, was sie beschließen könnte, und dass die Minderheit nicht jedes Mittel wählen darf, um die Mehrheit zu erobern. Diesen Grundkonsens in Werte- und Verfahrensfragen bezeichnet *Heller* als Fair Play. Er wählt hier einen Begriff, der etwas ausdrückt, wofür die wissenschaftliche Betrachtung seiner Zeit keine passenden deutschen Worte besaß.

Demokratie ist mehr als ein Arrangement der Institutionen, die sich am Volkswillen legitimieren. Sie bedeutet zugleich den Auftrag an die Mehrheit, die Kluft zwischen den reichen und den armen Klassen abzubauen. Parlamentarische Demokratie verbindet sich bei *Heller* mit der Idee des Sozialstaates (Heller 1992/1928, S. 428).

Der demokratische Klassenkampf, aus dem ein sozialer Staat hervorgehen mag, verlangt den klassenübergreifenden Konsens über die Regeln und die Grenzen der politischen Auseinandersetzung. Führt man diesen Gedanken weiter, drängt sich die weitere Folgerung auf: Fehlt es an diesem Konsens, wächst bei den privilegierten Klassen die Bereitschaft, die Demokratie preiszugeben, um ihren vorteilhaften Status gegen den Willen der Mehrheit zu verteidigen.

Ernst Fraenkel (1898–1975) knüpft an diese Gedanken an. Er wendet sich zunächst gegen die Behauptung, der Wille der Mehrheit und das Gemeinwohl seien verschiedene Dinge. Das Argument wurde im zeitgenössischen Deutschland gern ins Feld geführt, um die Parteien als Anwälte partikularer Interessen zu denunzieren. Ein apriorisches Gemeinwohl wurde idealisierend dem bodenständigen, oft kleinlichen Politikbetrieb entgegengehalten.

Die Vorstellung eines feststehenden Gemeinwohls lehnt *Fraenkel* als ideologisch und unpolitisch ab. Die Zeiten ändern sich, die Gesellschaft ist dem Wandel unterworfen, alte Klassen steigen ab, neue steigen auf. Wenn es überhaupt Sinn hat, vom Gemeinwohl zu sprechen, kann dieses nur als das Ergebnis widerstreitender Interessen zustande kommen. Diese Interessen artikulieren sich in der Öffentlichkeit, sie organisieren sich in den Verbänden, und sie bringen sich durch die Parteien in die Politik ein. Vielleicht finden sie zu einem Kompromiss, vielleicht auch nicht. Allemal kommt der Mehrheitsentscheidung, sei es in der Wahl der Parteien und Kandidaten, sei es im Parlamentsvotum die Bedeutung zu, die einem Gemeinwohl zugeschrieben werden mag (Fraenkel 1974/1964, S. 43 ff.).

Gemeinwohlqualität darf der Mehrheitsentscheid nur dann beanspruchen, wenn beim Zustandekommen der Entscheidung *erstens* die Prozeduren eingehalten werden – neben Verfassung, Gesetz und Geschäftsordnung auch informelle Gepflogenheiten, eben Fair Play – und wenn diese Entscheidung *zweitens* von ihren Gegnern in Parlament und Öffentlichkeit unter Einhaltung des Fairnessgebots kritisiert werden darf (Fraenkel 1974/1964, S. 197 ff.).

Fraenkel drückt diese Bedingungen der Demokratie in der Unterscheidung eines kontroversen und eines nicht-kontroversen Bereichs der Politik aus. Der kontroverse Sektor enthält den Stoff der Alltagspolitik, z. B. Sozialpolitik, Verkehrspolitik, Bildungspolitik, Arbeit und Gesundheit. Der nicht-kontroverse Sektor beinhaltet demgegenüber die Verfassung, das Wahlgesetz, die Vereinigungsfreiheit, die Pressefreiheit, die Grundrechte und die parlamentarischen Geschäftsordnungen. Darüber hinaus schließt er gewisse, von *Fraenkel* so genannte regulative Ideen ein, die sich nur beim Bemühen um die Lösung konkreter Probleme näher bestimmen lassen (Fraenkel 1973, S. 428, 1974/1964, S. 184 ff., 187 ff.).

Auch in diesem Punkt ist *Fraenkel* von *Heller* inspiriert. Politik und Gesellschaft dürfen nicht isoliert betrachtet werden. Die gesellschaftlichen Machtverhältnisse manifestieren sich in der Eigentums- und Verteilungsordnung. Konzentriert sich die Verfügung über Geld, Investitionen und Arbeitsplätze in wenigen Händen, ist die Politik der wirtschaftlichen Macht ausgeliefert. Der demokratische Prozess läuft dann leer. Er verliert die Fähigkeit, die Lebensverhältnisse der großen Mehrheit mitzugestalten, die allein von ihren Arbeits- und Alterseinkommen lebt. Der Sozialstaat ist eine wichtige regulative Idee, die als solche in den Bereich des politischen Konsenses gehören sollte. Über seine Ausgestaltung wird allerdings – wie über alles andere – gestritten (Fraenkel 1973, S. 432 f.).

Um *Fraenkel* sinngemäß in die Gegenwart zu holen, könnte auch der kulturelle Kodex einer Gesellschaft als eine regulative Idee verstanden werden, etwa als ein Multikulturalismus, der Rücksicht auf andere Lebensweisen nimmt. Das Gleiche gilt auch für die Idee einer ökologischen Demokratie, d. h. eines Umgangs mit der Natur, der das Wohl künftiger Generationen im Auge behält.

Fraenkel wie *Heller* haben nicht nur die Polity, also das Verfassungsgerüst und den Staat, sondern mit dem Verfahrenskonsens und dem legitimen Streit zwischen Mehrheit und Opposition auch die Politics und mit den regulativen Ideen schließlich auch die Policies der Demokratie vor Augen.

Die Verteilungsordnung als ein politischer Gestaltungsauftrag der Demokratie verleiht diesen Theorien ungebrochene Aktualität. In der gegenwärtigen Demokratieforschung wird sie, wie unten zu zeigen sein wird, kaum mehr abgehandelt.

3.1.2 Die gewaltenteilige Demokratie

Karl Loewenstein (1891–1973) bestimmt die Demokratie nach zwei grundlegenden Merkmalen, a) die Bestellung der Regierenden durch die Wahl und b) das Regieren im Rahmen einer gewaltenteiligen Verfassung. Die Gewaltenteilung kennt verschiedene Formen. Im ersten Fall, der Direktwahl des Inhabers der Regierungsgewalt, muss sich der Gewählte mit einem Parlament arrangieren, das sich wie er selbst auf den Auftrag der Wählermehrheit beruft. Im zweiten Fall wird der Träger der Regierungsgewalt von der Parlamentsmehrheit bestimmt. Hier ist der Schlüsselwert das parlamentarische Vertrauen. Verliert die Regierung das parlamentarische Vertrauen, erlischt das Mandat zum Regieren. Umgekehrt hat die Regierung die Möglichkeit, das Parlament vor Ablauf der Legislaturperiode aufzulösen. So halten sich Regierung und Parlament wechselseitig in Schach (Loewenstein 2000/1958). Dann gibt es noch die Variante eines semi-präsidentiellen Regierungssystems, in dem sich die Regierungsgewalt auf einen Präsidenten und eine parlamentarisch gestützten Regierung verteilt. Die Typenvielfalt des demokratischen Systems wurde später von anderen Autoren (namentlich von *Winfried Steffani* [1979] und *Maurice Duverger* [1986]) weiterentwickelt.

Demokratie dreht sich also einerseits um den Mehrheitswillen, andererseits aber um Kontrollen. Diese Kontrollen hindern die Mehrheit daran, ein Diktat über die Minderheit auszuüben und die bürgerlichen Freiheiten verkürzen. Dieses Element der Gewaltenteilung ist der Angelpunkt des Loewensteinschen Demokratiebildes. Dabei wird zwischen Interorgankontrollen, wobei es sich unter anderem um die Beziehungen zwischen Regierung und Parlament handelt, und Intra-Organkontrollen unterschieden; zu den Letzteren zählen die Rechte der Opposition, die parlamentarische Geschäftsordnung und die Regierungsorganisation.

Loewenstein lässt als gewaltenteilige Verfassung auch politische Konventionen gelten, die von allen politischen Akteuren als Verhaltensmaßgaben anerkannt werden und materiell das Gleiche leisten wie ein Verfassungsdokument. Eines seiner großen Werke handelt über „Staatsrecht und Staatspraxis von Großbritannien" (Loewenstein 1967).

Demokratie ist hier ein Thema der *Polity*, oder um es mit einem weiteren eingeführten Begriff auszudrücken: der demokratische Verfassungsstaat.

3.1.3 Die minimalistische Demokratie

Joseph A. Schumpeter (1883–1950) ist Urheber einer „realistischen Theorie" der Demokratie. Im Mittelpunkt der Demokratie steht die Wahl. Die Bürger wählen konkurrierende Parteien. Von diesen sollte es am besten nicht mehr als zwei geben, damit das Votum stets klare Mehrheiten hervorbringt. Die Parteien werben ganz ähnlich um Stimmen, wie Wirtschaftsunternehmen ihre Produkte bewerben. Die erfolgreiche Partei, die Mehrheitspartei, setzt die Führungsmannschaft, mit der sie zur Wahl angetreten ist, als Regierung ein. Die Beteiligung des Bürgers ist erst dann wieder gefragt, wenn die Legislaturperiode endet, wenn sich das Parlament vorzeitig auflöst oder wenn es von der Regierung aufgelöst wird. Im Parlament wird das Für und Wider des Regierungsprogramms diskutiert. Die wichtige technische Arbeit der Gesetzesvorbereitung wird aber von Experten geleistet: von der Ministerialverwaltung (Schumpeter 2005/1942, S. 427 ff., 458 ff.).

Das Regierungsgeschäft ist in der Demokratie also eine Sache der Regierung und der Experten. Bis auf die Wahlentscheidung traut *Schumpeter* dem Volk keine Urteilskraft zu. Doch die Wähler sind immerhin politische Nachfrager. Die Wahlentscheidung verbindet sich mit der Erwartung politischer Leistungen, deren Erbringung nur eben Spezialisten anvertraut wird. Wo das Volk die Regenten nach seinem Geschmack bestimmen darf, haben wir es mit einer Demokratie zu tun.

Diese minimalistische Auffassung von Demokratie lehnt sich in mancher Hinsicht an *Max Webers* (1864–1920) Vorstellung von der Demokratie an. Der große Soziologe war Gemeingut und zugleich Referenzautor vieler Sozial- und Wirtschaftswissenschaftler in der Zeit zwischen den Kriegen. *Weber* kann der Demokratie allein den Charme eines Verfahrens abgewinnen, mit dem eine politische Führung bestimmt wird. Die Regierungstätigkeit verlangt allerdings auch in der Demokratie Expertise und Rationalität. Beides können weder die Parteien leisten, die darauf angelegt sind, um Stimmen zu werben und ihre Klientel bei der Stange zu halten, noch ist das Volk, dessen Alltag von der Erwerbsarbeit bestimmt ist, in der Lage, die Erfordernisse oder die Qualität der Regierungsarbeit zu beurteilen (Weber 2002/1918, S. 401 ff.).

Webers politischer Horizont war das wilhelminische Deutschland. Er erlebte zwar noch die deutsche Revolution und wirkte sogar an den Beratungen zur Weimarer Verfassung mit. Auch kannte er von Reisen und durch die wissenschaftliche Literatur die politischen Verhältnisse in Großbritannien und den USA. Das britische System fand seine Bewunderung: ein überschaubares Parteiensystem, ein einfaches Wahlsystem, ein Parlament, das von Rede und Gegenrede lebt, und ein Regierungsmanagement, das von einer diskreten Riege von Gentleman-Beamten an der Spitze eines professionellen Regierungsapparats besorgt wird. Dem politischen Betrieb in den USA mochte *Weber* wenig abgewinnen. Das Fachbeamtentum steckte dort noch in den Kinderschuhen, in der Bürokratie war Parteipatronage weit verbreitet und die Parteien waren wie Dienstleistungsbetriebe im Wählerstimmenhandel aufgezogen.

Schumpeter plädiert mit Ausnahme der Wahl der Regierenden für die sparsame Anwendung der demokratischen Methode (Schumpeter 2005/1942, S. 474 f.). Die Demokratie hat sich durchweg in kapitalistischen Wirtschaftsordnungen entwickelt. Die Beschaffenheit einer auf wirtschaftlicher Freiheit basierenden Ökonomie verträgt sich schlecht mit der politischen Steuerung des Wirtschaftslebens. Der Unternehmer ist von Gewinn motiviert, und er bemüht sich um Innovation, um nicht hinter die Konkurrenz zurückzufallen. Der Politiker hingegen denkt in den Kategorien des Machtgewinns und des Machterhalts. Die Logik des Marktes taugt nicht für die Politik, die Logik der Politik nicht für den Markt.

Bei diesen Gedanken kommt *Niklas Luhmann* (1927–1998) in den Sinn. Er teilt die Gesellschaft in Funktionsbereiche ein. Diese arbeiten entsprechend ihren Aufgaben mit einem speziellen kommunikativen Code und mit eigens auf ihre Funktion hin konstruierten Steuerungsmitteln. Die Wirtschaft arbeitet nach dem Prinzip des Gewinns; ihr Medium ist das Geld. Die Verwaltung arbeitet nach dem Prinzip der sachgerechten Vorbereitung und Anwendung der Gesetze; ihr Medium ist das Recht.

Die Gesetze selbst werden von der Politik beschlossen. Deren Medium ist die Macht, die sich am Mandat einer Mehrheit legitimiert. Um diese Mehrheit zu gewinnen, um sie bei der Stange zu halten und um ihr Votum für die Regierenden zu belohnen, regiert die Politik in die Ökonomie hinein und schlägt sie den Rat der Verwaltung in den Wind, wie die Dinge am besten erledigt werden sollten (Luhmann 1981, 2002).

Alle drei, *Schumpeter*, *Weber* und *Luhmann* empfehlen, demokratische Politik solle sich auf die Politik beschränken, auf die Präsentation von Kandidaten und Programmen, auf den Wahlkampf, auf parlamentarische Debatten und auf die groben Linien der Fachpolitik, sonst aber den Sachverstand der Verwaltung und die Eigendynamik der Wirtschaft respektieren.

Schumpeter wird mit guten Gründen als ein Klassiker der Demokratietheorie zitiert. Diese ist aber lediglich Gegenstand eines kurzen Kapitels in seinem bekannten Werk über „Kapitalismus, Sozialismus, Demokratie." Die vorausgehenden beiden Großkapitel über den Kapitalismus und den Sozialismus werden in der Demokratieliteratur kaum zur Kenntnis genommen. Dabei wäre es klug, seine „realistische Theorie" der Demokratie im Kontext zu lesen. Diese vorausgehenden Kapitel enthalten lange Ausführungen über die Vorzüge und Nachteile des kapitalistischen und sozialistischen Wirtschaftens. Billigt man *Schumpeter* wie den meisten seiner gebildeten Zeitgenossen zu, dass er noch kaum etwas über die Schattenseiten der Hauruck-Industrialisierung in der Sowjetunion *Stalins* wusste, lässt sich seinen Überlegungen entnehmen, dass er den ungebremsten Kapitalismus für eine politisch gefährliche Sache hält und dass er dem Sozialismus zwar gleiche Lebensverhältnisse, aber nicht allzu viel Innovationspotenzial zutraut. Kapitalismus ohne Demokratie ist möglich, Demokratie und Sozialismus schließen einander nicht aus, Demokratie *und* Kapitalismus lassen sich aber am besten miteinander vereinbaren, wenn sich die Politik nicht allzu stark in die Wirtschaft einmischt.

Schumpeter war ein Zeitzeuge des Hochkapitalismus der Zwischenkriegszeit mit all seinen Wirtschaftskrisen, Firmenzusammenbrüchen, seiner Massenarbeitslosigkeit und der Radikalisierung breiter Schichten – Ereignisse, die in Deutschland und in seiner österreichischen Heimat gigantische Katastrophen heraufbeschworen hatten. Sein Werk lässt ein Gespür für die Probleme der historischen Synthese des Kapitalismus mit der Demokratie erkennen. Der Kapitalismus ist schon in Ordnung. Sakrosankt für die politische Gestaltung darf er aber nicht sein. Sollen doch die Experten nach bestem Wissen und Gewissen empfehlen, welche Politik die beste ist, und sollen gewählte Politiker das letzte Wort darüber haben! Demokratie ist für *Schumpeter* also in erster Linie eine Sache der Politics.

3.1.4 Die Polyarchie

Nach Auffassung *Robert A. Dahls* (1915–2014) ist die Identität von Regierenden und Regierten idealistisch überhöht. Vielleicht war sie in den antiken griechischen Stadtstaaten realisiert, wenn man über die sparsame Zuerkennung des Bürgerstatus hinwegsieht. Im Flächenstaat ist die Idee der Selbstregierung nicht mehr realisierbar. Demokratie ist nur als repräsentative Demokratie möglich, als ein Regieren durch Beauftragte. Die Wahl in der Verbindung mit Ämtern auf Zeit ist der Angelpunkt der Demokratie. Hier stimmt *Dahl* mit *Schumpeter* überein.

Gemessen an der Idee einer direkten Demokratie ist die Wahl lediglich eine zweitbeste Lösung. Aber auch dieses Substitut, und hier bringt *Dahl* eine neue Überlegung ins Spiel, setzt den politisch mündigen Bürger voraus, nicht den passiven Politikkonsumenten. *Dahl* definiert die Demokratie nicht von den politischen Anbietern, sondern von der Nachfrageseite her. Der Bürger verfolgt seine politischen Interessen auch zwischen den Wahlen und unter Umständen sogar mit Druck auf seine politischen Vertreter, mit Demonstrationen und durch die Mitarbeit in Vereinen und Verbänden. Politik ist zwar nicht die Hauptsorge des Bürgers. Dieser lebt davon, dass er arbeitet. Er wird seine Freizeit im Regelfall auch nicht auf die Politik verwenden. Deshalb ist der durchschnittliche Bürger kein Politikspezialist. Er ist aber „good enough", um sich von den meisten Fragen, um die es in der Politik geht, ein zutreffendes Bild zu machen, d. h. er ist hinreichend qualifiziert, um informierte Entscheidungen über Kandidaten für politische Ämter und über politische Programme zu treffen (Dahl 1989, S. 112 f., 335 ff.).

Der Bürger besitzt also eine Basiskompetenz zur Beurteilung politischer Fragen. Aber er kann nicht jedes Problem in seiner Tragweite und Komplexität beurteilen. Er nimmt auch nicht an jedem politischen Problem Anteil. Er wird individuell und eventuell in Gemeinschaft mit anderen – etwa in Vereinen und Verbänden – erst dann aktiv, wenn es um Fragen geht, die ihn direkt und wahrnehmbar selbst betreffen. Hier haben die direkt betroffenen Bürger eine größere Kompetenz als die Nicht-Betroffenen (Dahl 1976/1956, S. 95 f.). Der demokratische Prozess aktiviert stets eine mehr oder minder große Zahl von Menschen. Mit Blick auf die Gesamtheit handelt es sich im Regelfall um Minderheiten. Politische Erfolgschancen lassen sich nicht durch das Auszählen größerer oder kleinerer Minderheiten ermitteln. Maßgeblich ist die Intensität, mit der sich Gruppen in den politischen Prozess einschalten.

Die Qualität einer Demokratie bemisst sich danach, ob sie im Prinzip niemanden von der Möglichkeit zur Teilhabe und damit von der Chance, damit etwas zu bewirken, ausschließt (Dahl 1971, S. 8). Im Demos sind die Bürger Rechtsgleiche. Der Ethnos, das durch Rasse, Religion oder Herkunft definierte Volk, ist eine andere Sache. Hier sind jene, die nicht dazu gehören, ausgegrenzt. Mögen auch im Ethnos selbst Rechtsgleichheit und Mehrheitsentscheid gelten, entsteht damit noch keine Demokratie.

Damit in der Demokratie jede und jeder weiß, wann und wo sie oder er von der Politik betroffen ist und damit sie darauf reagieren können, ist es unverzichtbar, dass die kommunikativen Kanäle zwischen Bürgern und Regierenden offen bleiben.

Die Wahl muss allgemein sein, niemand darf vom aktiven und passiven Wahlrecht ausgeschlossen werden. Die Organisation der Wahl muss den Grundsätzen der Fairness genügen. Die Meinungs- und die Pressefreiheit und das Recht auf Opposition müssen gewährleistet sein, um dem Wähler die freie Meinungsbildung zu ermöglichen (Dahl 1989, S. 109 ff.). Schließlich darf die Gründung von Parteien und Verbänden keinerlei Einschränkung unterliegen, damit den einzelnen und den gesellschaftlichen Gruppen die Möglichkeit bleibt, sich mit neuen politischen Organisationen – Parteien – in den Wahlprozess einzubringen und in Berufsverbänden oder Gesinnungsvereinen um Gehör zu werben (Dahl 1971, S. 20 ff., 26).

Dahl empfahl in seinen früheren Werken, das Phänomen der Demokratie besser als Polyarchie zu bezeichnen, als die Herrschaft der Vielen bzw. der vielen Minderheiten. In der Sache ist er bei diesem Demokratieverständnis geblieben, obgleich die Politikwissenschaft den Begriff nicht angenommen hat und *Dahl* selbst später wieder auf den Demokratiebegriff zurückgekommen ist. Nun gibt es Demokratien, in denen der Staat die Verbände lediglich schwach an der Vorbereitung seiner Entscheidungen beteiligt oder in denen die Informationsfreiheit der Bürger durch Gesetze und wirtschaftliche Konzentrationsvorgänge im Medienbereich eingeschränkt ist oder in denen das Parlament als Resonanzboden politischer Stimmungen keine allzu große Rolle spielt.

Dies zeigt für *Dahl* lediglich, dass es starke und schwache Polyarchien gibt. Wo es große Defizite dieser Art gibt, geht die demokratische Qualität des politischen Prozesses verloren. Hier handelt es sich dann um ein autoritäres Regime, das *Dahl*

als hegemonial bezeichnet. Es gibt polyarchische Regime, die ins Autoritäre umschlagen. Umgekehrt können sich ursprünglich harte Diktaturen zu schwachen autoritären Regimen wandeln, aus denen im weiteren Verlauf dann sogar eine schwache Demokratie entstehen mag (Dahl 1971, S. 8, 20 f., 1989, S. 262 f.).

Die Repräsentation selbst, das stellvertretende Handeln für die Bürger, kann
aus der Natur der Sache heraus nur die Angelegenheit weniger sein. Die gewählten
Vertreter in Parlament und Regierung haben jedoch keine Lizenz, nach Gutdünken
Entscheidungen zu treffen. Es wird von ihnen erwartet, dass sie auf die Stimmungen, Bedürfnisse und Nöte der von ihnen Repräsentierten eingehen *(responsiveness)*. Die Demokratie muss sich an den Ergebnissen ihres Handelns messen lassen
(Dahl 1989, S. 112). Die materielle Politik darf aus den Anforderungen an die
Demokratie also nicht ausgeklammert werden. Demokratie ist keine geschlossene
Veranstaltung der Mandatsträger im Parlament und in der Regierung, sondern ein
offener Interessenbetrieb, an dem die mehr oder minder gut organisierten Vertreter
der Gesellschaft teilhaben. Auch die Medien gehören dazu. Je nach dem Problem,
das es zu beraten und zu entscheiden gilt, verändert sich der Kreis der Teilnehmer.
In der Gesundheitspolitik beteiligen sich andere Akteure als in der Bildungspolitik. Aber stets handelt es sich um ein Spektrum staatlicher und gesellschaftlicher
Teilnehmer.

Dahls Anschauungsreservoir ist das politische System der USA: das mit Abstand partizipationsfreudigste der Welt. Und nicht nur dies: Sein Werk spiegelt die
Befindlichkeit der USA auf dem Höhepunkt ihrer Wirtschafts- und Wohlstandsleis-
tung und ihrer Weltmachtrolle im 20. Jahrhundert wider: Bis in die 1970er Jahre
gab es einen kleinen wohlfahrtspolitischen Konsens zwischen den beiden großen
Parteien, Kongress und Präsidentschaft arbeiteten einigermaßen gedeihlich zusammen, mochte der Präsident auch einmal einer anderen Partei als die Kongressmehr-
heit angehören. Auch die studentische Gegenkultur, die sich in den 1960er Jahren
regte, und der Protest gegen den Vietnamkrieg waren Musterübungen in Partizipation, mochten ihnen die meisten Amerikaner auch wenig abgewinnen.

Man könnte hier von einem Schönwettermodell der Demokratie sprechen. Alles
ist da, was stabile Demokratien überhaupt erst ermöglicht: allgemeiner Wohlstand
und halbwegs erträgliche Abstände zwischen Arm und Reich sowie Chancen auch
für diejenigen, die nicht auf der Sonnenseite der Gesellschaft existieren.

Um an dieser Stelle noch einmal auf die älteren Autoren zurückzublenden, hatten diese eher eine schlechtwettertaugliche Demokratie im Auge. Die Welt hat sich
in den letzten 50, 60 Jahren dramatisch verändert. Das Schlagwort der Globalisierung mag genügen, um dies zu unterstreichen. Aber nicht dies ist der springende
Punkt bei *Dahl*, sondern der Blick über die formal intakte Demokratie hinaus auf
die sozialen Tatsachen, die eine Demokratie tragen.

Demokratie als ein Partizipationsgeschehen, wie es von *Dahl* dargestellt wird, lässt sich in fast all ihren Erscheinungsformen messen: Wahlergebnisse, Protestverhalten, Mitgliedschaft in Parteien und Organisationen, Regierungsbündnisse, parlamentarische Abstimmungen, Referenden und Wählerverhalten – dies alles eignet sich hervorragend sowohl für beobachtende Fallstudien als auch für die Methoden der empirischen Sozialforschung.

Dahl zeichnet ein differenzierteres Bild als *Schumpeter*. Darin ist sehr gut die Praxis der vertrauten Demokratien zu erkennen. Dass Demokratie aber auch eine Verteilungsdimension hat, dass eine allzu große Kluft zwischen Arm und Reich die politischen Rechte, auch das Wahlrecht entwerten kann – dieses Thema kommt nicht vor. Der Grund mag darin liegen, dass *Dahl* die Anschauung der amerikanischen Demokratie vor Augen steht. Aus Gründen, die hier nicht erörtert werden können, haben in der amerikanischen Politik sozialdemokratische Parteien und Gewerkschaften wie auch die Kapitalismuskritik nie eine nennenswerte Rolle gespielt. Doch im Prinzip steht *Dahls* Demokratiemodell der Idee einer sozialen Demokratie nicht entgegen. Entsprechende Themen können in die Postulate der Meinungs-, der Organisations- und der Demonstrationsfreiheit hineingelesen werden, vor allem aber in das Element der *responsiveness*, d. h. in die Erwartung, dass ein demokratisches System den politikinhaltlichen Erwartungen der Wähler und der Bürger gerecht wird. Dies ist ein deutlicher Verweis darauf, dass sich Demokratie auch in der materiellen Politik bewähren muss.

Dahls Demokratiethema ist der Aspekt des Regimes, d. h. der Regeln und Bedingungen, unter denen die politische Beteiligung und der Wettbewerb, also die Politics des politischen Systems, stattfinden. Er verweist aber auch, obgleich indirekt und ohne dies zu einem großen eigenen Thema zu machen, auf die politikinhaltliche Dimension der Bürgeraktivität und des Wählerwillens. Die neuere Demokratieforschung, die ihn so gern zitiert, mag diesem Aspekt, wie oben zu zeigen sein wird, nicht viel abgewinnen.

3.1.5   Die marktkonforme Demokratie

Politische Freiheiten sind ein tragendes Element aller Demokratiemodelle. Das andere tragende Moment ist die Herrschaft der Mehrheit. Die Mehrheit indes mag beschließen, die Wirtschaftsfreiheit zu regulieren oder sie für bestimmte Sektoren (Verkehrsnetz, Wasser- und Elektrizitätsversorgung) ganz abzuschaffen. Für die oben erörterten Autoren ist dies noch kein Thema. Wohlfahrtsfragen und Fragen der Wirtschaftsordnung sind eine Sache politischer Gestaltung. Dieser sind allein durch Verfassung und Justiz gewisse Grenzen gezogen.

Wirtschaftstheoretiker erheben Einspruch. Mit dem Thema der Leistungsfähigkeit bzw. der Finanzierbarkeit des Wohlfahrtstaates eroberten sie in den 1970er Jahren einen prominenten Platz auf der politischen Agenda, indem sie die Frage aufwarfen, ob der Staat nicht besser daran täte, aus der Regulierung des Marktes auszusteigen und die steuerliche Umverteilung von Einkommen und Vermögen auf das unabdingbare Minimum zu reduzieren, das für Sicherheit und Ordnung im Inneren und für die äußere Sicherheit erforderlich ist.

Friedrich A. von Hayek und *Milton Friedman* verstehen die Demokratie vom wirtschaftlichen Freiheitsbegriff her. *Hayek* (1899–1992) behauptet, die Demokratie habe sich als Herrschaftsform bewährt, weil sie die politische Entscheidung auf Bereiche beschränkt hat, in denen davon ausgegangen werden darf, dass sie das Marktgeschehen nicht stören (Hayek 2003/1944, S. 98). Er beruft sich dabei auf eine „herrschende Auffassung", wirtschaftliche Belange vom Mehrheitsentscheid auszuklammern. Was es dort zu regeln gibt, ist Vertragssache zwischen Einzelnen. Dass auf dem Arbeitsmarkt Vertragsparteien mit höchst unterschiedlichen Ressourcen kontrahieren, also unter ungleichen Voraussetzungen, lässt *Hayek* als Gegenargument nicht gelten. Der Reiche ist außerhalb der Politik mächtiger als der Arme. Aber was stört das? In einem System politischer Freiheit und wirtschaftlicher Ungleichheit ist der Arme immer noch freier als der Reiche in einem System, das politische Freiheiten verweigert (Hayek 2003/1944, S. 136). Ist politische Freiheit also gewichtiger als eine wirtschaftliche Freiheit, die urwüchsige Unterschiede zwischen Arm und Reich legitimiert? Und was hat der Arme von seinen politischen Rechten, wenn diese nicht dazu gebraucht werden sollen, korrigierend in den Markt einzugreifen?

Der Markt hat für *Hayek* unbedingten Vorrang vor der Entscheidung des demokratischen Staates. Der Markt ist ein dynamisches Geschehen. Erfinder und kreative Unternehmer lassen sich immer wieder etwas einfallen, womit sich Geld verdienen lässt. Dieser Anreiz entfällt, wo der Staat die Wirtschaft organisiert. Selbst die Armen haben etwas von der Wirtschaftsfreiheit, weil die Konsumgüter im Ringen um Märkte billiger werden. Der Markt selbst ist das beste Wohlfahrtsprogramm. Greift die Politik den Reichen und den Kreativen mit Steuern in die Tasche, um soziale Leistungen zu organisieren, hat dies absehbar zwei Effekte: Das nicht selbst erarbeitete Einkommen belohnt jene, die nichts leisten (moral hazard). Wenn Steuern und Abgaben den Gewinn der Unternehmer drücken, entfällt für diese der Anreiz, Ideen und Geld in neue und bessere Produkte zu investieren. Dabei gucken dann schließlich auch die Armen in die Röhre, weil Investitionen ausbleiben und keine neuen Arbeitsplätze entstehen (Hayek 1991/1960).

Die Demokratie ist eine potenzielle Gefahr für die wirtschaftliche Freiheit. Wenn sie in die Wirtschaft eingreift, beruft sie sich auf den Willen der Mehrheit.

Weil die Freiheit ein so hohes Gut ist, darf die Demokratie nur mit der Einschränkung als ein vernünftiges Entscheidungsprinzip gelten, dass sie sich von der Wirtschaft fernhält. Der nicht ganz so marktgläubige Betrachter fragt sich allerdings,
was die Demokratie noch wert ist, wenn sie sich auf Arenen beschränkt, die mit der
wirtschaftlichen und sozialen Existenz der Bürger nichts zu tun haben.

Mit der gleichen Stoßrichtung, aber auf einer etwas anderen Linie argumen-
tiert *Milton Friedman* (1912–2006), der politisch wohl wirkungsmächtigste Wirt-
schaftstheoretiker der letzten vierzig Jahre. *Friedman* definiert die Freiheit als den
Verzicht auf Zwang. Nun ist Zwang aber das herausragende Merkmal des Staates.
Der Staat hat auch für *Friedman* einen legitimen Platz in der Gesellschaft, sogar im
Marktgeschehen. Seine Erzwingungsmacht ist unverzichtbar, damit der Markt als
ein zwangsfreies Geschehen überhaupt funktionieren kann (Friedman 1984/1962,
S. 36).

Die Unternehmen folgen einem darwinistischen Impuls: Sie wollen mehr verdienen, der Konkurrenz Märkte abspenstig machen und die Erfindungen anderer
kopieren und damit Entwicklungskosten sparen. Sie neigen dazu, die Konsumen-
ten zu täuschen und mit unfairen Methoden die Konkurrenz auszustechen. Am
Markt ist jeder einzelne Akteur Partei. Es braucht einen Unparteiischen, der dafür
sorgt, dass die Marktregeln eingehalten und dass Verstöße geahndet werden. Hier
liegt die genuine Aufgabe des Staates in der Wirtschaft. Aus dem Marktgeschehen
selbst soll er sich allerdings heraushalten. Allemal soll er die Finger davon lassen,
selbst Güter und Leistungen zu produzieren.

Wie *Locke* erkennt auch *Friedman* im Staat ein Problem für die Freiheit. Selbst
wenn sich der Staat auf die Rolle der Marktaufsicht beschränkt und im Übrigen
alles Erforderliche unternimmt, damit den Leistungsträgern mit Krieg, Raub, Mord
und Totschlag der Genuss ihrer Freiheit nicht verdorben wird, bleibt immer noch
die Fragen, wie weit der Staat gehen darf, um seine Tätigkeit zu finanzieren, und
welche Rechte er braucht, um seine Schiedsrichterrolle am Markt mit Biss zu ver-
sehen. Schließlich ist jede Steuerforderung, auch jede staatliche Anordnung zur
Bekämpfung von unlauterer Konkurrenz, von Anlegertäuschung und Wucher, sind
Hygienevorschriften und Sicherheitsstandards Eingriffe in die Eigentumsrechte,
und zwar unabhängig davon, ob sie von einem demokratischen Staat oder von einer autoritär herrschenden Elite ausgehen. Hier konzediert *Friedman* ein kniffliges
Problem. Es fällt ihm nicht mehr dazu ein, als dass derlei möglichst im Konsens
zwischen Unternehmen und Staat entschieden werden sollte.

Damit eine Einigung markt- und eigentumsverträglich zustande kommt, bietet
sich die Demokratie als geeigneter Modus an. Eigentlich wäre die Einstimmigkeit
ideal, um Eingriffe in das Eigentum zu rechtfertigen. Da dies aber nicht praktikabel ist, führt am Mehrheitsentscheid kein Weg vorbei. Um zu verhindern, dass die

Mehrheit nicht gleich das Porzellan der Eigentumsordnung zerschlägt, bedarf es einer Organisation der staatlichen Willensbildung, die den Mehrheitswillen in ein Filtersystem verschiedener Institutionen zwingt. Diese Institutionen artikulieren jeweils für sich einen Mehrheitswillen. Am Ende mag ein gleichlautendes Endergebnis dabei herauskommen. Mit größerer Wahrscheinlichkeit werden jedoch zahlreiche Korrekturen erzwungen, bis Übereinstimmung erzielt wird. Eventuell gibt es aber keine Einigung und alles bleibt wie gehabt.

Im Mittelpunkt dieses Demokratiebildes steht also die Gewaltenteilung (Friedman 1984/1962, S. 51). *Friedman* fügt hinzu, wenn es um nicht sonderlich wichtige Dinge gehe, sollten sie mit einfacher Mehrheit entschieden werden. Regt sich bei einer Minderheit jedoch starker Widerspruch, muss mit größeren Mehrheiten entschieden werden. Ohne damit allzu kühn zu interpretieren, lässt sich resümieren, dass es *Friedman* nicht so sehr um die allgemeinen Freiheitsrechte geht, sondern vor allem um das Recht auf Eigentum – und die großen Eigentümer sind nun einmal eine Minderheit. Diesen Punkt belässt *Friedman* leider im Vagen. Aber es wird schon deutlich, dass er es für richtig hält, dieser Minderheit einen besonderen Schutz angedeihen zu lassen.

Die wirtschaftstheoretische Denkschule um *James Buchanan* (1919–2013) und *Gordon Tullock* (1922-), der *Friedman* nahe steht, wird deutlicher. Sie konstruiert die Mehrheitsherrschaft zweiphasig. In einem Basisvertrag kommen alle Beteiligten überein, die Grenzen ihrer Freiheit zu definieren und jenseits dieser Grenzen den Mehrheitswillen gelten zu lassen. Für die Neudefinition der grundlegenden Freiheiten muss wieder Einstimmigkeit verlangt werden. Alles, was diese Freiheiten nicht berührt, darf mit einfacher Mehrheit entschieden werden (Buchanan und Tullock 1965).

Für *Hayek* und *Friedman* ist die Demokratie, will man es drastisch ausdrücken, ein unvermeidbares Übel. Eine autoritäre Elite oder eine Diktatur, die den Markt als Gesellschaftsmodell verinnerlichen, könnte das Gleiche leisten. Der Fairness halber muss aber hinzugefügt werden, dass beide einem autoritären Regime größeres Potenzial zutrauen, die Staatsgewalt zum Schaden des Marktes zu missbrauchen. Die Demokratie ist schon in Ordnung, wenn nur der Mehrheitswille durch geeignete Institutionen gebändigt wird.

Der Publizist *Fareed Zakaria* (1964-) publizierte vor gut zehn Jahren ein beachtetes Buch mit dem Titel „Illiberal Democracy" (Zakaria 2004). Wie aber kann Demokratie illiberal sein? Auch für *Zakaria* ist die Freiheit der alles überragende politische Wert. Verstöße gegen die Freiheit gewanden sich in zweierlei Weise als Demokratie: In der einen Variante als ein System, das mit Wahlen und Parteien eine Fassade der Demokratie aufbaut. Hinter dieser Fassade führen Akteure die Regie, die den Mehrheitswillen lediglich vortäuschen, die ihn offen manipulieren oder die unter Berufung auf den Volkswillen die Freiheiten kassieren oder einschränken. Auch die andere Variante, die Demokratie, die diesen Namen wirklich verdient, gefährdet die Freiheit, wenn Mehrheitsbeschlüsse das Leben allzu eng regulieren, beispielsweise mit komplizierten Steuergesetzen, mit Abgaben sowie mit Gleichstellungsvorschriften und Genehmigungsvorbehalten. Demokratie wird illiberal, wenn sie sich in zu viele Dinge einmischt, aus denen sich die Politik grundsätzlich heraushalten sollte. Zuviel Demokratie kostet Freiheit. Expressis verbis kreisen diese Modelle allein um die Polity, um den Regelkomplex der Verfassung und des Staates.

Bei allen drei Autoren, *Hayek*, *Friedman* und *Zakaria*, ist nicht zu übersehen, dass es ihnen um den Wert der Freiheit und hier wiederum besonders um denjenigen der Wirtschaftsfreiheit geht. Die Demokratie erscheint als ein Accessoire des Kapitalismus. Die Leserin und der Leser mögen sich fragen, warum sie in diesem Zusammenhang dann überhaupt referiert wurden.

Der Grund liegt einfach darin, dass es bei dieser Revue nicht vorrangig um die Theorie der Demokratie geht, sondern um Demokratiekonzepte, die sich um ein realistisches Demokratiebild ranken, dass sie also auch ein Stück Zustandsbeschreibung, d. h. machbare Konkretisierung der Demokratie enthalten. Im Konzept der liberalen Demokratie ist, wie weiter unten näher auszuführen sein wird, nun auch einmal ein gehöriges Stück liberales Wirtschaftsdenken enthalten. Die Demokratie wird mit dem Vorrang des Marktes „gedeckelt", wo immer die Politik über die Bereiche der Sicherheit und Ordnung hinausgreift. Hier liegt der große Unterschied zu den übrigen hier referierten Autoren. Diese ziehen der Gestaltungsfreiheit demokratischer Entscheidungen im Prinzip keine anderen Schranken als die Freiheitsrechte und die Rechtsgleichheit.

3.1.6 Die Ambivalenz der sozialen Demokratie

Für *Giovanni Sartori* (1924-) ist die Demokratie ein grundlegend liberales Phänomen. Unter liberal versteht er das das herkömmliche Set bürgerlicher Freiheiten, die durch rechtsstaatliche Institutionen und Verfahren garantiert werden. Der Liberalismus im ökonomischen Sinne ist eine andere Sache. Hier geht es um die Freiheit der Eigentümer – um eine „außerpolitische" Ordnung, also um den Kapitalismus. Die Demokratie muss im rechtsstaatlichen Sinne liberal sein. Politikinhaltlich ist sie aber keineswegs auf den Liberalismus festgelegt. Demokratie plus – rechtsstaatlichem – Liberalismus ist lediglich „halbe Demokratie" (Sartori 1992/1987, S. 376 f., 379).

Im Unterschied zum Rechtsstaat ist soziale Politik kein unabdingbares Merkmal der Demokratie. Die Idee der sozialen Demokratie ist vielmehr ein politisches Programm, ein Richtwert für das politische Handeln in der Demokratie. Sie ist – im Unterschied zum Rechtsstaat – nicht präzise bestimmbar, postuliert aber allemal, dass die Bürger durch Bildung, Sozialpolitik und vieles andere mehr dazu ertüchtigt werden mögen, am gesellschaftlichen Leben teilzuhaben. Erst die soziale Demokratie ist eine vollendete Demokratie.

Sartori konstatiert, dass es in der sozialen Wirklichkeit keine staatsfreien Räume mehr gibt. Alle Lebensbereiche, die Wirtschaft nicht ausgenommen, sind mehr oder weniger staatlich reguliert. Die soziale Demokratie ist für *Sartori* ein Requisit der Demokratie. Sie geht aber nicht mit Institutionen einher, wie es beim Rechtsstaat der Fall ist (Sartori 1992/1987, S. 377).

Die Verwandtschaft dieser Gedanken mit den Ideen *Hellers* und *Fraenkels* ist nicht zu übersehen. Soziale Demokratie ist eine Gestaltungsaufgabe der Politik. Sie darf solche nicht zur Disposition gestellt werden. Wird darauf verzichtet, mit konkreten Maßnahmen auf sie hinzuarbeiten, verkürzt sich die Demokratie auf das Mindestprogramm: auf Mehrheitsherrschaft plus Rechtsstaat.

Von dieser Art der sozialen Demokratie ist ein anderer Typus sozialer Demokratie zu unterscheiden. Dieser verpflichtet die Politik auf ein bestimmtes Gesellschaftsbild. Von Demokratie kann erst die Rede sein, wenn diese Vision Realität wird (Sartori 1992/1987, S. 377). Dahinter treten dann die Gestaltungsfreiheit der gewählten Regierung, mag sie auch eine soziale Politik betreiben, sowie die machtbeschränkenden Mechanismen des Rechtsstaates zurück. Kurz: Hier handelt es sich um das Gegenteil von Demokratie.

Bei aller Aufgeschlossenheit für eine soziale Demokratie meint *Sartori* damit kein sozialdemokratisches Programm. Er legt sich nicht fest, ob soziale Demokratie nun als Chancengleichheit oder Ergebnisgleichheit einzulösen ist. Sie ist wohl eher als ein Interventionsstaat zu verstehen, der keine liberale Wirtschaftsphilosophie verabsolutiert und der unter Beachtung von Verfassung und Recht alles tun darf, was dem Wohl seiner Bürger dient, sofern er dafür ein Mandat der Mehrheit besitzt.

Auf keinen Fall will *Sartori* soziale Demokratie als Gleichmacherei und auch die Gleichheit nicht als Wert an sich verstanden wissen. Gleichheit ist in seinen Worten die Protestparole in der neueren Geschichte schlechthin. Protagonisten der Egalisierung träumen von einer Tabula rasa, einem radikalen Neuanfang, der alles wegwischt, was die Historie an störenden und verstörenden Ungerechtigkeiten überliefert hat.

Die Menschen sind ungleich, die einen werden reich, die anderen arm geboren, die einen sind gebildet, die anderen weniger, die einen sind tüchtig oder haben ein-

fach Glück und reüssieren mit reichem materiellem Lohn, die anderen sind Pech-
vögel oder sie leben wie der große Durchschnitt entweder im Großen und Ganzen
zufrieden oder aber mit einem Groll auf ihr Schicksal.

Die liberale Demokratie ist ein Programm zur Verhinderung von Willkür und
Unterdrückung. Die richtig verstandene soziale Demokratie aber ist die Antwort
auf die Herausforderungen der industriellen und postindustriellen Gesellschaft.

In der Diskussion über die Demokratie wird gern auf politische Philosophen
wie *John Rawls* und *Michael Walzer* verwiesen. *Rawls* (1921–2002) kommt mit
der kontrafaktischen Annahme, dass die Menschen vorübergehend aus ihren bio-
grafischen Prägungen aussteigen, um zu diskutieren, wie sie miteinander leben
wollen, zu dem Ergebnis, dass sich die Menschen für Freiheit und Demokratie
und für den Sozialstaat entscheiden. Im Sinne des Kategorischen Imperativs, dass
jeder dem anderen zubilligen muss, was er selbst für sich in Anspruch nimmt, wird
nach der Rückkehr der Diskutanten in raue Leben keiner einem anderen mehr seine
Freiheit und sein Recht auf ein materielles Leben in Würde mehr streitig machen
wollen (Rawls 1979/1971). Ach ja, wie schön, wenn den Gedanken ihr Lauf gelassen wird!

Michael Walzer (1935-) nimmt zur Kenntnis, dass sich die Menschen in verschiedenen Lebensbereichen bewegen. Deshalb gibt es keine goldene Regel, die
für alle Bereiche gleichermaßen Geltung beanspruchen dürfte. In Staat und Politik
müssen die Menschen gleich sein und gleich behandelt werden: In Wirtschaft und
Beruf sind Unterschiede legitim, die sich auf persönliche Leistung gründen (Walzer 1992/1983).

Beide Autoren argumentieren abstrakt, nicht empirisch. *Sartori* hingegen argumentiert beobachtend. Eine wirkliche Demokratie darf die Situation der Armen
und Schwachen und auch das Phänomen überschießender wirtschaftlicher Macht
nicht ignorieren. Ebenso wenig darf sie der Mehrheit vorschreiben, wie sie die soziale Demokratie realisiert. Auf gar keinen Fall darf sie die persönlichen Freiheiten
und die Errungenschaften des Rechtsstaates einschränken.

Tobias Meyer zeigt weniger Scheu, die soziale Demokratie mit dem Ideal glei-
cherer Lebensverhältnisse zu verbinden. Das Soziale fordert die Demokratie zur
umfassend verstandenen politischen Gestaltung von Wirtschaft und Gesellschaft
auf, während sich ihr Gegenbild, die libertäre Demokratie à la Hayek und Friedman, einer Politik verweigert, die in das urwüchsige Spiel der Marktkräfte einzugreifen gedenkt (Meyer 2009, S. 10).

Weil nun das Thema einer liberalen und zugleich sozialen Demokratie nichts
„Fertiges" ist, wie der historisch gewachsene gewaltenteilige Rechtsstaat, taugt
es schlecht für Vereinfachungen. Es fordert dazu auf, die reale Demokratie in Augenschein zu nehmen, nicht zuletzt auch in vergleichender Betrachtung, um zu

Erkenntnissen über das Wirken der Institutionen, über die politischen Akteure und über die materiellen Ergebnisse zu gelangen. Kurz: Hier ist die Kommunikation mit denjenigen Sparten der Politikwissenschaft gefragt, die im Alltagsgeschäft der Politikanalyse tätig sind.

3.2   Die Binnendifferenzierung der realen Demokratie: einige Beispiele aus der Literatur

3.2.1   Demokratie, Klassen und Parteien

Der amerikanische Politiksoziologe *Seymour M. Lipset* (1922–2006) bearbeitete zunächst in einem vielbeachteten Essay (Lipset 1959), dann in einem mit Daten und historischem Material gesättigten Buch seine These, wirtschaftliche Not und die Verarmung der Mittelschicht arbeiteten gegen die Demokratie. Umgekehrt stehe die Chance für die Behauptung der Demokratie dort am besten, wo es der Politik gelinge, auch in schwierigen Zeiten eine Polarisierung der Klassen zu verhindern. Letzteres war nach seiner Erkenntnis historisch vor allem in Großbritannien und den USA der Fall. Dort gab es lediglich zwei große Parteien, die darauf achteten, Wähler in der Mitte der Gesellschaft zu erreichen. Aber auch in Skandinavien fasste die Demokratie nachhaltig Fuß. Das historische Erfolgsgeheimnis der Demokratie selbst im ideologisch aufgeladenen und von sozialen Gegensätzen geprägten Europa des Industriezeitalters war demzufolge der Umstand, dass sich zwei Kräfte in einem demokratischen Klassenkampf austarierten, eine Linke, deren Parteien im Elektorat den Faktor der großen Masse der unteren Schichten ausreizen konnte, und bürgerliche Parteien, die mit anderen Themen die übrigen Schichten an sich zu binden verstanden und dabei die Presse auf ihrer Seite hatten. In den erfolgreichen Demokratien überlagerten zudem konfessionelle Bindungen die politische Positionierung nach der Klassenzugehörigkeit (Lipset 1963/1960, S. 230 ff.). Demgegenüber reifte in den stark polarisierten und zersplitterten Parteiensystemen, in denen die Interessen der unteren Klassen schlechter zur Geltung kamen, die Gefahr, dass extreme Parteien von links oder rechts mit radikalen, gegen die Demokratie gerichteten Parolen versuchen würden, Wähler zu gewinnen.

Lipset ist ein politiksoziologischer Klassiker der europäischen und amerikanischen Industriegesellschaft, wie sie noch vor 50 Jahren existierte. Gemeinsam mit *Stein Rokkan* (1921–1979) edierte er später ein weiteres großes Werk, das noch größere Beachtung fand: die Entwicklung der Parteiensysteme auf den Spuren sozialen und wirtschaftlichen Wandels. Das Schlüsselwort waren hier die so genannten *cleavages*, d. h. Konfliktlinien sozialer und konfessioneller Art, die sich in den Parteiensystemen abbildeten. Sie wurden entweder in den Parteien selbst im Rahmen eines Zweiparteiensystems verarbeitet, oder aber in zahlreichen einzelnen Parteien, die sich in der gemeinsamen Regierungszusammenarbeit miteinander zu arrangieren verstanden (Lipset und Rokkan 1967).

Konfession und Klasse sind heute auch in den Ländern, die *Lipset* damals bearbeitet hat, als Faktoren der Politik stark geschwächt. Im Zeichen der Automatisierung und Digitalisierung des Wirtschaftslebens ist die Erwerbsarbeit schon lange keine überwiegend manuelle Arbeit mehr. Andere Themen und Sorgen haben die klassischen *cleavages* überlagert. Sie haben die Parteien teils verändert, teils haben sie neue Parteien entstehen lassen, exemplarisch sind die Grünen (Inglehart 1977; Müller-Rommel 1993).

In der Demokratieforschung hinterlassen *Lipsets* Überlegungen ihre Spuren in der Frage, wie die ganz anders beschaffenen wirtschaftlichen und gesellschaftlichen Verhältnisse nicht-westlicher Gesellschaften für den Erfolg demokratischen Wandels zu beurteilen sind.

3.2.2 Demokratische Eliten in kulturell gespalteten Gesellschaften

Schon bei *Lipset* klingt das Thema der politischen Eliten als Faktor demokratischer Stabilität an. Schließlich sind es die Eliten, die Interessen aufnehmen, darin einen gemeinsamen Nenner auszuloten und diesen erfolgreich in die Öffentlichkeit bzw. an die Wähler zu kommunizieren. *Lipset* idealisiert allerdings noch die angelsächsische Demokratie. *Arend Lijphart* (1936-), ein gebürtiger Niederländer, widerspricht. Eine stabile Demokratie ist auch unter anderen Voraussetzungen möglich. In den zeitgenössischen Niederlanden der 1950er und 1960er Jahre, die er zu diesem Zweck exemplarisch untersuchte, lebten die Menschen noch von der Schule über die Krankenbetreuung und die Gewerkschaften bis hin zu den Parteien in ihren eigenen, isolierten Welten. Dessen ungeachtet waren die Niederlande eine stabile Demokratie. Der Grund: Die politischen Teileliten, die Spitzen dieser „versäulten Gesellschaft", waren willens und fähig, einvernehmliche Entscheidungen zu treffen (Lijphart 1975/1968). (Anmerkung zur Vermeidung von Missverständnissen: Die gegenwärtigen Niederlande entsprechen diesem Modell der „consociational democracy" schon länger nicht mehr. Politik und Gesellschaft und auch die demokratische Praxis haben sich grundlegend verändert.)

Vor dem Hintergrund der postkolonialen Staatenwelt wurde *Lijpharts* Modell der „consociational democracy" stark diskutiert. Für ethnisch und religiös polarisierte Gesellschaften, wie sie in Afrika und in Asien anzutreffen waren, waren nach seiner Ansicht konsensdemokratische Institutionen und Praktiken, nicht zuletzt auch Verhältniswahlsysteme, besser geeignet als die Strukturen der Mehrheitsdemokratie (Lijphart 1977).

3.2.3 Mehrheitsdemokratie und Konsensdemokratie

Ein weiteres großes Thema *Lijpharts* wurde die Typisierung der Demokratie. Sein erstes Prüfschema sind Institutionen, die beim Vergleich demokratischer Systeme von jeher im Vordergrund gestanden haben, darunter das Wahlsystem, das Regierungssystem und die Gewaltenteilung. Seine Überlegungen führen ihn zu dem Ergebnis, dass einige Institutionen größeren Einigungszwang erzeugen als andere.

Ein weiteres Prüfschema ist das Standardgeschehen auf der politischen Bühne. Hier konzentriert sich *Lijphart* auf das Parteiensystem und das Bündnisverhalten der Parteien. Im Letzteren lassen sich Konfliktbereitschaft oder die Suche nach Übereinstimmung nachweisen.

In den Demokratien lässt sich zum einen der Typus einer Konkurrenzdemokratie (Einkammerparlament, Einheitsstaat, Mehrheitswahl) ausmachen. Charakteristisch ist eine Partei, die von der Opposition in die Regierung wechselt und leichthin die Bilanz der Vorgängerregierung löschen und ganz andere Prioritäten setzen kann. Beispiele sind Frankreich und Großbritannien.

Den Gegentypus verkörpert die Konsensdemokratie (Zweikammerparlament, Verhältniswahl, Föderalismus, viele Parteien, Verfassungsgericht). Exemplarisch sind Große Koalitionen, damit auch Koalitionen großer Parteien aus verschiedenen politischen Lagern, wie sie in Österreich und inzwischen auch Deutschland vorkommen, oder aber das Auftreten von Minderheitsregierungen wie in Skandinavien, die ihre Mehrheiten von Fall zu Fall mit Stimmen aus dem Lager der oppositionellen Parteien beschaffen (Lijphart 1984, 1999).

Die eine Art der Demokratie ist nicht schlechter als die andere. Die Konsensdemokratie verspricht jedoch größere politikinhaltliche Kontinuität über den Regierungswechsel hinweg. Einmal getroffene Richtungsentscheidungen werden im Großen und Ganzen auch dann nicht mehr infrage gestellt, wenn eine Koalitionsregierung anderer Zusammensetzung übernimmt. Hürden, die das Regierungssystem vor dem Mehrheitsentscheid aufbaut, fördern die Bereitschaft der für die Regierungstätigkeit wichtigsten Parteien, sich zu einigen (dazu instruktiv auch Gerring et al. 2005). Im Standardgeschehen der politischen Arena, einer Folge von Wiederholungsspielen in wechselnder Besetzung, reifen Erwartungen und Erfahrungen, die entweder den politikinhaltlichen Konsens oder aber den Konflikt belohnen.

Lijphart baut Brücken zur Analyse des Regierungssystems, der politischen Kultur und der materiellen Politik (Policies). Für die Erforschung der Demokratie in Asien, Afrika und Lateinamerika ermöglicht sein Entwurf Einschätzungen, ob die Art der demokratischen Institutionen für die Herausforderungen der betreffenden Gesellschaft geeignet ist.

3.2.4 Parlamentarisches und präsidentielles Regierungssystem

Wenden wir uns jetzt dem engeren Regierungssystem zu (zum Folgenden exemplarisch *Winfried Steffani* [1927–2000]). Das parlamentarische Regierungssystem ist darauf angelegt, in den parlamentarischen Institutionen den Mehrheitswillen durchzuwinken. Die parlamentarische Regierung mit ihrem charakteristischen Merkmal der Abberufbarkeit durch eine Parlamentsmehrheit kommt wie ein Regierungsausschuss des Parlaments daher. Allein die Verfassung, die förmlichen Verfahren und ungeschriebene Regeln ziehen der parlamentarischen Mehrheit Grenzen.

Eine parlamentarische Regierung, die zum Spielball fragiler parlamentarischer Mehrheiten würde, ginge auf Kosten der politischen Stabilität. Ohne den Rückhalt der parlamentarischen Mehrheit könnte sie nicht mehr effektiv regieren. Hier liegt die unentbehrliche Aufgabe der politischen Parteien. Sie stützen ihre Regierung – mögen sie diese intern auch einer kritischen Kontrolle unterwerfen. Schließlich entscheidet der Regierungserfolg auch über die politische Zukunft der Mehrheitsparlamentarier (Steffani 1979).

Das parlamentarische Regierungssystem konstituiert ein politisches Kräftefeld, das vom formalen Gewaltenteilungsschema aller demokratischen Verfassungen abweicht. Es gliedert sich in eine Regierungsmehrheit, die sich aus den Regierungsfraktionen und der Regierung zusammensetzt, und in die parlamentarische Opposition. Parlamentsmehrheit und Regierung verschmelzen zu einer politischen Einheit. Wenn es der Regierung nicht gelingt, in dieser Konstellation die erwartete Führungsrolle wahrzunehmen, und wenn es auch an der politikinhaltlichen Übereinstimmung mit Teilen der Opposition fehlt, um als Minderheitsregierung ggf. mit wechselnden Mehrheiten zu regieren, läuft der Parlamentarismus leer (Steffani 1991).

Demgegenüber betont das präsidentielle Regierungssystem das Kontrollmoment der Checks and Balances. Die Regierung legitimiert sich am Volksvotum eines gewählten Präsidenten. Handlungsfähig wird sie aber erst mit der Zustimmung, die in parlamentarischen Gesetzesbeschlüssen erteilt wird. Beschließt das

Parlament Gesetze, die der Regierung nicht passen, hat diese die Möglichkeit, den Parlamentswillen mit einem Veto zu blockieren. Repräsentieren Parlament und Regierung aber unterschiedliche Parteien und ist das Parlament darüber hinaus noch in zwei gleichberechtigte Kammern gegliedert, gewinnt das Gewaltenteilungsmoment die Oberhand über das Mehrheitsprinzip.

Im ersten Fall, dem parlamentarischen Regierungssystem, bilden Parlamentsmehrheit und Regierungsmehrheit de facto eine Einheit. Die Aufgabe der politischen Kontrolle fällt der parlamentarischen Opposition und einer kritischen Öffentlichkeit zu. Solange die Verfassung geachtet wird, müssen es beide freilich aushalten, dass die Regierung ihren Willen durchsetzt. Das wichtigste Kontrollmoment ist hier das zeitlich limitierte Mandat des Parlaments. Irgendwann ist der Wähler aufgefordert, die Karten neu zu mischen. Im zweiten Fall, dem präsidentiellen Regierungssystem, steht das Parlament zur gesamten Hand gegen die Regierung. Eine institutionelle Opposition gibt es nicht. Ganze Parlamentskammern, Parlamentsausschüsse, Allianzen von Parlamentariern, Regierungsbeamten und Interessengruppen formieren sich – in aller Regel auf eine bestimmte Politik bezogen – zu einer Opposition, die wieder einschläft, wenn ein Entscheidung getroffen ist, um vielleicht bei anderer Gelegenheit wieder aufzuleben. Auch die Regierung selbst sucht solche Allianzen, um ein Vorhaben parlamentarisch abzusichern (dazu das klassische Werk zur Opposition: Dahl 1966).

Es gibt noch den dritten Fall des semi-präsidentiellen Regierungssystems, in dem neben der parlamentarisch gestützten Regierung noch ein vom Volk gewählter Präsident im Spiel ist, der keineswegs eine bloß repräsentierende Rolle hat. Weil die Regierung hier aber immer noch vom Parlament abhängig ist, selbst wenn sie zugleich in einer Abhängigkeit vom Präsidenten steht, ist auch dieses Regierungssystem nach Ansicht einiger Autoren in seiner Grundstruktur noch parlamentarisch (exemplarisch: Steffani 1997, S. 89 ff.), während andere Autoren eher die präsidiale Komponente betonen und hier von einem eigenen Typus ausgehen (Duverger 1986; von Beyme 1999/1970, S. 51 ff.). Wie *Shugart* und *Carey* zeigen, driftet der Typ des semi-präsidentiellen Systems in der politischen Praxis entweder in Richtung auf ein eher parlamentarisches oder auf ein eher präsidentielles System (Shugart und Carey 1992).

Diese Basismodelle des demokratischen Regierungssystems werden gern an den Beispielen Großbritanniens, der USA und Frankreichs erläutert. Jedes dieser Länder kommt dem Idealtypus, der oben skizziert wurde, recht nahe. Sobald im Realtypus dieser Basismodelle ein Element in veränderter Gestalt auftritt, werden die Konturen weicher. Nehmen wir nur ein Beispiel. Die USA kennen traditionell keine Parteidisziplin im Kongress, was bedeutet, dass ein Präsident keineswegs mit selbstverständlicher Unterstützung aus den Reihen der eigenen Partei rechnen darf. In Lateinamerika hingegen, wo ebenfalls das präsidentielle Regierungssystem praktiziert wird, dominieren die Präsidenten gar nicht so selten auch die parlamentarischen Entscheidungen in einer Weise, die dem Regieren eines parlamentarischen Regierungschefs gleicht. Der Grund liegt in Parteien mit weltanschaulichem Profil, die den Präsidenten als ihr politisches Zugpferd und als programmatischen Fahnenträger betrachten: Viele Parlamentarier verbinden ihr Schicksal mit dem Präsidenten. Und dieser muss all das tun, was auch ein parlamentarischer Regierungschef unternimmt, um eine Partei oder eine Parteienkoalition zusammenzuhalten.

Für die politische Realität ist die Differenzierung der Demokratie in eine parlamentarische und in eine präsidentielle bedeutsam. Die Gestaltungsmöglichkeiten einer entscheidungsfreudigen parlamentarischen Mehrheit sind ungleich größer als die eines Präsidenten im präsidentiellen Regierungssystem. Dort liegt die Latte, um mit parlamentarischen Mehrheiten die liberale Demokratie zu einer sozialen auszubauen, deutlich höher. Ein Beispiel: Die Idee einer staatlich organisierten und erschwinglichen allgemeinen Krankenversicherung wurde 2013 in den USA nach kaum enden wollender Kontroverse endlich Realität – gut 65 Jahre, nachdem sie erstmals von einem Präsidenten vorgeschlagen worden war.

Die Bedeutung des Regierungssystems für die Demokratie in aller Welt liegt auf der Hand. Welche Risiken für die Bewährung der Demokratie sind größer einzuschätzen, die Blockade im präsidentiellen Regierungssystem oder aber die Gefahr, dass die Mehrheit im parlamentarischen Regierungssystem nicht einfach nur ihren Willen geltend macht, sondern ihn als Keule gebraucht, um gesellschaftliche Minderheiten zu malträtieren, die in der parlamentarischen Opposition repräsentiert sind?

3.2.5 Voraussetzungen eine demokratischen politischen Kultur

Notieren wir zuletzt noch den Bereich der politischen Kultur. *David Easton* (1917-), der wohl wirkungsmächtigste Theoretiker des politischen Systems, arbeitete noch mit den Begriffen einer spezifischen und einer generalisierbaren Unterstützung des politischen Systems durch seine Bürger. Die spezifische Unterstützung bezieht sich auf Leistungen. Daneben gibt es ein Grundvertrauen in die politischen Institutionen, das an keine spezielle Politik gebunden ist (Easton 1979/1965). Beides hat freilich miteinander zu tun. Wenn die Leistungserwartungen der Bürger allzu häufig enttäuscht werden, dürfte das Grundvertrauen in das politische System schwinden.

Gabriel A. Almond (1911–2002) und *Sidney Verba* (1932-) erläuterten das Konzept der politischen Kultur 1963 in einem zum „Klassiker" gewordenen Fünfländervergleich. Sie entwickeln darin drei Grundtypen politischer Kultur. Zum ersten die parochiale politische Kultur, die sich durch folgende Merkmale auszeichnet: Die Menschen beurteilen politische Sachverhalte hauptsächlich aus dem Gesichtswinkel des Nutzens für ihr Dorf, für ihren Stamm oder ihre engere Region. Vertreter der zentralstaatlichen Autorität, Distriktverwalter, Polizei oder allgemein Beamte aus der Hauptstadt, werden misstrauisch als Repräsentanten einer fremden Macht beäugt, mit der man nichts zu tun haben will. Sie stören traditionelle Strukturen und Abläufe. Die Menschen in dieser parochialen politischen Kultur neigen dazu, solche Störungen von außen abzuwehren, sich z. B. den Loyalitäts- oder Steuerforderungen des Zentralstaates zu entziehen und ihre Angelegenheiten in den Grenzen des Möglichen selbst zu regeln.

Der zweite Typus der politischen Kultur, die Untertanenkultur, geht davon aus, dass sich die Menschen bereits eine gemeinsame Nation vorstellen. Sie sind durch wichtige Gemeinsamkeiten wie Sprache, Religion und Werte miteinander verbunden. Das politische Informationsniveau ist relativ hoch. Die Menschen sind in den Grundzügen mit übergreifenden politischen Geschehnissen vertraut, und sie verhalten sich im Wesentlichen loyal. Diese Loyalität gründet sich darauf, dass der Staat die Loyalität seiner Bürger mit einer ausgeprägten Fürsorge untermauert. Wir haben es hier mit einem aktiven Staat zu tun, der seine Bürger gegen existentielle Risiken wie Beschäftigungsverlust, Invalidität oder Krankheit sichert. Die aktive Partizipation der Bürger an der Politik fällt eher schwach aus. Der Bürger beobachtet, er nimmt zur Kenntnis, aber er beteiligt sich kaum.

Der dritte Typus der politischen Kultur wird als Partizipationskultur bezeichnet. Auch hier haben wir es mit Bürgern zu tun, die sich durch einen hohen politischen Kenntnisstand auszeichnen. Wo in der Untertanenkultur jedoch kaum politische Teilhabe stattfindet, haben wir es in der Partizipationskultur mit einem Überschuss von Teilhabe zu tun. Der typische Bürger begegnet dem Staat mit großem Misstrauen. Er versucht, sich dem Zugriff des Staates zu ziehen, hat aber gleichwohl hohe Leistungserwartungen, er verteidigt seine Rechte, nimmt regelmäßig an den Wahlen teil und wechselt häufig seine Parteipräferenz. Seine Erwartungen an die Regierung überfordern notorisch deren Ressourcen. Wo sich die Untertanenkultur durch ein Übermaß an Stabilität und Ruhe auszeichnet, erwachsen aus der Partizipationskultur Hyperaktivität und Instabilität.

Almond und *Verba* stellen mit diesen drei reinen Typen der politischen Kultur lediglich Modelle vor. Wie alle Modelle überzeichnen sie die Realität. Dies gilt auch für ihr Idealbild der idealen politischen Kultur: die sogenannte Bürgerkultur (civic culture). In dieser Kultur mischen sich Elemente aller drei oben skizzier-

ten politischen Kulturen. Wir haben es hier mit Bürgern zu tun, die im engeren
kommunalen Bereich darauf pochen, dass gewisse Angelegenheiten in Eigenregie erledigt werden. Sie haben ausgeprägte Vorstellungen von den Aufgaben eines
sozialpflichtigen Staates. Sie nehmen ferner pflichtbewusst an den Beteiligungs-
angeboten des demokratischen Staates teil, sie gehen zur Wahl, und sie bemühen
die Gerichte, wenn sie sich in ihren Rechten verletzt glauben (Almond und Verba
1989/1963).

Die Basismodelle der politischen Kultur spitzen Haltungen der Bürger zum
Staat zu, die stark modifiziert in allen politischen Systemen anzutreffen sind. Bemerkenswert ist an der idealisierten, demokratisch vorbildlichen Bürgerkultur,
dass die Demokratie nicht bloß als ein Partizipationsgeschehen, sondern auch als
ein Tausch politischer Leistungen gegen Loyalität verstanden wird.

Robert D. Putnam (1941-) untersuchte in einer stark beachteten Arbeit mit
dem Titel „Making Democracy Work" die Politik der Anfang der 1970er Jahre
geschaffenen italienischen Regionen. Sie waren ein krasser Bruch mit der zentra-
listischen Staatstradition. *Putnams* These lautet: Wenn die selbstbestimmte Politik
näher an die Bürger heranrückt, wächst das Vertrauen in die Demokratie. Anhand
von Umfragen und historischen Vergleichen stellt *Putnam* dann fest, dass mit der
Reform die historische Kluft zwischen Nord- und Süditalien keineswegs kleiner
geworden ist. Dort, wo sich die Bürger schon immer rege am politischen Leben
ihrer Gemeinden beteiligt haben, im nördlichen Italien, erfüllen auch die neuen
Regionalregierungen die Erwartungen an eine funktionierende Selbstverwaltung.
Im südlichen Italien ist jedoch alles beim Alten geblieben. Die von jeher mächtigen
Familien und Klans haben sich der neuen Selbstverwaltungen bemächtigt.

Diesen Unterschied erklärt *Putnam* mit dem Vertrauensfundus der örtlichen Gesellschaft. Er definiert ihn als Sozialkapital. Wer bei einem Gegenüber in Vorleistung geht, indem er Unterstützung anbietet und Dinge ermöglicht, erwartet keine
sofortige und keine spezifische Gegenleistung. Er geht indes davon aus, dass sein
Gegenüber dieses Vertrauen erwidert, wenn er es selbst braucht. Es mag sein, dass
diese Situation nicht eintritt. Wenn es aber an Sozialkapital mangelt, d. h. wenn
bei einem unkonditionierten Entgegenkommen keine eventuelle Gegenleistung zu
erwarten ist, dann wird auch niemand in Vorleistung gehen. Unter dieser Voraussetzung beschränken sich die Beziehungen strikt auf Leistung und kalkulierbare
Gegenleistung.

Die Ursachen für das fehlende Sozialkapital verortet *Putnam* in der Vergangenheit. Bereits in der Renaissance entwickelte sich in den oberitalienischen Stadtre-
publiken ein Bürgerbewusstsein. Es hat sich über Jahrhunderte hinweg gehalten
und immer wieder den veränderten Verhältnissen angepasst. Oberitalien ist die
Heimat des modernen Zahlungsverkehrs; wirtschaftliche Transaktionen beinhalten

stets ein Vertrauensmoment. Süditalien hingegen war bis weit in das 19. Jahrhundert eine rückständige Feudalgesellschaft mit Untertanen, die einem repressiven und ausbeuterischen Staat mit Misstrauen, Täuschen und Ausweichen begegneten. Im Staat lauert eine fremde Macht, auf die man sich nur einlässt, wenn sie einen greifbaren Vorteil bringt.

Putnam fügt hinzu, was sich hier, im Mikrokosmos der italienischen Regionen, zeige, deute weit über Italien hinaus. Wenn schon der Mezzogiorno wegen seiner historischer Hypotheken die Angebote der Demokratie in einem sonst hochmodernen Land nicht verarbeiten könne, dann sei in vielen Gesellschaften Afrikas und Asiens kaum anderes zu erwarten (Putnam 1993).

Putnam geht davon aus, dass sich die Italiener prinzipiell rational verhalten, gleich wo sie leben. Die Bürger in der Emilia-Romagna und in Mailand handeln vernünftig, wenn sie ein lebendiges Kommunalleben kultivieren und an der Demokratie partizipieren. Sie haben damit keine schlechten Erfahrungen gemacht. Ihre Landsleute in Reggio Calabria und Neapel folgen seit Generationen der Lektion, auf Distanz zueinander zu bleiben. Hier wäre es unvernünftig, sich öffentlich zu exponieren und Vertrauen zu schenken, das auf immer ohne Erwiderung bleiben wird. *Putnams* Buch gilt als eines der wichtigsten in der neueren Politikwissenschaft.

Putnams Ausgangspunkt ist der Einzelne. Er steht im breiten Strom der Handlungstheorien.

3.3 Gemeinsamer Nenner: die vollständige Demokratie

Die hier referierten Demokratiekonzepte und auch die modellhaften Verarbeitungen real vorhandener Erscheinungsformen der Demokratie haben eines gemeinsam: Ihr Thema ist die Demokratie, wie wir sie in Nordamerika, in Europa sowie in Asien in Japan und seit einiger Zeit auch in Südkorea antreffen. Sie wird gemeinhin und geografisch alles in allem immer noch zutreffend als „westliche Demokratie" umschrieben. Jede und jeder weiß, was damit gemeint ist. Oder um es anders, aber mit gleicher Bedeutung auszudrücken: Es handelt sich hier um die historisch gewachsene Konkretisierung der liberalen Demokratie.

Diese Art der Demokratie markiert den Ausgangspunkt der Demokratieforschung, die im Mittelpunkt dieses Buches steht. Deren bevorzugter Gegenstand ist aber zum einen die Demokratie in den außerwestlichen Gesellschaften und zum anderen in jenem Teil Europas, in dem erst der Zusammenbruch der sozialistischen Staatenwelt den Weg zur Demokratie geebnet hat.

Das Themen dieser Demokratieforschung sind der demokratische Wandel autoritärer Regime, ferner die noch ungefestigten demokratischen Strukturen sowie schließlich die Gründe für das Scheitern und den Erfolg junger Demokratien. Es geht also hauptsächlich um Demokratien, die, gemessen an der etablierten „westlichen Demokratie", Defizite aufweisen und den Härtetest eines demokratischen Regierungswechsels noch vor sich haben.

Vor diesem Hintergrund muss das konventionelle Demokratiebild so abgewandelt werden, dass es auf die Realität junger und im Werden befindlicher Demokratien übertragen werden kann. Die Werkzeuge dieser Operation, Vereinfachungen, Dehnungen und der Verzicht auf überkommene Bedeutungen, stehen im Mittelpunkt des folgenden Kapitels.

Literatur

von Alemann, U. (1973). *Parteiensystem im Parlamentarismus. Eine Einführung und Kritik von Parlamentarismustheorien.* Düsseldorf: Bertelsmann Universitätsverlag.

Almond, G. A., & Verba, S. (1989/1963). *The civic culture.* Newbury Park: Sage.

von Beyme, K. (1999/1970). *Die parlamentarische Demokratie. Entstehung und Funktionsweise 1789–1999* (3. Aufl.). Opladen: Westdeutscher Verlag.

Buchanan, J. M., & Tullock, G. (1965). *The calculus of consent: Logical foundations of constitutional democracy.* Ann Arbor: University of Michigan Press.

Dahl, R. A. (Hrsg.). (1966). *Political oppositions in western democracies.* New Haven: Yale University Press.

Dahl, R. A. (1971). *Polyarchy, participation, and opposition.* New Haven: Yale University Press.

Dahl, R. A. (1976/1956). *Vorstufen zur Demokratietheorie.* Tübingen: Mohr.

Dahl, R. A. (1989). *Democracy and its critics.* New Haven: Yale University Press.

Duverger, M. (1986). *Les régimes semi-présidentiels.* Paris: Presse universitaire de France.

Easton, D. (1979/1965). *A systems analysis of political life.* Chicago: University of Chicago Press.

Fraenkel, E. (1973). *Reformismus und pluralismus* (Hrsg. von F. Esche und F. Grube). Hamburg: Hoffmann & Campe.

Fraenkel, E. (1974/1964). *Deutschland und die westlichen Demokratien* (6. Aufl.). Stuttgart: Kohlhammer.

Friedman, M. (1984/1962). *Kapitalismus und Freiheit.* München: Ullstein.

Gerring, J., Thacker, S. G., & Moreno, C. (2005). Are parliamentary systems better? *Comparative Political Studies, 42,* 327–359.

Hayek, F. A. von. (1991/1960). *Die Verfassung der Freiheit* (3. Aufl.). Tübingen: Mohr.

Hayek, F. A. von. (2003/1944). *Der Weg zur Knechtschaft* (Sonderausg.). München: Olzog.

Heller, H. (1992/1928). Politische Demokratie und soziale Homogenität. In H. Heller (Hrsg.), *Gesammelte Schriften. Zweiter Band. Recht, Staat und Macht* (2., um ein Nachwort erw. Aufl., Hrsg. C. von Müller). Tübingen: Mohr.

Heller, H. (1993/1925). *Allgemeine Staatslehre.* Wien: Österreichische Staatsdruckerei.

Inglehart, R. (1977). *The Silent revolution: Changing values among western publics.* Princeton: Princeton University Press.

Kelsen, H. (1981/1929). *Vom Wesen und Wert der Demokratie* (2. Nachdruck der 2. Aufl.). Aalen: Szientia.

Kirchheimer, O. (1964/1930). Weimar – und was dann? Analyse einer Verfassung. In O. Kirchheimer (Hrsg.), *Politik und Verfassung* (S. 9–56). Frankfurt a. M.: Suhrkamp.

Kluxen, K. (Hrsg.). (1971). *Parlamentarismus*. Köln: Kiepenheuer & Witsch.

Lijphart, A. (1975/1968). *The politics of accommodation: Pluralism and democracy in the Netherlands*. Berkeley: University of California Press.

Lijphart, A. (1977). *Democracy in plural societies: A comparative exploration*. New Haven: Yale University Press.

Lijphart, A. (1984). *Democracies: Patterns of majoritarian and consensus Government in twenty-one countries*. New Haven: Yale University Press.

Lijphart, A. (1999). *Patterns of democracy: Government forms and performance in thirty-six countries*. New Haven: Yale University Press.

Lipset, S. M. (1959). Some social requisites of democracy: Economic development and political legitimacy. *American Political Science Review, 53,* 69–105.

Lipset, S. M. (1963/1960). *Political man: The social bases of politics*. New York: Doubleday.

Lipset, S. M., & Rokkan, S. (Hrsg.). (1967). *Cleavage structures, party systems, and voter alignments*. New York: Free Press.

Loewenstein, K. (1967). *Staatsrecht und Staatspraxis von Großbritannien* (2 Bde.). Berlin: Springer.

Loewenstein, K. (2000/1958). *Verfassungslehre* (4. Aufl.). Tübingen: Mohr.

Luhmann, N. (1981). *Politische Theorie im Wohlfahrtstaat*. München: Olzog.

Luhmann, N. (2002). *Die Politik der Gesellschaft*. Frankfurt a. M.: Suhrkamp.

Meyer, T. (2009). *Die soziale Demokratie*. Wiesbaden: VS.

Müller-Rommel, F. (1993). *Grüne Parteien in Westeuropa. Entwicklungsphasen und Erfolgsbedingungen*. Opladen: Westdeutscher Verlag.

Putnam, R. D. (1993). *Making democracy work: Civic traditions in modern Italy*. Princeton: Princeton University Press.

Rawls, J. (1979/1971). *Eine Theorie der Gerechtigkeit*. Frankfurt a. M.: Suhrkamp.

Sartori, G. (1992/1987). *Demokratietheorie*. Darmstadt: Wissenschaftliche Buchgesellschaft.

Schumpeter, J. A. (2005/1942). *Kapitalismus, Sozialismus und Demokratie* (8. Aufl.). München: Francke.

Shugart, M. S., & Carey, J. M. (1992). *Presidents and assemblies: Constitutional design and electoral dynamics*. Cambridge: Cambridge University Press.

Steffani, W. (1979). *Parlamentarische und präsidentielle Demokratie. Strukturelle Aspekte westlicher Demokratie*. Opladen: Westdeutscher Verlag.

Steffani, W. (1991). Regierungsmehrheit und Opposition. In W. Steffani (Hrsg.), *Regierungsmehrheit und Opposition in den Staaten der EG* (S. 11–36). Opladen: Leske+Budrich.

Steffani, W. (1997). *Gewaltenteilung und Pluralismus im Wandel*. Opladen: Westdeutscher Verlag.

Walzer, M. (1992/1983). *Sphären der Gerechtigkeit. Ein Plädoyer für Pluralität und Gleichheit*. Frankfurt a. M.: Campus.

Weber, M. (2002/1918). *Parlament und Regierung im neugeordneten Deutschland. Zur politischen Kritik des Beamtentums und Parteiwesens. Schriften 1894–1922* (S. 395–435) (ausgew. von D. Käsler). Stuttgart: Kröner.

Zakaria, F. (2004). *The future of freedom: Illiberal democracy at home and abroad*. New York: Norton.

Die Demokratie im Zeichen der Demokratieforschung

4

4.1 Historischer Kontext

Der Diskussionsstand über die Demokratie ist mit den oben referierten Autoren beschrieben, soweit die Diskutanten kein Ideal postulieren, sondern in modellhafter Verdichtung eine vielgestaltige Realität einzufangen beanspruchen (Gabardi 2001, S. 558, 568). Diese Realität war lange ausschließlich diejenige der „westlichen Demokratie" in Europa und Nordamerika. Lateinamerika mit seiner vom westlichen Modell inspirierten Verfassungstradition und mit Parteien, die beide gern europäische Vorbilder kopierten, lag bereits außerhalb des Blickfeldes.

Dafür gab es Gründe: Erstens nahm die sozialwissenschaftliche Politikforschung in den 1960er Jahren überhaupt erst richtig Fahrt auf. Sie folgte dem neuen Paradigma der politischen Entwicklung bzw. der Modernisierungstheorie. Sein Schlüsselwort war das politische System. Die Attraktivität dieser neuen Sicht auf die Politik lag darin begründet, dass sie nicht mehr nur auf die Verfassungen und die politischen Institutionen blickte, sondern auf die Gesellschaft als Ganzes. Ausgerechnet in den 1960er Jahren mutierten die meisten, in aller Regel schwachen lateinamerikanischen Verfassungsstaaten, in denen sich bis dahin kurze Phasen der Diktatur mit längeren Phasen meist labiler Verfassungsstaatlichkeit abgewechselt hatten, zu langjährigen Diktaturen. Bei den sozialistischen Staaten erübrigte es sich von vornherein, Fragen zu stellen, die auf das Verstehen demokratischer Systeme angelegt waren.

Vor diesem Hintergrund kam die Erforschung des Parlamentarismus, der Parteien, der Interessengruppen und der politischer Kultur, wie im letzten Kapitel skizziert, der Erforschung der politischen Welt der Demokratie gleich. Länder und

© Springer Fachmedien Wiesbaden 2015
J. Hartmann, *Demokratie und Autokratie in der vergleichenden Demokratieforschung,* DOI 10.1007/978-3-658-07479-1_4

Regionen, die sich außerhalb der unstreitig demokratischen Welt befanden, wurden aber keineswegs ignoriert. Nur wurden an sie andere Fragen gestellt, unter anderem diejenige nach den in der Geschichte, in den Wertesystemen und in der politischen Ökonomie liegenden Gründen für ihr autoritäres Format.

Die gegenwärtige, erst vor einem Vierteljahrhundert in Schwung gekommene Demokratieforschung, die im Mittelpunkt dieser Überlegungen steht, akzeptiert keine politischen, geografischen oder kulturellen Grenzen. Sie wendet sich Ländern zu, deren Regime meist noch zu jung sind, um sie bereits als etablierte Demokratie zu qualifizieren, ja bei denen sich die Frage stellt, ob sie denn überhaupt schon als demokratisch verstanden werden dürfen.

Der maßgebliche Impetus für diese Demokratieforschung lag in der Weltpolitik, und das heißt: in einer Entwicklung, die *Samuel P. Huntington* (1927–2008) in einem Bestseller als die „dritte Welle" der Demokratisierung beschrieben hat. Die erste Welle der Demokratie dauerte vom Beginn des 19. bis in die Anfänge des 20. Jahrhunderts. In der Zeit zwischen den Weltkriegen ebbte sie wieder ab, um als Strandgut autoritäre Systeme und totalitäre Diktaturen zu hinterlassen. Eine zweite Welle baute sich nach dem Zweiten Weltkrieg auf. Sie dauerte recht kurz an und hinterließ ihre Spuren in der deutschen, italienischen und österreichischen, auch in der japanischen Nachkriegsdemokratie. Die wiederum längere dritte Welle kündigte sich Mitte der 1970er Jahre im Zusammenbruch der jahrzehntelangen Diktaturen in Portugal und Spanien an. Dann erreichte sie in den 1980er Jahren Lateinamerika. Dort gaben zählebige Militärdiktaturen auf. Auf dem Scheitelpunkt dieser Welle brach in den 1990er Jahren die Staatenwelt des realen Sozialismus zusammen. Als Sekundärfolge dieses Großereignisses verschwanden auch langjährige Diktaturen in Afrika und Asien von der Bildfläche (Huntington 1991). Mehr oder weniger große Rückschläge gehören für *Huntington* ins Bild der großen regimepolitischen Wellenbewegungen.

Auch die Dritte Welle verlor an Kraft. Mit der Frage, wann denn die Demokratie irreversibel „einrastet" und warum sich so viele autoritäre Regime, vulgo: Diktaturen, als beharrungsfähig erweisen, gab es neuen Stoff für die Forschung. Ihr Ergebnis ist die Forschung über die Autokratie. Das Wellenbild fasziniert Demokratieforscher bis heute. Angestrengt wird Ausschau gehalten, ob sich nicht irgendwo eine vierte Welle aufbaut (Diamond 2012).

Die dritte Welle der Demokratie war für einige Politikwissenschaftler wie eine Trefferserie im Lotto. Sensoren für die Zielerfassung meldeten stets neue Objekte. In Wahlen, die vermeintlich ein komplett neues Regime begründeten, in neuen Parteien sowie in zahlreichen neuen Verfassungen bot sich in Osteuropa, Asien und Afrika Stoff für Fragestellungen, für die es im alten Europa und Nordamerika, wo die Demokratie in langen, evolutionären Prozessen entstanden war, nie einen Anlass gegeben hatte.

Wie bestimmen wir, wo Demokratie beginnt? Und wenn irgendwo demokratische Strukturen Fuß fassen, wie passen sie in das Bild, das uns aus den bewährten Demokratien vertraut ist? Haben wir es mit schwachen oder mit starken, mit qualitativ guten oder mit schlechteren Demokratien zu tun? Gibt es Regelhaftigkeiten, vielleicht sogar Gesetzmäßigkeiten im Reifen des zarten Pflänzchens der Demokratie?

Diese Fragen muten im Jahr 2014 bereits altbacken und etwas naiv an. Man weiß: Die Welt ist nicht überall so geworden, wie man es sich damals vorgestellt und gewünscht hat!

Francis Fukuyama (1952-), wie *Huntington* eine Mittlergestalt zwischen der politischen und der akademischen Welt, schrieb Anfang der 1990er Jahren vom „End of History." Gemeint war natürlich nicht das Ende der Zeit, sondern das Ende einer Epoche, in der es noch ernsthafte Gegenkräfte zur Demokratie und Kapitalismus gab. Die Demokratie erschien als der historische Sieger der Epoche. Die Sowjetunion und ihr Imperium waren erledigt, damit auch die Ideen, die in *Karl Marx* und *Friedrich Engels* ihren Ursprung hatten (Fukuyama 1992).

Huntington und *Fukuyama* steht das Bild der liberalen Demokratie in den USA vor Augen. Wie weiland der alte *Marx* in seinem Londoner Exil Berge von Zeitungen studierte, um in den Ereignissen rund um den Globus Zeichen für den bevorstehenden Zusammenbruch des Kapitalismus zu erkennen, und wie es ihm gebildete marxistische Epigonen noch jahrzehntelang gleichtun sollten, so geht auch *Huntington* vor. Er verwertet die aktuelle historische und politikwissenschaftliche Literatur, um nachzuweisen, dass sich in den letzten beiden Jahrhunderten eine historische Dynamik aufgebaut hat, in der Individualismus, Markt und gewählte Regierungen über den Kollektivismus, den verplanten und gegängelten Menschen und über staatliche Unterdrückung obsiegen.

Die Vereinigten Staaten sind das historisch am weitesten gediehene Exemplar der Demokratie. Sie sind eine Weltmacht, ein Leuchtturm für die demokratische Herrschaftsform in aller Welt. Die äußere Sicherheit und die strategische Überlegenheit der USA sind deshalb auch ein Dienst an der Verbreitung der Demokratie in der Welt.

Huntington und *Fukuyama* stehen mit beiden Beinen im konservativen Spektrum der strategischen Community der USA; beide sind politische Publizisten, die sich in der Welt der Wissenschaft auskennen, aber eine politische Botschaft überbringen – und im Übrigen Bestseller am Markt platzieren. Da mutet es bis heute und über die Lebensspanne des überaus wirkungsmächtigen *Huntington* hinaus

seltsam an, dass seine „Wellentheorie" unablässig und in aller Unschuld als Be-
zugswerk für wissenschaftliche Abhandlungen zitiert wird.

Der Optimismus über die Zukunft der Demokratie nährte sich vom Zusammenbruch der Sowjetunion, des großen weltpolitischen und weltanschaulichen Ge-
genspielers der US-amerikanischen Weltmacht. Was neben der in die Geschichte
verabschiedeten Sowjetunion an Störenfrieden noch blieb, waren scheinbar Kleine
Fische, d. h. mediokre Caudillos, Politgeneräle und afrikanische Potentaten, die
man am ausgestreckten Arm verhungern lassen konnte, weil doch nun die Option,
sich unter die schützenden Fittiche Moskaus zu flüchten, verschlossen war.

Viele frühere Verbündete der Sowjetunion in der Dritten Welt orientierten sich
gezwungenermaßen neu. Langjährige Diktatoren, die noch als Verbündete des
Westens gehätschelt worden waren, um ihr Abdriften ins sozialistische Lager zu
verhindern, durften auf die wirtschaftliche und politische Unterstützung der reichen westlichen Länder fortan nur noch um den Preis zählen, dass sie sich auf
Wahlen und konkurrierende Parteien einließen. Dies galt besonders für die Masse
der Länder mit schwachen autoritären Regimen in Afrika. Sie besaßen keine – teils
erst später entdeckten – strategisch wichtigen Energiequellen und Rohstoffe und
auch keine Bedeutung als Ordnungsmächte in ihrer Region. An das autoritär re-
gierte Ägypten und die ölreichen Golfstaaten wagte sich die westliche Politik nicht
heran. Hier war das Demokratiepostulat nicht so wichtig wie das Kalkül auf politische Stabilität, mochte diese auch ein autoritäres Fundament haben. Teils ließ man
Diktatoren, die nicht so wichtig waren, fallen, indem der Opposition im Lande der
Rücken gestärkt wurde. Das Ergebnis: Alte Regime blieben oder sie verschwanden
oder die alten Mächte blieben im Sattel, schmückten das Schaufenster aber mit
demokratischen Institutionen.

Larry Diamond (1951-), ein weiterer Demokratieforscher der ersten Stunde,
prognostizierte erst kürzlich mit verblüffender Selbstgewissheit, dass sich in Ostasien eine vierte Welle der Demokratie aufbaue: Südkorea und Taiwan sind bereits
konsolidierte Demokratien. Die Mongolei (sic), Indonesien und die Philippinen
(eigentlich eher Südostasien) sowie Ost-Timor haben es immerhin bis zur elektoralen Demokratie geschafft, Burma und Thailand berechtigen zu den schönsten Hoffnungen. In spätestens zehn, zwanzig Jahren wird auch China fällig sein (Diamond
2012). Der Russland-Kenner *Michael McFaul* hatte allerdings schon zehn Jahre
zuvor eine ganz andere Wellenbewegung beobachtet. Einige Länder im postkom-
munistischen Raum würden sich wohl als Demokratien behaupten, andere aber
die Zahl der stabileren autoritären Regime in der Welt vergrößern (McFaul 2002).

Zu einem Hauptthema der Demokratieforschung avancierte zunächst das Paradigma der Transition. Noch bevor die sozialistische Halbwelt zusammenbrach,
hatten *Guillermo O'Donnell* (1936–2011) und *Philippe C. Schmitter* (1936-) ihr

inzwischen klassisches Werk über den demokratischen Wandel in Südeuropa und Lateinamerika veröffentlicht. Darin wollten sie gewisse Stufen in der Entwicklung ausgemacht haben. Zunächst kehrt mehr Liberalität in autoritäre Regime ein. Dann mag die Entwicklung weiter in Richtung Demokratie gehen (O'Donnell und Schmitter 1986).

Das Buch wird bis dato als Klassiker zitiert. Wie aber *Schmitter* im Rückblick von 25 Jahren auf die Karriere dieses Buches betont, sei es ihnen damals noch gar nicht um irgendwelche quasi-gesetzmäßigen Vorgänge in Richtung Demokratie gegangen, sondern einfach um „transitions from authoritarian rule", also um typische Gemeinsamkeiten bei der Überwindung der Diktatur im iberischen Europa und Südamerika (O'Donnell 2009, S. 18).

Adam Przeworski verfasste 1991 eine vom Duktus der Rational choice bestimmte Studie über das Ende des sozialistischen Systems in Osteuropa sowie dasjenige der langjährigen lateinamerikanischen Militärdiktaturen. An sich ein nüchterner Analytiker, spiegelt selbst sein Werk die Begeisterung über den säkularen Umbruch wider, dessen Zeuge er da wurde. Als einer der ersten arbeitete er markante Pfadentscheidungen und Etappen in der Überwindung der Diktatur heraus. Sinngemäß: Den Herrschenden wird bewusst, dass ihnen wenig anderes übrig bleibt, als zunächst ein Stück ihrer Macht abzugeben. Auch Gewalt wird nichts daran ändern, dass sich die Zeit nicht zurückdrehen lässt. Die Unterdrückten begehren auf. Sie spüren die Risse im alten System. Jetzt kommt es darauf an, diese alsbald zu vergrößern, damit die Mächte des Gestern einsehen, dass am Lauf der Dinge nichts mehr zu ändern ist. Dort aber gibt es Auseinandersetzungen zwischen Hardlinern und Reformern. Letztere sehen nur die Option, den weiteren Verlauf so mitzugestalten, dass sie selbst ohne größere Blessuren davonkommen. Unter den optimalen Bedingungen eines „paktierten" Übergangs in Absprachen mit der Opposition und mit seinem Markenzeichen „runder Tische" werden Gewalt und Bürgerkrieg abgewendet. Laufen die Dinge jedoch „unvernünftig", d. h. setzen sich auf einer der beiden Seiten die Fürsprecher einer harten Linie durch, lässt sich ein finaler Machtkampf – mit offenem Ergebnis – nicht vermeiden.

Mit dem Abtreten der Mächtigen von gestern ist die Sache aber noch nicht erledigt. Jetzt kommt es darauf an, ob sich das demokratische Regime, von dem es abgelöst worden ist, auch konsolidiert. Die Nagelprobe zeigt sich darin, ob es unter der Voraussetzung sauberer Wahlen zu einem Regierungswechsel kommt. Demokratie wird hier in einer gern zitierten Formulierung *Przeworskis* als ein System regelgebundener Ergebnisoffenheit oder negativ ausgedrückt: der organisierten Ungewissheit über das Wahlergebnis verstanden (Przeworski 1991, S. 13).

Unter der Überschriften des Systemwechsels bzw. der Systemtransformation sollte sich dann, wie einem frühen Text *Wolfgang Merkels* (1952-) zu entnehmen ist, eine vom Denken in den Vorstellungen des politischen Systems bestimmte Sicht auf den demokratischen Wandel durchsetzen (dazu Merkel 1994). Die Überwindung der Diktatur schafft die notwendige Voraussetzung für eine beharrungsfähige, konsolidierte Demokratie. Das Stadium der Konsolidierung wird erst erreicht, wenn die staatlichen Apparate, die Parteien, die Eliten und last but not least das Volk die Mehrheitsherrschaft und die Herrschaft des Rechts als „the only game in town" anerkennen. Was Konsolidierung genau bedeutet, wann sie erreicht ist, wie sie sich vollzieht, evolutionär und oder einem qualitativen Sprung, ist eines der Themen, welche die Demokratieforschung in Schwung halten (Schedler 2001).

Umfragen, Wahlen und ein verfassungsadäquates Regieren, also ein Mix von Daten und öffentlichen Ereignissen, bieten sich als Beobachtungspunkte an. Da es hier letztlich um Fälle und Fallzahlen geht, die für eine quantifizierende Analyse kaum in Frage kommen, nimmt sich das Darstellungsmuster wie eine strukturierte Schilderung von Ereignisabläufen aus (exemplarisch: Merkel 2010). Wenn überhaupt, kommt das Phänomen der politischen Kultur nur am Rande zur Sprache.

Die Erforschung des Übergangs zur Demokratie schüttelt den politischen Wandel rund um den Globus durch ein Sieb diverser Indikatoren, um Material zu gewinnen, das dafür taugt, „Pfade" zu entdecken. Dies alles zum Zweck, zuverlässig den nächsten Schritt auf dem Wege zur Demokratie oder aber das voraussichtliche Scheitern zu prognostizieren und rechtzeitig gegenzusteuern. Politische Planer und Entscheider hätten damit eine Handhabe, um vorausschauend das eigene Handeln zu bedenken, wo sich ein Land anschickt, sich beispielsweise aus dem Dunkel sozialistischen Elends auf die lichten Höhen der marktwirtschaftlichen Demokratie emporzuarbeiten.

Dieses Themas nahmen sich auch Wissenschaftler an, die in den sozialwissenschaftlichen Methoden bewandert sind. Sie kreierten das Forschungsfeld der Demokratiemessung. Auch hier blieb es beim bevorzugten Gegenstand der zahlreichen Länder, die auf dem Wege zur Demokratie sind. Die Demokratiemessung hängt sich, ohne dies groß zu reflektieren, an das Kredo vom Siegeszug der Demokratie und von den Gesetzmäßigkeiten der Transition an. Vorhandene Daten werden so bearbeitet, dass sich mit statistischer Wahrscheinlichkeit zeigen lässt, ob sich ein Land tatsächlich auf die Demokratie hin bewegt, in welchem Stadium auf dem Wege dorthin es sich befindet, ob es stagniert oder schon wieder zurückgefallen ist. Alles nur eine Frage der richtigen Methode und geeigneter Daten!

Mit den Methoden kann nun nicht jeder Politikwissenschaftler umgehen, etliche wollen es auch gar nicht oder sie könnten es zwar, halten sie aber für weniger wichtig als den Gegenstand. Die Demokratie kommt den Methodenbegeisterten einzigartig entgegen: Über kaum etwas gibt es so viel Datenmaterial wie über Wahlen, Demonstrationen, Streiks, Regierungswechsel, Koalitionen und Parteiensysteme.

Nach einer ersten Phase erfolgreicher regimepolitischer Flurbereinigung wollte es mit dem Siegeszug der Demokratie schon im östlichen Mitteleuropa der 1990er Jahre nicht mehr so recht klappen. Etliche Länderkandidaten, in die große Hoffnungen gesetzt wurden, fielen zurück, oder sie blieben weit vor dem hehren Ziel einer passablen Demokratie stecken.

Dieses Urteil zehrt von der Retrospektive. Zwanzig Jahre später ist man klüger als zuvor! Mit den Fortschritten in Richtung Demokratie haperte es vor allem in der so genannten Dritten Welt, im Orient, in Afrika sowie im ferneren Osteuropa und in der neuen postsowjetischen Staatenregion Zentralasien. In Äußerlichkeiten als demokratische Verfassungsstaaten aufgetakelt, die teils eine Parteienpluralität aufwiesen und Wahlen veranstalten ließen, entwickelten sich die dortigen Länder in die Gegenrichtung zur Demokratie.

Die Frage nach der Grenze zwischen „echter" und „Scheindemokratie" zwang zur Überlegung, ob es nicht nur Schwarz und Weiß, nicht nur Demokratie oder Nicht-Demokratie, sondern vielleicht auch „Hybride" gibt oder je nach Blickwinkel mit Mängeln behaftete Demokratien oder weiche Diktaturen (*dictablanda*, nicht nur *dictadura*). Daraus entspann sich eine neue Debatte. Es ging darum, Mindeststandards der Demokratie festzulegen, um zwischen einer passablen und einer wirklich guten Demokratie unterscheiden zu können. Ein Nebeneffekt dieser Debatte war die Erfindung immer neuer, inhaltlich allerdings häufig redundanter Begriffe. Wie es im Titel eines einschlägigen Aufsatzes hieß: „Democracy with adjectives" (Collier und Levitsky 1997).

4.2 Wissenschaftlicher Kontext

Vier Umstände spielten in den Kontext dieser Demokratieforschung hinein: *Erstens* bestimmte die in den USA betriebene Forschung den Trend. Das amerikanische Demokratiebild mit seinen Charakteristika „wenig Staat, viel Markt und hohe Toleranzschwelle für soziale Ungleichheit" hinterließ in der Referenzliteratur seine Spuren. Auch der Umstand, dass das im New Deal entstandene wirtschaftspolitische Paradigma legitimer Staatsintervention seine Kraft verloren hatte, spielte eine Rolle. Der für ganz anderen Dinge geschmähte republikanische Präsident *Richard Nixon* (1969–1974) war noch offen für den Plan einer materiellen Grundsicherung für alle Amerikaner. Und noch 1964 scheiterte *Barry Goldwater*, der republikanische Präsidentschaftskandidat, ein Libertärer, dem selbst das bisschen Sozialstaatlichkeit zuviel war, am demokratischen Gegenkandidaten *Lyndon Johnson* (1964–1969), der in der New-Deal-Tradition *Franklin Roosevelts* (1933–1944) stand.

Mit *Ronald Reagan* (1981–1989) gewann 1980 ein Republikaner die Präsidentschaft. Er ließ sich davon überzeugen, der freie Markt sei das beste Rezept für die Lösung wirtschaftlicher und sozialer Probleme. Die repräsentative Demokratie und der freie Markt avancierten fortan nicht nur innenpolitisch, sondern auch in der Außen- und Außenwirtschaftspolitik der USA zum geschwisterlichen Leitbild, an dem der Rest der Welt von seinen Übeln genesen sollte. Auch diese Entwicklung hinterließ in der Demokratieforschung ihre Spuren.

Vor dem Hintergrund des Zusammenbruchs der sozialistischen Staatenwelt konnten sich Universitäten und Forschungseinrichtungen schwerlich von der um sich greifenden Wahrnehmung eines mächtigen historischen Drängens zur Demokratie isolieren.

Zweitens bot das Konjunkturthema Demokratie Nachwuchswissenschaftlern und etablierten Fachvertretern die Gelegenheit, Themen zu bearbeiten, über die nicht schon endlos viel geschrieben worden war, d. h. sie eröffnete die Chance, mit Publikationen Beachtung zu wecken, die wissenschaftliche Karriere voranzubringen und bereits erworbene Reputation zu steigern. Diese Motivation ist alles andere als typisch für die Demokratieforschung. Sie spielt bei der Entdeckung neuer Themen stets eine Rolle.

Drittens fiel die Demokratieforschung in eine Zeit, in der die Politikwissenschaft zu einem Archipel geworden war: Vielleicht noch in Sichtweite, aber ohne allzu nahen Kontakt finden sich Gleichgesinnte in unterschiedlichen Kredos, was Politikwissenschaft ist, welche Themen wichtig sind und welche Methode im Vordergrund stehen sollte (Almond 1990). Dazu gehört auch eine Community, die sich immer stärker auf die Methoden und die Datenverarbeitung kapriziert hat.

Die rasante Steigerung der N im Bestand junger Demokratien war dort hochwillkommen. Auch die Vertreter der sozialwissenschaftlichen Handlungstheorie (Rational choice) waren vom neuen Sujet begeistert. Die zahlreichen Beispiele einer im Werden wahrgenommenen Demokratie boten dankbaren Stoff für ihre Anwendung (Dryzek 2006).

Das Ideal der datengestützten Analyse, dem auch eine starke Fraktion der Demokratieforscher frönt, zeigt sich in der „Mutter aller Methodenlehrbücher", dem Werk von *Gary King, Robert O. Keohane* und *Sidney Verba*, kurz: KKV. Die Methode, so heißt es dort, ist der Kern aller Wissenschaft (King et al. 2012/1994). Die Methode ist beständig, der Gegenstand hingegen flüchtig. Was den Gegenstand betrifft, leider allzu wahr! Sonst stellt sich bei diesem Werk wie bei so vielen anderen, die von ihm inspiriert worden sind, die Frage, was es eigentlich von Lehrbüchern unterscheidet, die Ökonomen, Psychologen und Soziologen methodisches Grundwissen vermitteln.

Ein Kommentator bezeichnet die Fixierung auf die Methode als den Physikneid der Politikwissenschaft. Die Methode ist darauf angelegt, Kausalitäten und Gesetzmäßigkeiten aufdecken. Dafür braucht es zuverlässige Daten. Und gelangt man auf ihrer Grundlage zu Erkenntnissen über die Abfolge von Ereignissen, sollte es auch möglich sein, bei ähnlichen Konstellationen künftige Entwicklungen vorherzusagen. Die Politikwissenschaft wird hier als Zweig einer Einheitswissenschaft verstanden. In Anlehnung an die exakten Wissenschaften: Lasst Daten sprechen! Die qualitative Forschung interpretiert und relativiert. Vom Selbstverständnis her kann sie gar nicht anders als offen für alternative Deutungen sein (Grant 2002, S. 581, 585).

Dieser Art von Politikwissenschaft wird zwar nicht die Berechtigung abgesprochen. Doch die Methodenwerke lassen eher weniger als mehr dezent durchblicken, dass es sich um ein Vorgehen von minderem Wert handelt (Luke 2013). *Gerardo L. Munck* stellt fest, dass die qualitative Forschung mit Worten statt mit Zahlen arbeitet; der Autor lässt keine Zweifel, dass er allein die Zahlen für wissenschaftlich seriös hält (Munck 2007, S. 12). Beide Lager beharken sich seit mehr als 20 Jahren auf das Heftigste, ohne sich in der Sache näher gekommen zu sein (exemplarisch: Isaac 2014; King 2013).

Dieser Streit tobte bereits, bevor die gegenwärtige Demokratieforschung einsetzte. Ein Teil der Fachvertreter in der großen politikwissenschaftlichen Fachvereinigung der *American Political Science Association* lehnte es ab, sich dem Trend einer Methodenwissenschaft zu beugen, der im Fachorgan *American Political Science Review* beherrschend geworden war. Sie wurden 2003 mit einer zweiten von der *American Political Science Association* herausgegebenen Zeitschrift, den *Perspectives of Politics*, entschädigt. Diese bietet Autoren ein Forum, denen daran liegt, einen Gegenstand zu bearbeiten, ohne sich dem beanspruchten Primat quantifizierender Methoden zu beugen.

Gabriel Almond und *Stephen J. Genco* unterschieden in einem älteren Aufsatz einmal zwischen dem typischen Gegenstand der Natur- und dem der Sozialwissenschaften. Metaphorisch setzen sie die Ersteren mit Uhren, die Letzteren mit Wolken gleich. Alle Uhren sind in ihrer Zweckbestimmung gleich. Die Techniken der Tageszeitmessung lassen sich präzise beschreiben und erklären. Auch Wolken sind gleich, durchweg Erscheinungen desselben Naturphänomens. Dennoch ist keine Wolke wie die andere. Man kann versuchen, eine bestimmte Wolke zu beschreiben. Aber auch das ist nicht leicht, weil sie ständig ihre Form verändert. *Almonds* und *Gencos* Botschaft ist unmissverständlich: Die Gesellschaft verlangt „elastische Erklärungen", kurz: Beschreibung plus Interpretation (Almond und Genco 1977). Das Motto der Methodenbegeisterung wäre demnach „Wolken zu Uhren!"

Für das Thema der Demokratie heißt Methodenstärke, dass es über die Sache und ihre Vermessungspunkte einen Konsens geben muss. Der Interpretationsraum muss möglichst klein gehalten werden. Demokratie wird tatsächlich aber, wie bereits in der obigen Revue einiger Klassiker dargelegt, recht unterschiedlich interpretiert. Die Hauptdifferenz ergibt sich aus der Frage, ob die Demokratie auch politikinhaltlichen Maßstäben genügen muss (Oren 2006, S. 77). Als naheliegende Lösung bietet sich ebenso einfach wie überzeugend das Heimwerkermotto an: „Was nicht passt, wird passend gemacht!"

Für die methodenstarke Bearbeitung auf der Grundlage von Daten und gegebenenfalls auch für einen Fallaufbau, der auf die Voraussetzungen der Rational choice eingestellt ist, muss das Demokratiebild präpariert werden. Greifen wir kurz diejenigen Punkte heraus, die für beides taugen und durch einen wissenschaftlichen Konsens gedeckt sind, welche Eigenschaften als elementar für die Demokratie gelten.

Erstens: Die Wahl ist die *politische Waffe des kleinen Mannes*. Wo immer Wahlen stattfinden, gibt es Daten, oft auch Umfragen und in aller Regel zuverlässige Informationen über die Umstände, die es rechtfertigen, von korrekten oder von manipulierten Wahlen zu sprechen.

Zweitens geht die Demokratie mit irgendeiner Form der *Gewaltenteilung* einher. Dies gilt zum einen für das Mandat auf Zeit, nach Steffani (1979/1962, S. 23 ff.) die temporale Gewaltenteilung! Gewählte Funktionsträger sind gehalten, sich absehbar um die Erneuerung von Amt und Mandat zu bemühen. In der Gesetzgebung darf an der Volksvertretung, also an irgendeiner Art von Parlament, kein Weg vorbei führen. Die vor geraumer Zeit in Mode gekommene Theorie der Vetospieler (Tsebelis 2002) ist nichts anderes als eine sprachlich im Stil der Rational choice gehaltene Reproduktion der Gewaltenteilungsidee.

Kommen wir jetzt wieder auf den Ausgangspunkt dieser Überlegungen zurück: Treibendes Motiv der Demokratieforschung ist die Idee, die Staatenwelt nach ihrer Demokratiequalität und in der Bewegung hin zur Demokratie oder weg von ihr zu kartieren. Da heißt es zunächst, Kategorien zu bilden, in denen die Grenzen zur Nicht-Demokratie festgelegt werden.

Sind entsprechende Parameter festgelegt, kann die Forschungsarbeit beginnen. Leitfragen: Macht ein Land Fortschritte in Richtung auf Demokratie oder fällt es hinter bereits erzielte Fortschritte zurück? Wählt man zusätzlich noch Indikatoren aus, die sich auf die ökonomische Leistung, auf die Ungleichverteilung der Einkommen, auf das Bürgerkriegspotenzial und auf die Disposition des Militärs zur Einmischung in die Politik beziehen, lassen sich mithilfe zuverlässiger Beobachtungen und statistischen Materials Hypothesen über entsprechende Zusammenhänge prüfen. Das krönende Ergebnis sind dann entweder Fallvergleiche, in denen

Modellvarianten der Demokratie mit der Realität abgeglichen werden, oder aber Skalen, gern als „Demokratiebarometer" bezeichnet, auf denen Länder als gute oder weniger gute Demokratien oder als harte und weniger harte Nicht-Demokratien positioniert werden. (Dazu mehr unten im Kap. 6.)

Von allem Material, das sich nicht aus Daten schöpfen lässt – aus der Sicht einer quantifizierenden Methode also *second best* – sind Informationen über die förmliche Verfassung am besten geeignet. Es genügt der Blick auf die Verfassungsstruktur und auf belegbare Ereignisse, um zu registrieren, wie ernst die Verfassungsvorschriften genommen werden (ein Überblick bei Møller und Skaaning 2011).

Bevor jedoch die Messinstrumente zum Einsatz kommen, müssen Ordner vorbereitet und beschriftet werden. Hier, bei der Begriffsfindung, liegt ein Ansatzpunkt für die Kritik an der Demokratieforschung (Munck und Verkuilen 2002).

4.3 Vorklärung: Demokratie, Staat, Regime

Die Abgrenzung der Demokratie von der Diktatur – oder von der Autokratie, wie immer man das Gegenteil von Demokratie nennen mag – braucht die Verständigung auf einen übergeordneten Begriff. Hier gibt es ein Standardangebot. Beliebt ist der umfassend verstandene *Staat*, der sich in der klassischen Definition des Staatsrechtslehrers *Georg Jellinek* (1851–1911) durch das Staatsvolk, das Staatsgebiet und die Staatsgewalt auszeichnet (Jellinek 1976/1928).

Der Angelpunkt dieser Staatsdefinition ist die Staatsgewalt. Hier handelt es sich um die Macht zu definieren, wer zum Staat gehört und wo seine Grenzen verlaufen. Bei der Frage nach Demokratie oder Diktatur geht es allerdings weniger darum, ob eine Staatsgewalt, in *Max Webers* Definition das berühmte Monopol auf legitime Gewalt, überhaupt existiert, als vielmehr darum, von wem, nach welchen Regeln und zu welchen Zwecken der Staat regiert wird.

Der Staat hat ein doppeltes Gesicht. Er tritt als ein Gebilde von Rechtsvorschriften, Behörden und Staatsbediensteten auf, die einen politischen Willen exekutieren. Gleichzeitig ist er ein Apparat, der diesen politischen Willen organisiert. Bei Demokratie und Diktatur geht es genau darum: um die Beschaffenheit, die Legitimation und die Ziele der Staatsgewalt.

Wenden wir uns jetzt dem Modell des *politischen Systems* zu. Es ist im politikwissenschaftlichen Sprachgebrauch zum Allerweltsbegriff geworden. Das politische System organisiert die für die Gesellschaft erforderlichen verbindlichen Entscheidungen über Werte und die Verteilung materieller Güter. Auch hier artikuliert der Staat in seinen politischen Institutionen einen politischen Willen und wendet diesen mittels der Staatsverwaltung an. Hinzu treten aber vermittelnde Institutionen zwischen Staat und Gesellschaft wie Parteien, Medien und Interessengruppen. Sie informieren und beeinflussen die politische Entscheidung. Funktionieren sie gut, erreichen sie im Idealfall, dass die Entscheidungen nicht an den gesellschaftlichen Bedürfnissen und Notwendigkeiten vorbei getroffen werden (nach Almond und Powell 2012/1966). Jede Gesellschaft hat ihre Geschichte, sie weist besondere Konfliktlagen auf und bildet ihre eigenen Modalitäten zum Austragen politischer Konflikte aus. Für diesen Komplex wurde der Begriff der politischen Kultur geprägt (siehe oben 3.2.5).

Im politischen System treffen wir ein umfassend angelegtes Modell an, in dem Demokratie und Diktatur zwar keine eigenständigen Themen sind, das aber mit Themen wie Parteien, freien Wahlen, politischen Werten und Gewaltenteilung die Abgrenzung des demokratischen politischen Systems von anderen Systemen erlaubt.

Demokratie und Diktatur unterscheiden sich fundamental in den Beziehungen von Staat und Gesellschaft. Hier die offene Gesellschaft, welche die Politik durch die Wahl, die öffentliche Meinung und das Mandat auf Zeit zur Beachtung ihrer Interessen anhält, dort eine Gesellschaft, in welcher die Politik willens und fähig ist, der Gesellschaft ihren Willen aufzuzwingen. Beide Varianten lassen sich im Modell des Regimes gut auf den Begriff bringen. Das Regime fand mit *Robert A. Dahls* Werk seinen Platz in der Fachsprache.

Das *Regime* regelt den Zugang zur Politik, es bestimmt die Teilnehmer, und es legt die Spielregeln fest. Es handelt sich gleichsam um die Software der Politik, beim Staat mit seinen Institutionen aber um die Hardware. Der Staatsapparat ist für gewöhnlich eine beständige Struktur, die den Wechsel der Regierungen und sogar der Regime verkraftet. Das Regime hingegen ist zwar beständiger als eine Tagesregierung. Es ist aber an die Gesellschaft, nicht zuletzt an die Eliten gebunden. Es ist fragiler als die Staatsverwaltung. Aber wenn es funktioniert, ist das Regime anpassungsfähiger – wenn es nicht funktioniert, allerdings auch angreifbarer (Fishman 1990). Nicht so sehr im Staat zeigt sich die demokratische Qualität, sondern im Regime. Verändert sich ein autoritäres Regime in Richtung Demokratie, steht es vor der Aufgabe, den Staatsapparat, der ja auf ein anderes Regime eingestellt war, so umzubauen, dass er den Bedürfnissen des neuen Regimes gerecht wird.

War bei *Dahl* noch von einem „hegemonialen Regime" die Rede, was inhaltlich nichts anderes besagen sollte als das, was landläufig als Diktatur bezeichnet wird, führte *Linz* in diesem Zusammenhang die weitere Unterscheidung zwischen dem autoritären und dem totalitären Regime ein (dazu ausführlich unten, Kap. 5).

Nun zu den Modellen, die darauf angelegt sind, in der Staatenvielfalt demokratische Regime zu erkennen sowie Regime, die sich belegbar auf dem Wege dorthin befinden.

4.4   Die liberale, die elektorale und die defekte Demokratie

Im letzten Kapitel wurden eine Reihe von Demokratiemodellen vorgestellt, die sich am politikwissenschaftlichen Markt befanden, *bevor* mit dem breiten Interesse an der Demokratie und an der Demokratisierung ein eigenes Forschungsfeld entstand, oder, um es anders auszudrücken: *bevor* die Länder der Dritten Welt, also in Afrika, Asien, im Orient und in Lateinamerika zum Gegenstand einer Demokratieforschung wurden. Die eingeführten Demokratiemodelle bedurften keiner besonderen Qualifizierung. Sie waren auf westliche, in aller Regel also auf etablierte Demokratien gemünzt. Jetzt aber war eine Präzisierung des Begriffs geboten.

Betrachten wir also *Fraenkel, Schumpeter, Dahl, Hayek, Friedman* und *Sartori* als Einträge auf der Menükarte des geläufigen Demokratieverständnisses, bevor die gegenwärtige Demokratieforschung ihren furiosen Start hinlegte. Im Folgenden geht es darum, für welche Angebote sich die Demokratieforschung entschieden hat.

Larry Diamond ist bis heute eine prominente Referenzfigur in der Gemeinde der Demokratieforscher. Zu einem Zeitpunkt, da in Polen eben der Sozialismus in Konkurs gegangen war und die Berliner Mauer wankte, veröffentlichte er im konservativen *Washington Quarterly* einen Artikel, der sich wie eine Vorschau auf das Programm des im folgenden Jahr erstmals erscheinenden *Journal of Democracy* ausnahm: Demokratie, so *Diamond*, lässt sich nur als ein rein politisches Phänomen verstehen, mag auch erwiesen sein, dass sie von gewissen gesellschaftlichen und wirtschaftlichen Strukturen begünstigt wird (Diamond 1989, S. 142 f.).

Die Demokratie ist für *Diamond* also nicht auf den Kontext der westlichen Kultur angewiesen, in dem sie historisch entstanden ist. In einem mit *Leonardo Morlino* verfassten Buchbeitrag charakterisiert er die Demokratie 1) durch das allgemeine Wahlrecht, 2) durch die faire Wahl, 3) durch die Parteienpluralität und 4) durch den Zugang zu alternativen Informationsquellen (Diamond und Morlino 2005, S. x f.).

Diese Kriterien stimmen, obgleich stark vereinfacht, mit *Dahls* Modell der Polyarchie überein. In einer Demokratie, die diesen Namen verdient, sind sie ohne Einschränkung erfüllt. Demgegenüber weist die „defekte" Demokratie Mängel auf, ohne dass ihr schon gleich die demokratische Qualität abgesprochen werden müsste. Wo sich solche Mängel zeigen, spricht *Diamond* von „elektoraler Demokratie." Dkas herausragende Kriterium ist hier der Wahldefekt. Er lässt sich durch die Umstände ermitteln, in denen Wahlen stattfinden: mangelnde Fairness, geringe Bedeutung des Wahlakts und weniger die rechtliche als die faktische Exklusion eines Teils der Wahlberechtigten von der Wahl, nicht zuletzt auch die tatsächlich geringe Bedeutung der politischen Opposition (Diamond 2002, S. 28 f.).

Diamond stuft die elektorale Demokratie als ein hybrides System zwischen Demokratie und Diktatur ein. Doch so viel wird schon in der Begriffswahl deutlich, dass allein die Tatsache, dass Wahlen stattfinden, für die Vermutung genügt, es mit einer Demokratie zu tun zu haben. Diese Vermutung mag sich dann beim näheren Hinsehen als unbegründet erweisen. Materiell ist hier wohl eher ein „Wahlregime" gemeint: die Wahl als ein politiktechnischer Vorgang, nicht mehr. Warum in diesem Zusammenhang aber die Bezeichnung „Demokratie?" Schon an diesem Beispiel zeigt sich ein Merkmal der Demokratieforschung: Die Begriffe und ihren Bedeutungen wirbeln munter durcheinander.

Nach *O'Donnell* ist in der delegierten Demokratie lediglich die Gewaltenteilung aufgeweicht (O'Donnell 1994). Ein mit einem demokratischen Mandat ausgestatteter Präsident überschattet die übrigen Institutionen. Präsidentenwahlen sind das politische Zentralereignis. Mit Patronage und mit einem Netzwerk Vertrauter und Verbündeter beherrscht ein Präsident den Gesetzgebungsprozess; er führt in der Art eines Populisten personalisierte und mit Emotion geladene Wahlkämpfe. *O'Donnell* illustriert diese delegierte Demokratie mit Beispielen aus Lateinamerika.

Doch Vorsicht, dieses Bild einer delegierten Demokratie hat einen Bias! *O'Donnell* ist ein mit Recht gerühmter Lateinamerika-Experte. Offenbar hat er aber die US-amerikanische Demokratie vor Augen, wenn er die Präsidiallastigkeit der lateinamerikanischen Demokratien als Defizit hinstellt. Im Norden und im Süden des amerikanischen Kontinents gibt es außer der präsidialen Grundkonstruktion der Regierungssysteme aber so gut wie keine Gemeinsamkeiten. Im Süden treffen wir durchschnittlich mehr Parteien in den Parlamenten an, teilweise handelt es sich auch um Parteien weltanschaulichen Formats, die es in den USA nicht gibt; es werden auch andere Wahlsysteme als das anglo-amerikanische praktiziert. Wie parlamentarische Regierungschefs müssen die lateinamerikanischen Präsidenten Koalitionen organisieren, die Koalitionspartner in die Regierung integrieren und bei Streitigkeiten noch als Schlichter auftreten. Hinter alledem tritt die Legislative als starker politischer Akteur zurück (Power 2010, S. 24 ff.).

Alles richtig, was *O'Donnell* da mit der Schlüsselrolle der Präsidenten in gewissen Demokratien schildert! Haben diese deshalb aber gleich eine mindere Qualität? Auch in Frankreichs halb-parlamentarischem System konzentriert sich das Regierungsgeschehen auf den Präsidenten. Ist also Frankreich ebenfalls eine Ausgabe der „delegierten Demokratie", also irgendwie „zweitklassig?"

O'Donnells delegierte Demokratie hat ihren Ursprung in der regionalen Spezialisierung vieler Demokratieforscher auf Lateinamerika. Sein Aufsatz aus dem Jahr 1994 schildert den Zustand der lateinamerikanischen Demokratien im Zeichen der neoliberalen Restrukturierungsprogramme. Diese wurden den meisten Ländern der

Region von den internationalen Finanzinstitutionen aufgezwungen, um mit internationaler Unterstützung die Zahlungsunfähigkeit abzuwenden und die Konkurrenzfähigkeit am Weltmarkt zu verbessern.

Zuvor schon hatten die Bemühungen Früchte getragen, mit akademischen Austausch- und Förderprogrammen eine Elite liberaler lateinamerikanischer Wirtschaftstechnokraten heranzuzüchten (Chicago Boys). Diese bekam jetzt die große Chance, ihre Wirtschaftsideologie in Regierungspolitik umzumünzen (Valdés 1995). In Argentinien, in Peru, in Brasilien, in Bolivien und in Kolumbien, um nur einige Beispiele zu nennen, gab es Pakte zwischen den maßgeblichen Parteien, welche die Realisierung der harten und höchst unpopulären Maßnahmen in die Hände eines Präsidenten legten. Präsidenten erledigten dann per Dekret vieles, was an sich Sache einer unpopulären parlamentarischen Entscheidung gewesen wäre.

Dieser Zusammenhang wird von *O'Donnell* ausgeblendet. Das Gleiche gilt für die Tatsache, dass der populistische, durch die – schwachen – Parteien nicht gedämpfte Appell an die Wähler, insbesondere an die Ärmeren darunter, eine Art Traditionsgut der lateinamerikanischen Politik ist. Gestützt durch die Möglichkeiten der neuen Medien, zeigt es auch in der Gegenwart Wirkung (Boas 2005). *O'Donnell* fasst allein die Institutionen ins Auge, also eine überschaubare Sache, die dann so unter die Lupe genommen wird, wie ein Automechaniker eine Motorstörung diagnostiziert. Dass es kurioserweise die Finanzgewaltigen der mustergültigen liberalen Demokratien waren, die diesen Demokratiedefekt zumindest mit verursachten, sei hier nur am Rande vermerkt.

Schon im Attribut signalisiert die Rede von der „defekten Demokratie" Unterwertigkeit. Um eine solche handelt es sich nach *Larry Diamond* und *Leonardo Morlino* grundsätzlich, wenn eines oder mehrere der folgenden Kriterien nicht zureichend erfüllt sind, 1) Rechtsstaatlichkeit, 2) politische Partizipation, 3) politischer Wettbewerb, 4) vertikale Kontrollen, z. B. parlamentarische Verantwortung der Regierung und 5) horizontale Rechenschaft, z. B. Behördenaufsicht durch demokratisch legitimierte Gremien. Schließlich verlangen sie noch, dass in der materiellen Politik der Demokratie 6) Freiheit und 7) Gleichheit in einem vernünftigen Verhältnis stehen müssen (Diamond und Morlino 2005, S. 14 ff.).

Die Punkte 1 bis 5 dürften sich leicht erarbeiten lassen. Dazu bedarf es von Fall zu Fall keiner großen Landeskenntnis. Bei den Punkten 6 und 7 wird es schwierig. Der wissenschaftliche Konsens über die Gewichtung von Freiheit und Gleichheit ist zu gering. Bei weitem nicht alle Politikwissenschaftler, hier verhält es sich nicht anders als in der Politik selbst, geben sich damit zufrieden, neben freien Wahlen und Abstimmungen allein die Rechtsstaatlichkeit als Eigenschaft einer erstrebenswerten Demokratie gelten zu lassen. Doch niemand bestreitet, dass Wahlen plus Rechtsstaat bereits Demokratie konstituieren.

Nicht genug damit, verschwinden durch das „Strecken" des Demokratiebegriffs bei einigen Autoren sogar die sprachlichen Grenzen zur Diktatur, wenn es in einem Regime nur zu Wahlen kommt. Exemplarisch ist *Wolfgang Merkels* (1952-) und *Aurel Croissants* (1969-) Verständnis der defekten Demokratie. Die defekte Demokratie signalisiert schon im Attribut demokratische Unterwertigkeit (Merkel und Croissant 2000, S. 6 ff.).

Die defekte Demokratie wird von der intakten Demokratie her definiert. Diese ist eine „embedded democracy" bzw. eine konsolidierte Demokratie, und sie gründet sich auf fünf funktionierende Teilregime: 1) Tragendes Element ist das Wahlregime, der freie Wettbewerb von Ideen, Personen und Parteien. Es stützt sich auf weitere vier Teilregime, 2) universelle politische Beteiligungsrechte, 3) bürgerliche Rechte, 4) Gewaltenteilung, Kontrollrechte des Parlaments, unabhängige Justiz, 5) uneingeschränkte Regierungsautorität ggf. mit Ausnahme konstitutioneller Institutionen wie einem Verfassungsgericht oder einer Zentralbank, deren Autonomie dem Zweck dient, den Primat der Verfassung und die Stabilität der Ökonomie zu wahren (Merkel 2004, S. 36 ff., 2010, S. 30 ff.).

Die Demokratie als ein Gesamtregime bedarf darüber hinaus der Einbettung in ein leistungsfähiges ökonomisches Regime, das eine gewisse Verteilungsgerechtigkeit praktiziert, sowie einer gesellschaftlichen Wertewelt, die der demokratischen Praxis Vorschub leistet, und last but not least eines Umfeldes demokratischer Staaten (Merkel 2004, S. 44 ff., 2010, S. 35 ff.).

In dieser intakten Demokratie sind die demokratischen Strukturen – Verfassung, Institutionen, Prozeduren – also stabil und allgemein akzeptiert, die Parteien und Interessengruppen kommen erfolgreich ihrer Aufgabe der Interessenvermittlung nach, die Herren über das große Kapital und führende Militärs respektieren den Primat der demokratischen Politik, und in alledem ist impliziert, dass die Bürger die demokratischen Spielregeln verinnerlicht haben.

Das Gegenbild der defekten Demokratie ist also die gute alte Bekannte der liberalen Demokratie. Die Anforderungen der Wahl und des Rechtsstaates werden nur eben filigraner aufgeführt, und sie werden, was wichtiger ist, in einen plausiblen systemischen Zusammenhang gebracht, der auch Ökonomie und Gesellschaft einbezieht.

Für die Schnellprüfung genügen nach *Merkel* und seinen Mitautoren schlicht drei Punkte, um eine Demokratie zu erkennen: Universelles Wahlrecht, Staatseffizienz und Rechtsstaatlichkeit. Ganz nebenbei fügen sie vernünftigerweise die – in der einschlägigen Literatur kaum thematisierte – Basis hinzu, auf der Demokratie überhaupt stehen kann: die Staatlichkeit schlechthin, verkörpert im berühmten Gewaltmonopol (Merkel et al. 2003, S. 8).

Weist ein Teilregime der Demokratie Schwächen auf, verliert das Gesamtregime nicht gleich seine demokratische Qualität. Es handelt sich dann nur nicht mehr um eine vollwertige, sondern um eine schadhafte Demokratie. Und diese tritt typischerweise in viererlei Varianten auf, 1) die exklusive Demokratie, in der bestimmte Bürger – nach Herkunft, Rasse, Sprache etc. – geringere Rechte genießen als andere, 2) die vormundschaftliche oder Enklavendemokratie, in der es institutionelle Machtinseln gibt, die sich außerhalb demokratischer Kontrolle befinden (Militär, Sicherheitsdienste), 3) die illiberale Demokratie, d. h. Wahlen, aber kein Rechtsstaat, und schließlich 4) die delegierte Demokratie, in der sich das Regieren auf einen gewählten Präsidenten konzentriert (Merkel 2004, S. 49 ff.,2010, S. 37 f.).

Übertragen wir diese Mängel auf das liberaldemokratische Schema „Wahlen plus freiheitlicher Rechtsstaat", ergibt sich Folgendes: Im Fall 1 defekter Demokratie mangelt es an Rechtsgleichheit, weist das Regime also einen Freiheitsdefekt auf, im Fall 2 misslingt der vollständige Zugriff demokratisch legitimierter Organe auf die staatliche Macht, krankt das Regime also an einem Kontrolldefekt, im Fall 3 fehlt es an Rechtssicherheit, hat das Regime also einen Berechenbarkeitsdefekt, und im Fall 4 zeigt es einen Gewaltenteilungsdefekt, ist also das Gleichgewicht im Verhältnis von Legislative, Exekutive und Judikative gestört.

Dieses Modell ist ebenso elegant wie überzeugend. Besser lassen sich die Untiefen eines Regimes, das von den üblichen Anforderungen an die Demokratie abweicht, kaum darstellen. Bei alledem stellt sich freilich die Frage, ob es in Anbetracht eines oder mehrerer dieser Mängel überhaupt noch vertretbar ist, von Demokratie zu sprechen. Könnte man sich nicht ebenso gut für das Bild „defekter Diktaturen" entscheiden, wobei der Defekt dann eben vom Idealtypus einer vollständigen Diktatur her bestimmt würde?

Der Common sense spricht dafür, wie es *Mikael Wigell* kurz und bündig ausdrückt, bei solchen Defekten auf die Rede von der Demokratie ganz zu verzichten. Auch das Faktum, dass förmliche Wahlen stattfinden, sollte nichts daran ändern (Wigell 2008, S. 238; siehe auch Armony und Schamis 2005, S. 124).

Durch das Dehnen des Demokratiebegriffs, so dass er noch auf ein schadhaftes Wahlregime passt, in dem bei weitem nicht alle wählen dürfen – in der klassischen Literatur (etwa nach *Dahl* [siehe oben, 3.4]) eine Todsünde wider die Demokratie! –, wird es überhaupt erst möglich, auf die große Zahl von Demokratien zu kommen, mit der die Demokratieforschung operiert.

Und mit dem gleichen Kunstgriff ergibt es überhaupt Sinn, wie es exemplarisch *Huntington* tut, bereits im frühen 19. Jahrhundert, beginnend in den Vereinigten Staaten, eine erste Welle der Demokratie auszumachen: die Anfänge der demokratischen Erfolgsgeschichte also in eine Epoche zu definieren, in der das

Klassenwahlrecht noch der Regelfall war. Auch für *Huntington* ist das allgemeine Erwachsenenwahlrecht das grundlegende Merkmal einer Demokratie. Aber von Demokratisierung und Demokratie durfte historisch bereits ausgegangen werden, als es zu fairen und freien Wahlen kam und mehr als der Hälfte der männlichen Bevölkerung das Wahlrecht zugesprochen wurde (Huntington 1991, S. 16).

Für die Forschung war *Huntingtons* Definition ein Geschenk. Ihr war ein Weg gewiesen, um auch in der weiter zurückliegenden Vergangenheit Datenmaterial über die Demokratie zusammenzutragen (Boix et al. 2012; siehe auch unten, Kap. 6).

O'Donnell bestimmt die Qualität der „intakten" Demokratie in aufsteigender Stufe nach den Demokratiemodellen, die in der Wissenschaft kursieren. Zunächst definiert er die Minimaldemokratie. Sein Kronzeuge ist *Schumpeter*. Dieser begnüge sich mit der blanken Tatsache der Wahl, um bereits eine Demokratie auszumachen. In einem zweiten Schritt bringt er dann *Przeworski* ins Spiel. Dieser will von Demokratie erst sprechen, wenn die Regierenden erstmals aus dem Amt gewählt werden. (Huntington [1991, S. 266 f.] verlangt sogar den zweimaligen Wechsel der Regierenden, um eine Demokratie zu attestieren.) Ferner muss die Demokratie in einer dritten Qualitätsstufe als ein *Dahlsches* polyarchisches System erkennbar sein. Hier geht es um die bürgerlichen Freiheiten einschließlich der Partizipationsrechte. Die Rule of law, die Rechtsstaatlichkeit, ist viertens die Krone der Demokratie. Abschließend zählt *O'Donnell* noch Kriterien wie eine saubere Verwaltung und bürokratische Kontrollen auf (O'Donnell 2007, S. 4 ff., 25 ff.).

Bewerten wir diese Parameter: *Schumpeter* wird unterstellt, er verleihe das Gütesiegel der Demokratie, wenn überhaupt Wahlen stattfinden. *Przeworski* werden gesteigerte Qualitätsanforderungen zugeschrieben, weil er die Wahl so definiert, dass sie den Test einer Abwahl der Regierenden besteht, also die Ungewissheit des Wahlausgangs belegt.

Dieses Vorgehen ist fragwürdig. *Schumpeter* dürfte wohl kaum gemeint haben, dass es schon genügt, wenn der Wähler den Stimmzettel in der Wahlurne versenkt, um Demokratie zu generieren. Man darf wohl davon ausgehen, dass die Wählerstimme ihren Beitrag zur Bestätigung oder zur Ablösung der Regierenden leistet. Warum dann diese verkürzende Interpretation? Liegt es daran, dass *Schumpeters* wie *Dahls* Werke von Demokratieforschern in scholastischer Manier wie Heilige Schriften genommen werden, deren sinngemäße Interpretation mit einem Tabu belegt ist?

Ganz allgemein darf wohl angenommen werden, dass *Schumpeters* und *Dahls* Überlegungen zur Demokratie Rechtssicherheit und die justizielle Kontrolle von Politik und Verwaltung einschließen, wenn sie daraus auch kein eigenes Thema machen.

Møller und Skaaning veredeln die von *O'Donnell* aufgeführten Güteklassen gar zu einer Sequenz. „Der" Einstiegspunkt in die Demokratie, mag sie mit noch so vielen Mängeln behaftet sein, ist die Wahl: Hauptsache, die Wahl verläuft kompetitiv. Dann ist die unterste Schwelle zur Demokratie bereits erreicht (Møller und Skaaning 2013, S. 143, 146, 153). Aus dieser minimalen Demokratie entwickelt sich zunächst die elektorale Demokratie mit sauberen Wahlen, dann die Polyarchie mit lebhafter Partizipation der Bürger und schließlich noch die rechtsstaatliche Demokratie, womit dann endlich das Stadium einer veritablen liberalen Demokratie erreicht ist (Møller und Skaaning 2013, S. 144 f.).

Der staunende Beobachter fragt sich allerdings, a) warum ein Wandel zur Demokratie überhaupt stattfinden muss, und b) falls es denn dazu kommen sollte, warum er genau diesen Verlauf nimmt?

Diese Autoren definieren die gute Demokratie ausschließlich prozedural – als ein System korrekter Wahlen, universeller politischer Rechte, vorhandener Gewaltenteilung und Rechtsstaatlichkeit. Merke abermals: die gute Demokratie ist eine liberale Demokratie!

An anderer Stelle beschreibt *Leonardo Morlino* das erwartete Leistungsprofil der liberalen Demokratie wie folgt: 1) Gleiche Anwendung des Rechts durch die Vertreter des Staates, 2) Vorrang des Rechts vor politischem Kalkül, 3) keine Korruption, 4) kompetente Bürokratie, 5) leistungsfähige Polizei, 6) gleicher Zugang aller Bürger zum Recht, 7) zügige Abwicklung der Gerichtsverfahren, 8) unabhängige Justiz, 9) vorbehaltlose Anwendung der Gerichtsurteile und 10) Vorrang der Verfassung vor dem Gesetz (Morlino 2004, S. 7, 10).

Dieser Katalog mutet an wie die Konditionalitätsmaßgaben der Internationalen Finanzinstitutionen. Genau dies verlangen die Weltbank und der Internationale Währungsfonds, wenn sie überschuldeten Staaten aus der Klemme helfen. Lässt man die Überschrift „Demokratie" fort, blickt aus diesen Kriterien das heraus, was ein Kreditgeber oder Investor gemeinhin erwartet – Rechts- und Investitionssicherheit!

In einer späteren Publikation korrigierte sich *Morlino* immerhin, dass mit diesen Maßgaben zwar ein guter demokratischer Staat zu machen ist, aber noch lange nicht die beste Demokratie: Der Rechtsstaat ist zwar die zentrale Bedingung der Demokratie! Mit Prävention und Strafe, mit einer effizienten Polizei und mit unabhängigen Gerichten produziert die liberale Demokratie im Idealfall individuelle und kollektive Sicherheit. Die „Qualitätsdemokratie" muss aber auch sozial sein: Sie muss sich fragen lassen, ob sie jeder und jedem das Dach über dem Kopf, grundlegende Gesundheitsleistungen, Alterseinkommen und Bildung verschaffen kann. Man darf *Morlino* hier wohl – ähnlich wie *Sartori* – so verstehen, dass mit sozialer Demokratie weder die Sozialpolitik im engeren Sinne noch gar sozialdemokratische Richtungspolitik gemeint ist, sondern Gesellschaftspolitik schlechthin, darunter Umweltpolitik, Geschlechterpolitik, Bildungspolitik etc. (dazu Schmidt et al. 2007).

Morlino räumt ein, dass es keinen Konsens über diese soziale Dimension der Demokratie gibt. Er sieht aber auch die Schwierigkeit, eine soziale Demokratie zu verwirklichen. Staatlich organisierte Leistungen und Regulierungen hängen von der wirtschaftlichen Situation, von der Haushaltslage und von vielen weiteren Unwägbarkeiten ab. Selbst eine Demokratie, die es in diesem Punkt bereits weit gebracht hat, mag gezwungen sein, ihre Leistungen zu beschneiden, will sie nicht verhindern, dass der Staat unter seiner Ausgaben- und Schuldenlast zusammenbricht (Morlino 2009, S. 12 f., 21 ff., 32).

Das soziale Thema ist in der Verbindung mit der Demokratie schwierig. Gibt es über einen demokratietauglichen Sozialstaat sowie über das Ausmaß legitimer Regulierung des Marktes doch auch in der Wissenschaft keine Übereinstimmung, wohl aber über die Kriterien der rechtsstaatlichen Demokratie!

Die Erbauer des skandinavischen Wohlfahrtsstaates und seine Nachlassverwalter hatten ein anderes Modell vor Augen als die von der katholischen Soziallehre inspirierten Wohlfahrtsmodelle in Deutschland, Österreich und der Schweiz. Beide stehen in wiederum denkbar großer Distanz zum liberalen Wohlfahrtsstaat der USA (Esping-Andersen 2011/1990).

Ein Verständnis der Demokratie, das außer dem Rechtsstaat keinen weiteren Politikbereich akzeptiert, der für die Demokratie Bedeutung hätte, bewegt sich, ob gewollt oder nicht, im Dunstkreis eines libertären Politikverständnisses, wie es oben mit *Hayek* und *Friedman* geschildert wurde. Für *Fukuyama* haben Armut und Ungleichheit als Themen der Demokratie nur insofern Bedeutung, als es tatsächlich die Aufgabe des Staates sein mag, mit geeigneten Maßnahmen auch die Armen zu ertüchtigen, dass sie von ihren persönlichen und politischen Rechten überhaupt Gebrauch machen können. Alles, was darüber hinaus geht, zielt auf Gleichmacherei, gleichbedeutend mit der Dämpfung von Leistungswillen und mit der Gewährung unverdienter Einkommen (Renten). Politisch erst einmal beschlossen, kann es praktisch nicht mehr zurückgenommen werden (Fukuyama 2012, S. 6, 10).

Eines haben diese Auslassungen über ein für die Demokratieforschung praktikables Demokratieverständnis gemeinsam. Mag man es Ideologie nennen oder historisches Unwissen: Sie unterschlagen, dass auch die von ihnen so idealisierte liberale Demokratie dort jedenfalls, wo sie feste Wurzeln geschlagen hat, ein gewisses Maß an sozialer Demokratie beinhaltet. In den USA und inzwischen auch in Großbritannien dürfte es geringer sein, im kontinentalen Europa größer ausfallen. Der Erfolg des „liberalen" Demokratiemodells basiert auf sozialen Kämpfen, die vor langer Zeit einmal hauptsächlich von Gewerkschaften und Arbeiterparteien geführt wurden, und ebenso auf den sozialpolitischen Programmen, die in der Reaktion darauf und auch als Ergebnis des allgemeinen Wahlrechts eingeführt worden sind. Nur ist dieser Level von Sozialpolitik so selbstverständlich geworden, dass er kaum noch als ein Fundament der Demokratie wahrgenommen wird.

In anderen Weltgegenden gibt es diesen historisch-sozialpolitischen Sockel der liberalen Demokratie nicht. Nehmen wir nur Lateinamerika, das sich bei Demokratieforschern so großer Beliebtheit erfreut, weil es sich vor 30 Jahren von harten Diktaturen verabschiedet hat. Die Demokratie ging dort mit Hypotheken an den Start, wie man sie sich schwieriger kaum vorstellen kann. Sie hatten neoliberale Programme zu implementieren, die ihnen von den internationalen Finanzinstitutionen aufgebürdet wurden, um eine Finanzkrise zu bewältigen, die ihnen die Verantwortlichen für die Diktatur hinterlassen hatten. Dabei vergrößerte sich der Kreis der Armen und der Ärmsten der Armen in einer Region, die von jeher für ihre krassen sozialen Gegensätze bekannt ist. Was also tun? Linke Regierungen entschieden sich, die Reichen zur Kasse zu bitten und den internationalen Konzernen ans Portemonnaie zu gehen, die an der Ausbeutung ihrer Rohstoffe verdienten, um die so beschafften Mittel dann nach unten zu verteilen (Bolivien, Ecuador, Venezuela, nach der Jahrtausendwende auch Argentinien) (Silva 2009).

Bei Demokratieforschern fingen sich diese Länder schlechte Noten ein. Mit der historischen Bildung etlicher Demokratieforscher ist es anscheinend nicht allzu weit her. Ihr Tadel läuft darauf hinaus, dass den Ländern mit nachholender politischer Entwicklung nicht zugebilligt wird, was die älteren Demokratien unter weit günstigeren Bedingungen geleistet haben: eine Umverteilung, deren Effekte den Ärmsten der Armen immerhin demonstrieren, dass eine von ihnen gewählte Regierung sich müht einzulösen, was sie sich von der Wahl ihrer Regierenden erhofft haben, kurz: dass Demokratie greifbare Ergebnisse erzielt.

Doch davon einmal abgesehen, gibt es auch ganz andere, ideologisch unverdächtige Gründe, warum sich Demokratieforscher für die Magerversion der Demokratie entscheiden bzw. warum sie um die soziale Demokratie einen Bogen schlagen. Es geht darum, die größtmögliche Schnittmenge vorhandener Demokratien zu treffen, in der dann immer noch eine Differenzierung in vollwertige und in Mängelexemplare der Demokratie vorgenommen werden kann. Dies alles zu dem Zweck, möglichst viele Daten und verfassungsrelevante Fakten zu generieren: die Standardnahrung der quantifizierenden Politikanalyse!

Wie dem auch sei, im Idealbild der liberalen Demokratie trifft sich die Demokratieforschung mit den marktliberalen Protagonisten, die Demokratie libertär buchstabieren, von den Ökonomen *Hayek* und *Friedman* bis hin zu Sozialtheoretikern wie *Buchanan* und *Tullock*. Diesen dürfte das Interesse der Demokratieforscher an Modellen und Methoden schlicht gleichgültig gewesen sein. Sie dürften nicht einmal die einschlägige Literatur gekannt haben. Wozu auch? Ihnen geht um eine politische Message, um das Bekenntnis. Wichtig ist allein, dass die Politik den Eigengesetzlichkeiten des Marktes nicht in die Quere kommt.

Umgekehrt scheint es etliche Demokratieforscher nicht zu stören, dass sie mit ihrer – legitimen – Vereinfachung der Demokratie zur Wahl unter rechtsstaatlich einwandfreien Bedingungen auf demselben Dampfer fahren wie Ideologen, für die Demokratie nur ein Trailer ist, um den politikfreien Markt zu propagieren.

Das auf Fallgruppen und auf große Fallzahl angelegte, technische Demokratieverständnis drückt die politische und wissenschaftliche Umgebung aus, in der die Demokratieforschung gereift ist: die Vertrautheit mit der amerikanischen Demokratie sowie die Modelltischlerei und die Datenfixierung der dort – und dank des Eifers der Epigonen nicht mehr *nur* dort – betriebenen Politikwissenschaft. In diesem Politiksystem sind die Demokratieforscher sozialisiert, in diesem Wissenschaftssystem haben sie Karriere gemacht. Was wundert es da, wenn die so vielfältige, umstrittene und interpretierbare Gesellschaftspolitik, also das Hauptgeschäft aller Demokratie, klein geschrieben wird? Würde sie größer buchstabiert, würde es schwierig mit schlanken Modellen und ließe sich die elegante Methode, die sich an einer größtmöglichen Zahl von N bewähren will, nicht mehr ausreizen. Deshalb die Devise: „Komplexität reduzieren und Vielfalt einschränken."

Philippe C. Schmitter und *Terry Lynn Karl* wenden gegen die Reduzierung der Demokratie auf das materielle Leistungsfeld des Rechtsstaats ein, der öffentliche Raum würde damit wohl zu eng fasst. Die Demokratie habe nun auch einmal eine soziale Dimension. Deshalb sei Sozialpolitik, ja selbst Verstaatlichung legitim, wenn sie den Willen einer breiten Mehrheit ausdrücke. Beide Varianten der Demokratie, würden sie bis zum Extrem gesteigert, eine liberale Demokratie, die soziale Fragen ignoriert, und eine soziale Demokratie, welche die Persönlichkeit im Kollektiv ertränkt, wären wohl keine Demokratien mehr (Schmitter und Karl 2009, S. 4 f.).

Im Prinzip, so auch *Schmitter* und *Karl*, kommen Demokratie und Kapitalismus gut miteinander zurecht. Die Spannung von sozialer Gerechtigkeit und wirtschaftlicher Freiheit ist eben eine Daueraufgabe demokratischer Politik (Schmitter und Karl 2009, S. 14). Wohl wahr! Beide warnen auch davor, die Demokratie auf ein bestimmtes Regierungssystem hin zu definieren. *Schmitter* und *Karl* lassen – vielleicht ungewollt – ihre Zweifel erkennen, ob es überhaupt sinnvoll ist, die komplexe Sache der Demokratie auf weniger als ein halbes Dutzend Kriterien einzuschmelzen.

Dessen ungeachtet lauert in jeglicher Vereinfachung eine Gefahr. Eine *erste Gefahr* liegt in der Beiläufigkeit, mit welcher der Staat ins Spiel gebracht wird. Um noch einmal daran zu erinnern: Im Entwurf von *Hobbes* spiegelt sich der Staat als bloßer Ausdruck monopolisierter Gewalt. Es genügt eine politische Autorität, die ihren Willen bis in den letzten Winkel des Staatsgebiets geltend macht. Dieses Phänomen, das *Charles Tilly* als Staatskapazität umschreibt, ist mit seiner Fähigkeit, die Funktion von Primärverbänden (Großfamilie, Klan, Stamm) abzulösen und gewachsene Ungleichheit zu nivellieren, eine unverzichtbare Voraussetzung für die Demokratie (Tilly 2000, 2007).

Locke zieht dem Regenten immerhin Schranken: das Moment der Herrschaftskontrolle greift Platz. Gewaltenteilung bedeutet aber noch immer keine Demokratie, obgleich beide eine historisch erfolgreiche Ehe eingegangen sind. Der handlungsfähige Staat als solcher braucht kein demokratisches Regime. Erst wenn die Wahl der Regierten hinzutritt, wenn ohne Beteiligung des Volkes kein Regent mehr bestellt wird und wenn der Regierungsauftrag mit dem zeitlich begrenzten Mandat erlischt, haben wir es mit einem demokratischen Staat zu tun. Die Demokratieliteratur unterstellt die Funktionsfähigkeit der Staatsgewalt, macht diese als Tatsachenproblem aber selten zum Thema.

Eine *zweite Gefahr* der Vereinfachung ist der Soziozentrismus: das Ausblenden von Geschichte und Kultur. Es handelt sich um den engen Verwandter des Ethnozentrismus: einem Problem, das Kulturwissenschaftlern zu Beginn ihres Studiums vermittelt wird. Den Strukturen (Institutionen, Verhaltensweisen), die in der Gesellschaft des Beobachters eine bestimmte Bedeutung haben, wird in der beobachteten Gesellschaft eines anderen Kulturkreises die gleiche Bedeutung zugeschrieben.

Der Kardinalfehler dieses Soziozentrismus: Die Beobachtung des anderen allein unter dem Aspekt, ob er so ist wie ich, und ob er den Weg dahin einschlägt, so zu werden, wie ich bin! Dazu mag *Kevin Narizny* zitiert werden. Der Typ 0 aller Demokratie, sozusagen der genetische Ursprung, wurzelt in der britischen Verfassungsentwicklung, unter deren Einfluss sich auch in Nordamerika ein Verfassungsstaat entfaltet hat (Narizny 2012).

Selten tappt jemand so plump in eine soziozentrische Falle hinein wie Autoren, welche die Behauptung in die Welt setzen, der Protestantismus – by the way, die Leitreligion der US-amerikanischen Gesellschaft – sei ursächlich für die Entstehung der Demokratie überhaupt gewesen, und protestantische Missionare hätten sich als ihre erfolgreichsten Werber außerhalb der westlichen Welt bewährt (Woodberry 2012; Bruce 2004).

Hier tut *Samuel P. Huntington* seine Wirkung. Er unterscheidet bereits in seinem Werk über die „Dritte Welle" diverse Zivilisationen, die in unterschiedlicher Weise für die Demokratie empfänglich sind. Daraus sollte später der Stoff für seinen Bestseller über den „clash of civilisations" werden. Der Verfasser selbst schrieb, dass sein Buch nicht ins Wissenschafts-, sondern ins Meinungsfach gehörte. *Huntington* gedachte ein Denkschema anzubieten, in dem die Welt gedeutet werden konnte.

Hier haben wir zunächst die westliche Kultur. Sie ist vom Protestantismus geprägt, hat dem liberalen Denken zu seinem Aufschwung verholfen und letztlich auch der Demokratie. Dann ist da noch die lateinamerikanische Kultur. Ihr herausragendes Merkmal ist der Katholizismus. Dann geht es weiter mit slawisch-orthodoxer, japanischer, hinduistischer, afrikanischer, konfuzianischer und islamischer Kultur, jeweils mit wachsender Resistenz gegen die westliche Kultur. Das klingt nicht nur stark vereinfachend, sondern ist es auch, aber durchaus mit fundiertem Hintergrundwissen gewürzt – letztlich das Erfolgsrezept aller Vereinfachung, die auf ein elitäres Publikum zielt.

Die Religion ist für *Huntington* der Schlüssel für die Gegenwart und die Zukunft nicht nur der Demokratie, sondern auch der wirtschaftlichen Leistungsfähigkeit. Historisch sind Demokratie und Liberalismus dem westlichen Kulturkreis zuzuschreiben, namentlich Europa und den USA, und hier ist es der Protestantismus gewesen, der den größten Anteil daran hatte. Weil der Katholizismus ganzheitlicher orientiert ist und angeblich auch heute noch seine Schwierigkeiten mit dem individualistischen Menschenbild hat, wird er zur Basis einer lateinamerikanischen Kultur. Der südliche amerikanische Halbkontinent ist trotz jüngster Erfolge evangelikaler Bewegungen insgesamt katholisch geprägt.

Besondere Aufmerksamkeit finden bei *Huntington* die „sinische" – in seinen älteren Veröffentlichungen noch die „konfuzianische" – und die islamische Kultur. Erstere adaptiert mit großem Erfolg das kapitalistische Erfolgsmodell, aber durchaus nicht – und wenn, dann mit gedämpfter Begeisterung – das politische Modell der Demokratie. Die islamische Kultur lässt selbst die technische Zivilisation des Westens nur soweit an sich heran, wie diese Mittel anbietet, um die Welt zu erobern und nach ihrem Bilde zu formen (Huntington 1998/1996).

Besser verpackt, indes kaum weniger schlicht wundert sich auf ebenfalls soziozentrischem Pfade *Fukuyama*, vor über 20 Jahren noch ein Ausrufer des Siegeszugs der Demokratie rund um den Globus, warum wir denn in Brasilien, Südafrika, Indien und auf den Philippinen einen erfolgreichen Wandel hin zur Demokratie verzeichnen, gleichzeitig aber feststellen müssen, dass die schöne demokratische Welt dort durch eine korrupte Regierungs- und Verwaltungspraxis getrübt ist. Umgekehrt haben wir es in China und Singapur, also in Diktaturen, mit leistungsfähigen Staaten zu tun (Fukuyama 2013). Aber was ist nun übler, ein Staat, der den Investoren so manches Schmiergeld abverlangt und den Weg in die Amtsstuben mit preisbeschilderten Hindernissen pflastert, der aber Wahlen veranstaltet und die Amtszeit der Regierenden begrenzt, oder aber eine Diktatur, die effektiv den Wil-

len der Regierenden administriert und Demokratie verweigert, die aber berechen-
bar daherkommt und Investoren den roten Teppich ausrollt?

Schmitter und Karl (2009) erinnern mit ihrer Warnung, es mit der Reduzierung
auf schlanke Demokratiemodelle nicht zu übertreiben, an die Neigung etlicher For-
scherkollegen, die real existierende Demokratie in aller Welt vom Modell der USA
her zu beurteilen! Ob sie es auch für problematisch halten, die historisch-kulturelle
Dimension der westlichen Demokratie aus dieser Forschung herauszuhalten, wird
nicht so deutlich. *Klaus von Beyme*, der vor längerer Zeit am Beispiel des Systemwechsels in Osteuropa vorgeführt hat, wie dieser Bias vermieden werden kann,
steht bis heute allein auf weiter Flur (von Beyme 1994).

Die delegierte Demokratie ist ein gutes Beispiel. Gewählte Präsidenten, die das
politische Leben ihres Landes dominieren, sind allemal besser als die vom Militär
gestützten Diktaturen der Vergangenheit. Sie repräsentieren ein erfolgreiches Stück
Demokratisierung. Seitdem sich mit Russland der Kern der früheren Sowjetunion
als geostrategische und Wirtschaftsmacht auf die Weltbühne zurückgemeldet hat,
wird die dort anzutreffende Konzentration der Politik auf den Präsidenten in düs-
teren Farben gemalt. Da wird die delegierte Demokratie zur „gelenkten Demokratie." Dass Russland anders tickt als die westlichen Demokratien, ist unbestritten.
Indem es aber kurzerhand als „Autokratie" ausgemalt wird, abgesehen davon, dass
sich mit diesem Begriff Gestalten wie *Iwan der Schreckliche* und *Josef Stalin* verbinden, gerät die Tatsache aus dem Blickfeld, dass im Russland der Gegenwart
immer noch ein großes Mehr am Rechtsstaatlichkeit, kritischer Öffentlichkeit und
Verfassungsgeltung waltet als in der sowjetrussischen Vergangenheit.

Selbst das Modell der repräsentativen Demokratie, das in das Bild einer guten, liberalen Demokratie eingelassen ist, transportiert ideologische Fracht. Hinter
Volksvertretung und Gewaltenteilung verschwinden andere Ausdrucksformen der
Demokratie im Off: Volksbegehren und Referendum. Zwar lässt sich kaum bestreiten, dass die Demokratie im Alltagsmodus schwerlich anders funktionieren kann
denn als repräsentative. Doch die Mechanismen der direkten Demokratie halten
eine Korrekturreserve bereit. Sie erzwingen bei den ganz großen Entscheidungen
die Vergewisserung, dass die Volksvertreter nicht am Volk vorbei entscheiden. Nun
ist das Volk aber, wenn es selbst, d. h. ohne Mittler sprechen darf, eine schwer
kalkulierbare Größe. Deshalb mögen Politiker Volksentscheide nicht. Sie haben in
aller Regel wenig Einfluss auf das Ergebnis.

Es sei nur daran erinnert, dass der Verfassungsentwurf für die Europäische
Union in den Niederlanden und in Frankreich 2005 abgelehnt wurde und dass
die Schweiz sehr zum Verdruss der eigenen Regierung und der Nachbarn 2013
beschlossen hat, den Zuzug von Ausländern zu beschränken. Schottische, kata-
lanische und venezianische Politiker ärgerten bzw. ärgern ihre Regierungen bis

zur Weißglut mit Plänen, ihre Regionen per Referendum aus dem Staatsverband herauszulösen.

In Venezuela und Bolivien betrieben populistische Politiker „von unten" wie die Reformerpräsidenten *Hugo Chavez* und *Evo Morales* zur Empörung der in ihren Ländern seit Jahrzehnten dominanten Oligarchien in den letzten zehn Jahren mit Erfolg Volksabstimmungen. Diese setzten neue Verfassungen in Kraft, auf deren Grundlage ein politischer Kurswechsel eingeleitet wurde. Diese Vorgänge schoben Regelwerke beiseite, die den Vertretern der alten Ordnung Verzögerung und Verhinderung erleichtert hätten. Die Reformbetreiber hielten sich freilich anschließend an das neue Regelwerk. Nach dessen Maßgaben rückten sie nun den multinationalen Konzernen zu Leibe, um wenigstens einen angemessenen Anteil an der Fremdausbeutung der natürlichen Ressourcen zu erzwingen; Landarbeiter, Kleinbauern und städtische Armen traten stärker ins Zentrum der Staatstätigkeit; bescheidene Landreformen wurden in Angriff genommen (Rosales 2013). Also selbst in diesen bettelarmen Ländern sozialere Politik auf den Spuren demokratischen Wandels – wenn man so will, soziale Demokratie! Was wäre die Alternative gewesen – unter frei gewählten Regierenden zu darben wie bisher und die materielle Politik dem Vollzug neoliberaler Pläne zu überlassen?

Aus der Perspektive der politischen Welt der USA gab es hier gleich zwei Verstöße wider die liberale Demokratie: die Verletzung geltender Verfassungsregeln und den Verstoß gegen Investoren- bzw. Eigentumsrechte. Die Strafe demokratiepolitischer Zensoren folgte auf dem Fuße: In den Freiheits- und Regime-Indizes des Freedom House und von Polity IV (siehe unten Kap. 6) erhalten Bolivien, Ecuador und Venezuela entweder die schlechteste Note für ihre demokratische Befindlichkeit oder es wird ihnen der Stempel einer moderaten Diktatur verpasst.

Die unmittelbare Volksbeteiligung passt in das Standardschema der Demokratieforschung nicht hinein. Kein Parlament und kein präsidiales Veto taugen mehr als Verfassungsbremsen, wenn das Volk gesprochen hat. In den Demokratiekonzepten, von denen hier die Rede ist, kommt die direkte Demokratie allenfalls am Rande vor. Die Gründe liegen auf der Hand: Äußert sich das Volk in einer wichtigen Frage selbst, setzt es das Filtersystem der Gewaltenteilung außer Funktion – ungeachtet der Tatsache, dass das Volksvotum hier und dort lediglich „konsultativ" ausgestaltet ist und von einer gegenläufigen Parlamentsentscheidung ignoriert werden könnte.

Im Modell der liberalen Demokratie wird die reale Demokratie unvermeidlich simplifiziert und auch uniformiert. Dass zur Essenz der Demokratie auch Vielgestaltigkeit gehört, dass Demokratie mehr als ist als eine Verfassungshülse, dass sie mehr sein sollte als eine in Abständen vorgesehene Kollektivveranstaltung im Wählen und dass sie auch erwartete politische Ergebnisse liefern muss, die sich handfest im Leben der Menschen bemerkbar machen, lässt sich darin nicht darstellen. Für die vereinfachende Definition der Demokratie gibt es auch einen methodischen Grund. Der bevorzugte Gegenstand der Demokratieforschung, von der hier die Rede ist, sind ja nicht die etablierten Demokratien. Bei diesen hat es seinen guten Sinn, nach typischen Mustern in den politischen Feinstrukturen wie dem Parteiensystem, der territorialen Staatsorganisation, dem Wahlsystem und dem Koalitionsverhalten Ausschau zu halten. Die Demokratieforschung leuchtet vielmehr eine breite Grauzone mit geringen Abständen zwischen schwacher Demokratie und autoritärem Regime aus (so bereits Diamond 1989, S. 143). Wir haben es mit einer großen Fallzahl zu tun, die sich kaum ergäbe, wenn Demokratie anspruchsvoll definiert würde.

Joachim Lauth (1957-) ist ein gutes Beispiel dafür, dass der datenbasierte Demokratievergleich ein Sparmodell der Demokratie erzwingt. *Lauth* konzediert, dass die Policies demokratischer Regime ein guter Indikator für die Qualität der Demokratie sein könnten. Er disputiert diese Überlegung aber gleich wieder mit dem Argument ins Abseits, dass es *erstens* keine größere gemeinsame Schnittmenge aller Demokratien als eben das liberale Modell gibt und dass *zweitens* die erwarteten Ergebnisse demokratischer Politik in keine Definition aufgenommen werden sollten, weil die Demokratie per definitionem nun einmal eine ergebnisoffene Veranstaltung ist (Lauth 2004, S. 23, 45 f.).

In der kritischen Auseinandersetzung mit *Dahls* Demokratiekriterium der *responsiveness* führt *Lauth* ferner aus, dass es bei der Demokratie um ein System kontrollierter Herrschaft geht. Wenn die liberale Demokratie persönliche Freiheit, politische Gleichheit, Gewaltenteilung und Rechtsstaatlichkeit einlöst, braucht es kein weiteres Kriterium, um die Qualität einer Demokratie zu attestieren, schon gar nicht das ausdeutbare Kriterium der *responsiveness*. Wollen die Wähler mehr soziale Gerechtigkeit und gehen die gewählten Verantwortungsträger darauf ein, besagt dies lediglich einiges über die Präferenzen der Wähler. Wo das demokratische Postulat der *responsibility*, die Verantwortung der Regierenden vor dem Wähler und vor dem Parlament eingelöst ist, erübrigt es sich, ein neues Fass mit der Aufschrift *responsiveness* aufzumachen. Es wirft nur unlösbare Messbarkeitsprobleme auf und verstößt folglich gegen alle Grundsätze der Methodenhygiene; es zwingt dazu, die wissenschaftlichen Standards über Bord zu werfen und sich auf hässliche Dinge wie die Interpretation sozialer Tatsachen einzulassen (Lauth 2011, S. 65 ff., 76). *Lauth* argumentiert defensiv: Es geht um die Rettung eines politikwissenschaftlichen Vermessungsprojekts, das sich an Wahlsysteme, Wahlergebnisse, Partizipationsnachweise, Protestereignisse und Verfassungsinstitutionen hält. Dabei muss das Messen nicht einmal so methodenstreng verstanden werden, wie es von *Lauth* und anderen Politikwissenschaftlern betrieben wird. Die General-parole lautet auf große Vergleichsfelder, mögen sie auch, was wohl die meisten der einschlägigen Arbeiten betrifft, mit einem gehörigen Schuss Interpretation und sonst lediglich illustrierender Datenpräsentation beackert werden.

Armony und *Schamis* beklagen, dass es bei den „fledging democracies", dem Steckenpferd der Demokratievermesser, nur so an Adjektiven hagelt, mit denen jeweils ein besonderer Mangel herausgegriffen wird, um die Differenz zur liberalen Musterdemokratie hervorzuheben. Das Muster selbst werde nicht weiter proble-matisiert (Armony und Schamis 2005, S. 13 f., 119).

4.5 Desiderate der Demokratieforschung

Genügt es, wenn die demokratischen Rituale eingehalten, wenn regelmäßig Wah-len veranstaltet und den Bürgern und Medien ihre Meckerecken vorgehalten wer-den, um der Demokratie Qualität und Vitalität zu attestieren? Es soll Fälle realer Demokratien geben, in denen die Regierungskoalitionen zwar munter wechseln oder sich die Parteien in überschaubaren Abständen in der Regierung ablösen, ohne dass sich für die Bürger merklich etwas ändert. Es bedarf nur des Blicks auf einige Staaten der Europäischen Union, die unter Schulden, anhaltend hoher Ar-beitslosigkeit und der Infragestellung gewohnter sozialer Leistungen ächzen, auf Spanien, Portugal, Italien und Griechenland, neuerdings auch auf Frankreich, um zu illustrieren, welche Folgen es hat, wenn sich der Eindruck einstellt, dass der po-litische Betrieb um sich selbst kreist. Derlei Stimmungen bescheren populistischen Politikern und Parteien Hochkonjunktur.

Lassen wir dazu einen Autor der klassischen Demokratieliteratur zu Wort kom-men. Wie es *E. E. Schattschneider* (1892–1971) vor über 50 Jahren in einer un-übertrefflichen Metapher formuliert hat, singen die Engel auch im pluralistischen Himmel mit Oberklassenakzent. Will sagen: Bildung, Geld und Status führen dazu, dass es trotz des allgemeinen Wahlrechts auch in der Wirklichkeit der Demokratien große Ungleichheit gibt, die im Übrigen durch parlamentarische Verfahren demo-kratisch korrekt in Gesetzesform gegossen wird. Immerhin bleibt es denen am un-teren Ende der sozialen Hierarchie unbenommen, Parteien zu wählen und sich in Verbänden zu organisieren, die auf Veränderung drängen (Schattschneider 1960).

Folgte man dem Ausspielen der – in Ereignissen und Wahlen messbaren – poli-tischen Verantwortlichkeit, der *responsibility*, gegen die kaum messbare politische Resonanzerwartung in der Gesellschaft – *responsiveness* –, wäre es für die Quali-tät der Demokratie belanglos, dass in den etablierten Demokratien die Reichen immer reicher werden, dass die Hauptlast der Staatsfinanzierung auf den unteren

und mittleren Einkommen liegt oder dass von der Gier getriebene Banker und Fi-
nanzspekulanten, die ungeheure gesamtwirtschaftliche Schäden angerichtet haben,
auf die Nothilfe des Steuerzahler setzen dürfen, um alsbald so weiter zu machen
wie zuvor. Und ebenso belanglos für die Qualität der Demokratie wäre es, wenn
ein wachsender Teil der schulpflichtigen Kinder nicht mehr öffentliche, sondern
private Schulen besucht, die vom unerwünschten Kontakt mit Gleichaltrigen ver-
schiedenster Herkunft fernhalten.

Vom kritischen Impuls der Sozialwissenschaft ist hier nichts mehr zu erkennen.
Demokratie wird zum Objekt des Datensammelns und der Messtechnik, wie etwa
die weltweite Verarbeitung von Daten über das Unfallvorkommen in Ländern mit
Links- und Rechtsverkehr.

Die Politik wird gleichsam von der Gesellschaft isoliert. Materielle Politik und
Demokratie sind zwei Paar verschiedene Schuhe!

Viktoria Kaina stellt die grundsätzliche Frage, ob sich Demokratie überhaupt
messen lasse. Sie meint dann aber doch, das sei schon möglich, wenn man sich nur
darauf einige, was Demokratie eigentlich bedeute (Kaina 2008). An genau diesem
Punkt beißt sich die Katze in den Schwanz. Die Demokratieforscher scheinen sich
darin einig, über den Rechtsstaat hinaus keine Qualitätsfragen mehr zu stellen. Und
diejenigen, die solche Fragen stellen, von denen es in der Politikwissenschaft immerhin einige gibt, interessieren sich nicht für diese Art der Demokratieforschung.

Es gibt eigentlich nur einen tragfähigen Grund, an die liberale Demokratie
selbst keine Fragen mehr zu stellen. Der Demokratieforschung, ob sie nun misst
oder beschreibt oder wertet, geht es in der Sache gar nicht darum, nach oben zu differenzieren, also Regime zu analysieren, deren liberaldemokratische Qualität außer Frage steht. Vielmehr differenziert sie nach unten. Ihr wichtigster Gegenstand
sind „Zweifelsfälle." Demokratieforschung operiert, wie es ein Buchtitel plastisch
ausdrückt, in einer regimepolitischen Grauzone zwischen Demokratie und Diktatur (Brendel et al. 2002).

Dies heißt letztlich nichts anderes, als dass es ihr um die Demokratie hauptsächlich in denjenigen Weltregionen geht, wo sie nicht schon seit langer Zeit politischer
Standard ist. Die alten, etablierten, so genannten westlichen Demokratien sind allenfalls ein Nebenthema. Im Mittelpunkt steht die Beobachtung Osteuropas und
der südeuropäischen Peripherie, alles in allem Fälle erfolgreichen demokratischen
Wandels, ferner Lateinamerikas, wo es genauso zu sein scheint, Südostasiens, das
teils Anlass zu guten Prognosen gibt, sowie schließlich Afrikas, des Nahen Ostens sowie Ost- und Zentralasiens, wo es die wenigen bekennenden Demokraten
schwer haben, sich überhaupt legal zu betätigen.

Langer Rede kurzer Sinn: Demokratieforschung ist „halbe" Demokratieforschung. Die „alten Demokratien" sind ein Fall für sich. Dort mögen Politikwis-

senschaftler so weitermachen, wie sie von jeher über Politik geforscht haben, gern auch über die Dimension einer materiellen Politik, die der liberalen Demokratie noch einmal eine inhaltliche Qualität geben mag.

Stoff für Fragen an die etablierten Demokratien gibt es reichlich. Nehmen wir nur die USA. Gewiss, Wahlen und Partizipation, wohin man blickt, auch starke Freiheitsrechte bis hin zum freien Erwerb automatischer Waffen, die andernorts dem Militär vorbehalten sind und mit denen die Bürgerkriege der Gegenwart geführt werden. Das ist die eine Seite.

Die andere Seite ist die Freiheit von Multimilliardären, als Ausdruck individueller Freiheit Unsummen von Dollars in die Wahlkämpfe, namentlich für das Präsidentenamt zu pumpen. Kein Kandidat ohne eigenes Vermögen oder reiche Gönner darf sich noch Hoffnungen auf ein Kongressmandat, auf ein Gouverneursamt oder auf die Wahl zum Bürgermeister einer Metropole mit nationaler und internationaler Ausstrahlung machen. Der politische Betrieb mutet heute ein gehöriges Stück plutokratisch an. Aber auch in Frankreich, Deutschland und Italien hat es schon Skandale um die private Finanzierung der Wahlkämpfe gegeben.

Schließlich stellt auch die Globalisierung ein Problem für die Demokratie dar. Der Finanzkonzern Goldman & Sachs mit seinem transatlantischen Netzwerk aktueller und ehemaliger Manager war maßgeblich mitverantwortlich für abenteuerliche „Finanzprodukte" und Wetten um den Niedergang fremder Währungen. Schon vor dem Losbrechen der großen Finanzkrise im Jahr 2008 hatte *Colin Crouch* (1944-) mit seiner These von der „Postdemokratie" eine Debatte angestoßen, was demokratisch gewählte Regierungen denn wirklich noch selbst bestimmen können.

Demokratie verträgt sich nicht mit den „großen Elektoren" hinter den Kulissen, d. h. Medienmaschinen, Banken, Wirtschaftsideologen und Expertenzirkeln, die Stimmungen erzeugen, Themen setzen und unorthodoxe Standpunkte mit dem Argument erschlagen, dieser und jener Kurs sei unverantwortlich, da wissenschaftlich nicht vertretbar und Gift für die Staatsfinanzen und die Arbeitsplätze. Wahlen und Richtungsdebatten degenerieren zur Show, zum Unterhaltungsblock im Fernsehen. Sie produzieren die Kulissengeräusche einer Demokratie. Die tatsächlich wichtigen Richtungsentscheidungen werden dort getroffen, wo sich das große Geld und die mediale Deutungsmacht in dasselbe Bett kuscheln (Crouch 2013/2003).

Crouch hat den Begriff der Postdemokratie geschöpft. Seine Argumente sind nicht von der Hand zu weisen. In der Demokratieforschung hat die Postdemokratie indes keine sichtbaren Spuren hinterlassen. Dies mag auch daran liegen, dass sie Kritiken bündelt, die nicht erst seit *Crouch* in der Diskussion sind. Die Postdemokratie nährt die Debatte im Biotop der modernen politischen Theorie, ähnlich wie der Konter-Entwurf einer Neodemokratie (von Beyme 2013).

Doch davon einmal abgesehen: Kann eine „gute Demokratie" überzeugen, in der die Herren – immer noch weniger die Damen – über das Kapital politische Vorgaben setzen?

Und wie steht es mit den Betreibern des demokratischen Betriebs. Dass sich komplexe Gesellschaften nicht anders als von professionalisierten Politikern lenken lassen, steht außer Frage. Aber ist ein Zuviel an Selbstrekrutierung, sind „politische Dynastien" gut für die Qualität der Demokratie? Wie steht es mit dem Werdegang der Ministerialbeamten und ihrem Rollenverständnis, wie mit ihrem Verhältnis zu den verantwortlichen Politikern? In Japan sind es die hohen Beamten, die für Kontinuität im Regierungsbetrieb sorgen. In Frankreich rekrutieren sich Ministeriale, Parlamentarier und Politiker in hohem Maße aus derselben Kaderschmiede der ENA (École Nationale d'Administration). Die vormalige britische Premierministerin *Margaret Thatcher* rückte den altbewährten, honorigen Gentlemen des Higher Civil Service zu Leibe, um für marktgläubige junge Nachfolger Platz zu schaffen.

Fragen dieser Art kommen in der Demokratieforschung nicht vor. Die Erforschung parlamentarisch-politischer Eliten ist zwar schon lange kein Konjunkturthema mehr. Doch Anhaltspunkte, wie man diesen Strukturen auf die Spur kommen kann, finden sich in bereits vor geraumer Zeit veröffentlichten Büchern und Fachjournalen zuhauf (z. B. Putnam 1973; Suleiman 1974; Aberbach et al. 1981, 1990; Koh 1989; Borchert 1999). Quellen, die sonst gern in Anspruch genommen werden, um zu prüfen, wie es sich mit den Bürgerrechten und der Verfassungstreue verhält, dürften auch dafür das eine oder andere hergeben.

Und was die materiellen Grundlagen der Gesellschaft betrifft, Klima, Natur und Ressourcen? Die liberale Demokratie verträgt sich mit hemmungslosem Raubbau an der Natur. Wie es allmählich dämmert, dass Nachhaltigkeit keine Marotte fortschrittsfeindlicher und lebensfremder Akademiker ist, sollte eigentlich klar sein, dass auch Demokratie nachhaltig praktiziert werden sollte. Und damit sind wir wieder beim Thema der materiellen Politik, dem Ergebnisblock der Demokratieschilderung.

Von all diesen Themen ist in der Demokratieforschung nichts zu vernehmen.

Die Demokratieforschung will sich an Ländern und Regimen beweisen, in denen die zarte Pflanze der Demokratie sprießen und tiefere Wurzeln bilden soll. Das ist legitim und ehrenwert, aber nur die halbe Miete. Treffender und ehrlicher wäre es da schon eher, von Demokratisierungsforschung zu sprechen (Pickel und Pickel 2006).

Thomas Carothers (1956-) hat vor längerer Zeit fünf problematische Punkte dieser Demokratieforschung aufgeführt, 1) die Beobachtung politischen Wandels ausschließlich unter dem Gesichtspunkt, ob sich dieser in Richtung Demokratie oder von ihr weg bewegt, 2) die Unterstellung, dass es typische Sequenzen im Demokratisierungsprozess gibt, die es erlauben, irgendwann die bevorstehende Überwindung der Diktatur zu prognostizieren, 3) die Gleichsetzung der Demokratie mit dem Übergang zur Wahl, 4) die Kleinschreibung von Geschichte, Ökonomie und Institutionen, und 5) die stillschweigende Voraussetzung, dass überall dort, wo sich die Diktatur auflöst, intakte staatliche Strukturen existieren (Carothers 2002, S. 7 ff.).

Übertragen auf die Themen des politikwissenschaftlichen Vergleichs stecken darin mindestens zwei, wenn nicht gar drei gravierende Vorwürfe: 1) das Ignorieren politisch-kultureller Gegebenheiten, 2) das Hinwegsehen über das Problem der Failing und Failed states und 3) die Blindheit gegenüber der Tatsache historischer Kontingenz.

Im Folgenden soll die Debatte um das Gegenbild des demokratischen Regimes skizziert werden.

Literatur

Aberbach, J. D., Putnam, R. D., & Rockman, B. A. (1981). *Bureaucrats and politicians in western democracies*. Cambridge: Harvard University Press.

Aberbach, J. D., Krauss, E., Muramatsu, M., & Rockman, B. A. (1990). Comparing Japanese and American administrative elites. *British Journal of Political Science, 20*, 461–488.

Almond, G. A. (1990). *A discipline divided: Schools and sects in political science*. Newbury Park: Harvard University Press.

Almond, G. A., & Genco, S. J. (1977). Clocks, clouds, and the study of politics. *World Politics, 29*, 489–522.

Almond, G. A., & Powell, J. B. (2012/1966). *Comparative politics: A developmental approach* (6. Aufl.). New York: Pearson Longman.

Armony, A. C., & Schamis, H. F. (2005). Babel in democratization studies. *Journal of Democracy, 1*, 113–128.

von Beyme, K. (1994). *Systemwechsel in Osteuropa*. Frankfurt a. M.: Suhrkamp.

von Beyme, K. (2013). *Von der Postdemokratie zur Neodemokratie*. Wiesbaden: Springer VS.

Boas, T. C. (2005). Television and neopopulism in Latin America: Media effects in Brazil and Peru. *Latin American Research Review, 40*, 27–49.

Boix, C., Miller, M., & Rosato, S. (2012). A complete data set of political regimes, 1800–2007. *Comparative Political Studies, 46*, 1523–1554.

Borchert, J. (Hrsg.). (1999). *Politik als Beruf. Die politische Klasse in westlichen Demokratien*. Opladen: Leske + Budrich.

Brendel, P., Croissant, A., & Rüb, F. W. (Hrsg.). (2002). *Zwischen Diktatur und Demokratie. Zur Konzeption und Empirie demokratischer Grauzonen*. Opladen: Leske + Budrich.

Bruce, S. (2004). Did Protestantism create democracy? *Democratization, 11*, 3–20.

Carothers, T. (2002). The end of the transition paradimg. *Journal of Democracy, 13*, 5–21.

Collier, D., & Levitsky, S. (1997). Democracy with adjectives: Conceptual innovation in comparative research. *World Politics, 49,* 430–451.

Crouch, C. (2013/2003). *Postdemokratie* (10. Aufl.). Frankfurt a. M.: Suhrkamp.

Diamond, L. (1989). Beyond authoritarianism and totalitarianism: Strategies for democratization. *Washington Quarterly, 12,* 141–163.

Diamond, L. (2002). Thinking about hybrid systems. *Journal of Democracy, 23,* 5–14.

Diamond, L. (2012). The coming wave. *Journal of Democracy, 13,* 21–35.

Diamond, L., & Morlino, L. (2005). Introduction. In Diamond, L. & Morlino, L. (Hrsg.), *Assessing the quality of democracy* (S. ix–xliii), Baltimore: Johns Hopkins Press.

Dryzek, J. S. (2006). Revolutions without enemies: Key transformations in political science. *American Political Science Review, 100,* 487–492.

Esping-Andersen, G. (2011/1990). *The three worlds of welfare capitalism.* Cambridge: Polity.

Fishman, R. R. (1990). Rethinking state and regime: Southern Europe's transition to democracy. *World Politics, 42,* 422–440.

Fukuyama, F. (1992). *The end of history and the last man.* London: Hamilton.

Fukuyama, F. (2012). Dealing with inequality. In F. Fukuyama, L. Diamond, & M. F. Plattner (Hrsg.), *Poverty, inequality, and democracy* (S. 3–14). Baltimore: Johns Hopkins Press.

Fukuyama, F. (2013). Democracy and the quality of the state. *Journal of Democracy, 24,* 5–16.

Gabardi, W. (2001). Contemporary models of democracy. *Polity, 33,* 547–568.

Grant, R. W. (2002). Political theory, political science, and politics. *Political Theory, 30,* 577–595.

Huntington, S. (1991). *The third wave: Democratization in the late twentieth century.* Norman: University of Oklahoma Press.

Huntington, S. (1998/1996). *Kampf der Kulturen. Die Neugestaltung der Weltpolitik im 21. Jahrhundert* (2. Aufl.). Berlin: Siedler.

Isaac, J. C. (2014). Restructuring the social sciences? A reflection from the editor of perspectives on politics. *PS: Political Science & Politics, 47,* 279–283.

Jellinek, G. (1976/1928). *Allgemeine Staatslehre* (3. Aufl.). Kronberg: Athenäum.

Kaina, V. (2008). Die Messbarkeit von Demokratiequalität als ungelöstes Theorieproblem. *Politische Vierteljahresschrift, 49,* 518–524.

King, G. (2013). Restructuring the social sciences: Reflections from Harvard's Institute for quantitative social sciences. *PS: Political Science & Politics, 47,* 165–172.

King, G., Keohane, R., & Verba, S. (2012/1994). *Designing social inquiry: Scientific inference in qualitative research.* Princeton: Princeton University Press.

Koh, B. C. (1989). *Japan's administrative elite.* Berkeley: University of California Press.

Lauth, H.-J. (2004). *Demokratie und Demokratiemessung. Eine konzeptionelle Grundlegung für den interkulturellen Vergleich.* Wiesbaden: VS.

Lauth, H.-J. (2011). Quality criteria for democracy: Why responsiveness is not the key. In G. Erdmann & M. Kneuer (Hrsg.), *Regression of Democracy? Zeitschrift für Vergleichende Politikwissenschaft/Comparative Governance and Politics. Special Issue 1* (S. 59–80). Wiesbaden: Springer VS.

Luke, T. W. (2013). Stultifying politics today: The „Natural Science" model in American political science – How is it natural, science, and a model? *New Political Science, 35,* 339–358.

McFaul, M. (2002). The fourth wave of democracy and dictatorship: Noncooperative transition in the postcommunist world. *World Politics, 54*, 212–214.

Merkel, W. (1994). Einleitung. In W. Merkel (Hrsg.), *Systemwechsel 1. Theorien, Ansätze und Konzeptionen* (S. 9–20). Opladen: Leske + Budrich.

Merkel, W. (2004). Embedded and defective democracies. *Democratization, 11*, 33–58.

Merkel, W. (2010). *Systemtransformation. Eine Einführung in die Theorie und Empirie der Transformationsforschung* (2. überarb. u. erw. Aufl.). Wiesbaden: Springer VS.

Merkel, W., & Croissant, A. (2000). Formale und informale Institutionen in defekten Demokratien. *Politische Vierteljahresschrift, 41*, 3–30.

Merkel, W., Puhle, H.-J., Croissant, A., Eicher, C., & Thiery, P. (2003). *Defekte Demokratie* (Bd. 1). Opladen: Leske + Budrich.

Møller, J., & Skaaning, S.-E. (2011). *Requisites of democracy: Conceptualization, measurement and explanation.* London: Routledge.

Møller, J., & Skaaning, S.-E. (2013). Regime types and democratic sequencing. *Journal of Democracy, 24*, 124–155.

Morlino, L. (2004). „Good" and „Bad" Democracies: How to conduct research into the quality of democracy. *Journal of Communist Studies and Transition Politics, 20*, 5–27.

Morlino, L. (2009). *Qualities of democracy: How to analyze them.* Aberdeen: University of Aberdeen.

Munck, G. (2007). Debating the direction of comparative politics: An analysis of leading journals. *Comparative Political Studies, 40*, 5–31.

Munck, G., & Verkuilen, J. (2002). Conceptualizing and measuring democracy. *Comparative Political Studies, 35*, 5–34.

Narizny, K. (2012). Anglo-American primacy and the global spread of democracy: An international geneology. *World Politics, 54*, 341–373.

O'Donnell, G. (1994). Delegative democracy. *Journal of Democracy, 5*, 55–59.

O'Donnell, G. (2007). *Dissonances: Democratic critiques of democracy.* Notre Dame: Notre Dame University Press.

O'Donnell, G. (2009). Twenty-five years, fifteen findings. *Journal of Democracy, 21*, 17–29.

O'Donnell, G., & Schmitter, P. (1986). *Transitions from authoritarian rule: Tentative conclusions about uncertain democracies.* Baltimore: Johns Hopkins University Press.

Oren, I. (2006). Can political science emulate the natural sciences? The problem of self-disconfirming analysis. *Polity, 38*, 72–100.

Pickel, G., & Pickel, S. (Hrsg.). (2006). *Demokratisierung im internationalen Vergleich.* Wiesbaden: VS.

Power, T. J. (2010). Optimism, pessimism, and coalitional presidentialism. Debating the institutional design of Brazilian democracy. *Bulletin of Latin American Research, 29*, 18–34.

Przeworski, A. (1991). *Democracy and the market; political and economic reforms in Eastern Europe and Latin America.* Cambridge: Cambridge University Press.

Putnam, R. D. (1973). *The beliefs of politicians: Ideology, conflict, and democracy in Britain and Italy.* New Haven: Cambridge University Press.

Rosales, A. (2013). Going underground: The political economy of the „Left Turn" in South America. *Third World Quarterly, 34*, 1443–1457.

Schattschneider, E. E. (1960). *The semi-sovereign people: A realist's view of American democracy.* Hinsdale: Holt, Rinehart & Winston.

Schedler, A. (2001). Taking uncertainty seriously: The blurred boundaries of democratic transitiion. *Democratization, 8,* 1–22.

Schmidt, M. G., Ostheim, T., Siegel, N. A., & Zohlnhöfer, R. (Hrsg.). (2007). *Der Wohlfahrtsstaat. Eine Einführung in den historischen und internationalen Vergleich.* Wiesbaden: Springer VS.

Schmitter, P. C., & Karl, T. L. (2009). What democracy is... and is not. In L. Diamond & M. F. Plattner (Hrsg.), *Democracy: A reader* (S. 3–46). Baltimore: Johns Hopkins Press.

Silva, E. (2009). *Challenging neoliberalism in Latin America.* Cambridge: Cambridge University Press.

Steffani, W. (1979/1962). Gewaltenteilung im demokratisch-pluralistischen Rechtstaat. In W. Steffani (Hrsg.), *Parlamentarische und präsidentielle Demokratie. Strukturelle Aspekte westlicher Demokratie* (S. 9–36). Opladen: Westdeutscher Verlag.

Suleiman, E. N. (1974). *Politics, power, and bureaucracy in France: The administrative elite.* Princeton: Princeton University Press.

Tilly, C. (2000). Processes and mechanisms of democratization. *Sociological Theory, 18,* 1–6.

Tilly, C. (2007). *Democracy.* Cambridge: Cambridge University Press.

Tsebelis, G. (2002). *Veto players: How institutions work.* Princeton: Princeton University Press.

Valdés, J. G. (1995). *Pinochet's economists: The Chicago School in Chile.* Cambridge: Cambridge University Press.

Wigell, M. (2008). Mapping „Hybrid Regimes"? Regime types and concepts in comparative politics. *Democratization, 15,* 230–250.

Woodberry, R. D., & Shah, T. S. (2004). Christianity and democracy: The pioneering Protestants. *Journal of Democracy, 15,* 47–61.

Diktatur, Autokratie, autoritäres Regime

5

5.1 Die historische und die neuzeitliche Diktatur

Paul Brooker nennt politische Systeme, die den demokratischen Standard verfehlen, schlicht und einfach Nicht-Demokratien (Brooker 2009). Jede und jeder versteht, was damit gemeint ist. Leider hat sich sein Vorschlag nicht durchgesetzt. Heute ist gern von der Autokratie die Rede. Der Begriff konkurriert mit eingeführten Bezeichnungen von gleicher Bedeutung wie der Diktatur und dem autoritären Regime. Bei den letztgenannten Bezeichnungen handelt es sich um technische Begriffe, mit denen sich einigermaßen neutral umgehen lässt. Im Folgenden wird denn auch von der Diktatur oder vom autoritären Regime die Rede sein, wenn Autoren mit dem Begriff der Autokratie nicht ausdrücklich so hantieren, als ob es sich dabei um etwas anderes handelte. So viel schon vorweg. Selbst dort, wo vom alten, zu unvermutet neuer Blüte gelangten Wort der Autokratie die Rede ist, wechseln die Autoren häufig und ohne Übergang in Diktatur und Autoritarismus. Ein Jargon, der – noch – nicht konsequent durchgehalten wird?

Eine Schilderung der Diktatur analog zu den oben geschilderten historischen Etappen der Demokratiebildung erübrigt sich. Die Diktatur konkretisiert sich in einer großen Bandbreite der Staatlichkeit. Ob sie unter monarchischer, republikanischer oder religiöser Flagge segelt, ob sie am Rande Europas, im arabischen oder afrikanischen Raum oder in Asien existiert, ist unerheblich.

Die Fähigkeit, Interessen aufzunehmen und sie zu integrieren, dürfte kein Alleinstellungsmerkmal der Demokratie sein. Sonst gäbe es wohl noch mehr gescheiterte Staaten und weniger autoritäre Regime, die einigermaßen fest im Sattel sitzen.

© Springer Fachmedien Wiesbaden 2015
J. Hartmann, *Demokratie und Autokratie in der vergleichenden Demokratieforschung*, DOI 10.1007/978-3-658-07479-1_5

Erinnern wir zunächst an einige in der Demokratieforschung implizierte Ausgangsfragen: Warum hat sich nicht überall in der Welt Demokratie entwickelt, etwa in der Weise, wie sich der Markt unter dem Stichwort der Globalisierung als Grundmodell des Wirtschaftens durchgesetzt hat? Und warum entsteht nicht überall dort, wo eine Diktatur zusammenbricht, eine neue Demokratie, sondern häufig eine neue, andere Diktatur?

Die Antwort liegt auf der Hand: Die Diktatur ist anscheinend eine politische Form, in der staatlich organisierte Gewalt ausgeübt werden kann, ohne sich, wenn es so sein soll, um den Willen und die Leidensfähigkeit der Beherrschten zu kümmern! Es wäre aber falsch, die Diktatur mit unterschiedsloser und tagtäglicher Willkürherrschaft gleichzusetzen. Es gewisses Maß an Berechenbarkeit muss auch sie schon bieten, für die Masse der Beherrschten insbesondere den Schutz von Leben, Eigentum und Unversehrtheit.

Machen wir es kurz: Um die Existenz der Diktatur zu verstehen, bedarf es keiner großen historischen Erläuterungen. Mit *Hobbes'* These der um das Gewaltmonopol kreisenden Staatsfigur ist die Sache hinreichend umschrieben. Zweck des Staates schlechthin ist der gesellschaftliche Friede, kein Friede de luxe liberaler oder demokratischer Machart, einfach nur das Ausschalten privater Gewalt und ihrer vermeintlichen Ursachen, darunter Glaube, Überzeugung oder Auflehnung gegen ungerecht empfundene Verhältnisse. Jegliche Herrschaft hat es schwer, überhaupt das gesellschaftliche Leben zu organisieren, nicht zuletzt auch, sich im internationalen Umfeld zu behaupten, wenn sie sich nicht einigermaßen kalkulierbar verhält.

Die blanke Willkürherrschaft, in der neueren politikwissenschaftlichen Terminologie auch als Sultanismus (siehe unten) bezeichnet, stellt die Diktatur auf einer sehr tiefen Stufe der Staatlichkeit dar. Mit den Tageslaunen eines Diktators, der seinen Willen in der Art eines Wechselbades verabreicht, lässt sich dauerhaft kein Staat betreiben. Noch darunter rangiert ein marodes Land, in dem ein politischer Verband auf einem von ihm kontrollierten Territorium die Regierung ersetzt und dort staatsgleiche Macht ausübt. Hier ist dann vom Quasi-Staat die Rede, von einem Staat, in dem fast alles vorhanden ist, was die Staatssoziologie verlangt: Staatsgewalt, ein abgrenzbares Gebiet und Menschen, die darin leben, nur eben nicht die internationale Anerkennung.

Militärherrscher, die auf dem von ihnen kontrollierten Territorium sogar eine wohlgeordnete, staatsgleiche Herrschaft ausübten, wurden erstmals im China der Zwischenkriegszeit wahrgenommen. Sie füllten ein Vakuum, das nach dem Zerfall des historischen Kaiserreiches entstanden war. An ihrem Beispiel gelangte das Wort von den „Warlords" in den Sprachgebrauch (Ch'i 1976). Zuerst der Militärdiktator *Chiang Kai-Shek*, dann die Kommunistische Partei Chinas unter Führung *Mao Zedongs* machten dieser Epoche ein Ende. Heute sind solche „Staaten im

Staat" keine Raritäten mehr. Ein exemplarisches Beispiel ist die libanesische His-
bollah – Bewegung, Partei und Miliz in einem. Sie kontrolliert ein festes Gebiet,
organisiert soziale Leistungen und unterhält eine schlagkräftige Armee (Norton
2006). Ähnlich verhält es sich in den kurdischen Gebieten des Irak. Sie werden
von kurdischen Organisationen regiert, die sich um das, was in Bagdad geschieht,
nicht groß kümmern.

Nach dem Stichwort der Autokratie, einem historisch sehr alten Begriff, sucht
man in älteren Fachlexika, aber selbst noch in Auflagen fortgeschriebener Werke,
die vor zwanzig Jahren erschienen sind, vergeblich. Dort findet man Erläuterungen
zu dem Phänomen, das heute unter Autokratie abgehandelt wird, noch unter dem
Stichwort der Diktatur (z. B. Nohlen et al. 1998, S. 126 ff.; Fraenkel und Bracher
1965, S. 79 ff.). Die begriffliche Konjunktur der Autokratie datiert auf die 1990er
Jahre, also in eine Zeit, in der die Demokratieforschung in Schwung kam. Um es
kurz zu machen: Die Auseinandersetzung mit der Autokratie erscheint wie eine
Reisebegleitung der neueren Demokratieforschung.

In der Autokratie schwingt die Konnotation mit dem politischen Bösewicht mit,
einem Despoten, mit, der seinen Launen freien Lauf lässt. Die älteren lexikalischen
Erläuterungen lauteten – im Einklang mit der Alltagssprache – dahin, dass Autokratie die Herrschaft eines Einzelnen bedeutet (z. B. Beck 1977, S. 75; Theimer
1975, S. 35). Je neuer aber das Erscheinungsdatum der Publikation, desto häufiger
findet sich der Eintrag, dass Autokratie auch die Herrschaft mehrerer bedeuten
kann (z. B. Nohlen 2005, S. 54; Schmidt 2010, S. 72).

Autokratie besagte ursprünglich nichts anderes als der alte Begriff der Tyrannei.
Wie dieser hat sie ihren Ursprung in der Antike. Die Demokratie galt damals, wie
exemplarisch bei *Aristoteles* nachzulesen, als eine der weniger erstrebenswerten
guten Herrschaftsformen. Die Tyrannei stand für ein Regieren, das sich weder an
Brauchtum noch an eine Verfassung hielt. In der griechischen Antike waren Herr-
schaftskonvention und Verfassung eins. Der Tyrann war ein Willkürherrscher. Er
ignorierte die Schranken des Herkömmlichen, war indes weit davon entfernt, alles,
was die Tradition an Bräuchen hinterlassen hatte, über Bord zu werfen (Welwei
2011, 229 ff.).

Die großen Autoritäten der antiken griechischen Philosophie und Geschichts-
schreibung definierten den Tyrannen unterschiedlich. Für *Aristoteles* ist der Tyrann eine Entartung des Monarchen: ein Einzelner, der ohne Rücksicht auf das
Gewohnheitsrecht und damit im Dissens mit der Gemeinschaft herrscht. Auch der
Historiker *Herodot* zeichnet den Tyrannen als Einzelperson. Sein Historikerkolle-
ge *Thykidides* hingegen spricht auch dort von Tyrannei, wo sich mehrere Personen
illegitime Herrschaft anmaßen (Lewis 2006, S. 4 f.).

Die absolutistischen Herrscher des neuzeitlichen Europa werden in der „Auto-kratieforschung" als eine historische Erscheinungsform der Autokratie aufgeführt. Im Sinne der antiken Autoren waren sie allerdings keine Tyrannen, mochte sie der große *Montesquieu*, wie all seine gebildeten Zeitgenossen mit der antiken Geschichte vertraut, in polemischer Absicht auch so nennen. Selbst der verfassungshistorisch umfassend gebildete *Loewenstein* subsumierte die Monarchie noch unter die Autokratien. Schauen wir kurz nach, was dran ist!

Unter den absoluten Monarchen des 17. und 18. Jahrhunderts verlor der Hochadel sein Recht auf territoriale Herrschaft. Damit wurde der Weg für die Bildung moderner Staaten frei. Diese Monarchen herrschten aber weiterhin im Rahmen ständischer Institutionen. In diesen Ständen waren der auf ein Familienattribut reduzierte verbliebene Adel, ferner der Klerus und schließlich die Gemeinen (Bürger und Bauern) repräsentiert. Die Stände wurden von den „absoluten" Monarchen nicht angetastet. Ohne ihre Zustimmung konnten bestimmte Gesetze nicht erlassen und auch in alten Rechtsdokumenten umschriebene Steuern nicht erhoben werden. Bei dieser Monarchie handelte es sich tatsächlich um ein zwar antiquiertes, aber doch ein im Ansatz bereits gewaltenteiliges System.

Selten kam es zu großen Konflikten zwischen dem Monarchen und der ständischen Repräsentanz. Wo dies geschah, etwa im England des 17. und im Schweden des 18. Jahrhunderts, verstrickten sich beide Seiten in heftige Machtkämpfe. Das Königreich Polen war ein Extremfall. Es ächzte unter dem *liberum veto*: die Vorhaben der Krone brauchten das einstimmige Plazet der Adelsvertretung.

Sonst aber saßen die Monarchen und der Adel in einem Boot: Mit der ihm belassenen Verfügung über den Grundbesitz blieb der Adel privilegiert. In den Spitzenämtern der Staatsverwaltung fanden der frühere Territorialadel und ein heranwachsender jüngerer Dienstadel neue Aufgaben.

Im englischen Parlament erkannte ein starkes und selbstbewusstes Bürgertum den Wert der Verweigerungs- und Zustimmungsmacht, die der ständischen Vertretung innewohnte. Mit dem Gebrauch des Parlaments als Interessenvertretung wurde die politische Macht der Krone dort bereits zu einer Zeit entwertet, da die Stände im Herrschaftsalltag des übrigen Europa noch im Schatten der Könige standen.

Selbst Frankreich, das Musterbeispiel der absolutistischen Herrschaft, lieferte mit dem unrühmlichen Ende der Bourbonendynastie den Beweis, dass auch dort der König nicht wirklich absolut herrschte, und dies zu einem Zeitpunkt, als es für die Existenz der Monarchie existentiell darauf angekommen wäre: In bald 170 Jahren politischen Tiefschlafs war die Ständevertretung unter König *Ludwig XIV.* und seinen Nachfolgern ganz legal im Schatten pompöser Herrscher verschwunden. Sie war nach 1614 einfach nicht mehr einberufen worden. Erst 1789 wurde sie wieder aktiviert. Die Bourbonen waren jetzt innen- und weltpolitisch gezwungen, kleine Brötchen zu backen. Sie erhofften sich davon die Ermächtigung zu Maßnahmen, mit denen eine dramatische Finanzkrise bewältigt werden sollte. Die Folgeereignisse haben sich als die Französische Revolution in der Geschichte verewigt. Die Epoche dieser im Grunde genommen fehletikettierten „absoluten Monarchen" war also keine Epoche der Tyrannen.

Der Tyrann hat es nicht in die neuzeitliche Politiksprache geschafft. Anders verhält es sich mit dem Diktator. Nicht nur in der Politikwissenschaft, auch im allgemeinen Sprachgebrauch wird auf Anhieb verstanden, was gemeint ist, wenn die Rede auf die Diktatur kommt. Es handelt sich um eine eingeführte Chiffre für die Nicht-Demokratie. Auch die Politikwissenschaft kam lange gut mit diesem Begriff zurecht. Blicken wir auch hier kurz auf die historischen Wurzeln. Sie liegen im antiken Rom.

Der Diktator war eine Verfassungsfigur. Drohte Gefahr für die Republik, wurde die Regierungsgewalt auf eine auf mit umfassenden Vollmachten ausgestattete Person übertragen. Der Diktator war also im Auftrag unterwegs, eine Krise zu bewältigen. Es handelte sich um militärische Krisen, die nach rascher Entscheidung verlangten. Die Praktiken der Beratung und der kollektiven Entscheidung, die vom römischen Senat gepflogen wurden, taugten nicht für Herausforderungen dieser Art. Inhaltlich und zeitlich war der Auftrag des Diktators begrenzt: sechs Monate. Die Versuchung, den Auftrags- und Zeitrahmen zu überschreiten, um die verliehene Macht zu verstetigen, lag allerdings auf der Hand.

Das Modell einer Republik lag nach dem Ende des Imperium Romanum lange auf Eis. Es wurde bereits von *Julius Cäsar* ausgehöhlt, der Rom zum antiken Weltreich ausbaute. Gründliche Vorarbeit hatten die Machtkämpfe zwischen den römischen Adelsfamilien geleistet. Sie zielten mit dem Werben um die Volksversammlung – in der Sache um politische Broker, die mit Stimmen handelten – stets auf das mächtigste Amt des Konsuls, und sie nahmen dabei immer weniger Rücksicht auf einen Konsens, der das Regelwerk der Verfassung getragen hatte. *Cäsar* gelang es in einer Mixtur von Ranküne und Druck, dem Senat ein zehn Jahre dauerndes Mandat als Diktator abzuringen. Letztlich wurde er mit einem Attentat aus dem Verkehr gezogen. Die Schäden am Republikgebäude ließen sich aber nicht mehr reparieren (Jehne 2013, S. 116 ff.). Seine Nachfolger, beginnend mit *Gaius Octavius*, der als *Augustus* das Kaisertum (Prinzipat) einläuten sollte, behielten die Institutionen der Republik, auch den vormals mächtigen Senat bei, allerdings mit lediglich symbolischer Bedeutung und dazu bestimmt, Kontinuität mit der römischen Vergangenheit zu suggerieren (Christ 2011/2001, S. 64 ff.).

Die Feudalherrscher des europäischen Mittelalters und die Monarchen der Neuzeit mochten sich Ärger und innere Unruhen einhandeln, wenn sie alte Rechtsdokumente, die ihnen eigentlich hätten Schranken ziehen sollen, mit den Füßen

traten. Deshalb wankten nicht gleich die Throne. Niemand wäre auf die Idee gekommen, die Monarchen deshalb als Diktatoren zu bezeichnen. Trieben sie es zu
arg, mochte man ihnen polemisch Tyrannei vorwerfen.

Die Republikidee lebte erst mit den Ereignissen im Gefolge der Französischen
und der Amerikanischen Revolutionen wieder auf. Doch außer im Namen und in
der Abgrenzung zur Monarchie gab es keinerlei Verbindungen mehr zur antiken
Republik. Für die Begriffsfindung blieb diese freilich weiterhin eine ergiebige
Quelle.

Das reguläre Regierungsorgan der Ersten Französischen Republik war das Kol-
lektivorgan eines Direktoriums. Ein Putsch setzte 1799 die Konsulatsverfassung an
seine Stelle. *Napoléon Bonaparte* wurde Erster Konsul. Er war einer von drei Konsuln der Französischen Republik, welche die Republik regierten. Mit umfassenden
Vollmachten ausgestattet und gestützt auf die neue Revolutionsarmee, schwang
sich der Erste Konsul zum eigentlichen Herrscher über Frankreich auf, mochte
es in den übrigen Konsuln und im Legislativorgan eines Senats weiterhin andere
Verfassungsorgane geben.

Allein auf weiter Flur, von Königen und einem römisch-deutschen Kaiser um-
geben und eitel um die Gleichwertigkeit mit den Herrschern der alten Mächte
bemüht, krönte sich *Bonaparte* 1803 zum Kaiser. Einige Jahrzehnte später sollte
ein entfernter Verwandter das Gleiche wiederholen. *Louis Napoléon* wurde 1849
regulär zum Präsidenten der Zweiten Französischen Republik gewählt und ließ
sich dann wie sein berühmterer Vorfahre 1852 zum Kaiser *Napoléon III.* ausrufen.
Einen Gattungsbegriff für diese Art der Herrschaft gab es noch nicht.

Der moderne Diktator trat unter diesem Namen erstmals in Lateinamerika auf.
Die unabhängigen Staaten, die aus den spanischen und portugiesischen Koloni-
en hervorgingen, waren nach dem Vorbild der USA als Republiken verfasst. Sie
hielten sich an die USA auch als Vorbild für die eigene Verfassung. Liberale und
Konservative beherrschten die Politik. Beide repräsentierten oligarchische Interessen, Erstere die der Städte, d. h. der Export- und Geldwirtschaft, Letztere den
Großgrundbesitz. Beide allerdings saßen sie in einem Boot. Die Oligarchie insgesamt war vom Rohstoff- und Agrarexport nach Übersee abhängig. Der bittere Streit
zwischen beiden war ideologischer Natur. Hier die Anhänger einer positivistischen
Weltsicht, die als modern und fortschrittlich galt. Dort das Bündnis von Agrarwirt-
schaft und katholischer Kirche, das moderne Ideen als Brutstätte von Unruhe und
Rebellion bekämpfte. Oft wurden die Differenzen mit Privatarmeen ausgefochten.

Politiker und Putschmilitärs (Caudillos), die einen amtierenden Präsidenten aus
seiner Residenz vertrieben und sich dann selbst dort einrichteten, rüttelten nicht an
der republikanischen Staatsform. Sie sahen sich als Retter des Staates. Das Bild
des antiken Diktators, dem Herren des Notstands, eignete sich prächtig, um die

Verletzung der Verfassung mit einer jenseits der Verfassungsbuchstaben liegenden Verfassungsräson zu rechtfertigen. Meist räumten diese Diktatoren nach einiger Zeit das Feld, um eine neue Etappe legalen Regierens einzuläuten.

Der Putsch als Privatsache fand sein Ende, als die lateinamerikanischen Staaten moderne Staatsverwaltungen aufbauten und professionelle Streitkräfte aufstellten, um als verlässliche weltwirtschaftliche Lieferanten bestehen zu können. Der Putsch als Mittel, um die Politik zu korrigieren, blieb zwar in Gebrauch. Nur bedurfte er fortan des Rückhalts der Streitkräfte. Es kam auch vor, dass ein gewählter Präsident, dem das Regieren im Rahmen der Verfassung zu lästig wurde, sich im Verlauf seiner Amtszeit zum Diktator erklärte. Was lag da näher, als dieses Bild einer modernen Diktatur auf die labile Staatenordnung Europas nach dem Ersten Weltkrieg zu übertragen?

Der Erste Weltkrieg läutete ein Massensterben der europäischen Monarchien ein. Die neuen Republiken, durchweg Neustaaten im der Mitte Europas und im europäischen Osten, aber auch das zur Republik gewendete Deutschland, wurden nach ersten Gehversuchen mit der Demokratie von Präsidenten, Regierungschefs oder im konstitutionellen Halbdunkel agierenden „starken Männern" regiert. Diese scherten sich nicht groß um die in den Verfassungen errichteten Leitplanken. Die neuen europäischen „Diktatoren" suspendierten echte Wahlen. Sie schickten missliebige Parteien in die Illegalität und verweigerten nach Opportunität die bürgerlichen Rechte. Pro forma wurden die vorhandenen Verfassungen beibehalten. Diese „starken Männer" hatten in aller Regel den Rückhalt der Streitkräfte, teils gingen sie selbst aus dem Offizierskorps hervor. Auch für dieses Phänomen gab es zunächst noch keinen eingeführten Begriff. Es war einfach zu neu.

Beispiele für diese Herrschaft waren der Faschistenführer *Benito Mussolini* (1922–1943) in Italien und der spanische General *Primo de Rivera* (1923–1930). Beide übten mit dem Segen ihres Königs das Amt eines Ministerpräsidenten aus. Ein weiteres Beispiel bot der polnische General *Joszef Piłsudski*. Er war der autoritäre Spielmacher in der Politik seines Landes (1926–1935). Diese wurde keineswegs erstickt, aber in eng kontrollierte Bahnen gelenkt. Auch der österreichische Kanzler *Engelbert Dollfuß* (1933/1934) gehört in diese Galerie. Er etablierte einen Ständestaat und kartätschte die österreichische Arbeiterbewegung nieder. Der „starke Mann" Ungarns, der in seiner ungarischen Heimat gestrandete k. u. k. Admiral *Horthy* (1919–1944), sah sich in der Funktion eines „Reichsverwesers", d. h. als Substitut für den mit den Habsburgern in die Geschichte entsorgten König des Landes. Die Weimarer Reichsverfassung sah den Präsidenten ausdrücklich als Reserveautorität vor, falls der parlamentarische Betrieb versagen sollte. Seit 1930 regierten der greise *Paul v. Hindenburg* und seine Entourage mit präsidialen Notverordnungen und bestimmten, wer unter ihnen Kanzler sein durfte.

Für die meisten Zeitgenossen waren diese Herrschaftsformen keineswegs anrüchig. Die „starken Männer" verkörperten irgendwie Ersatzmonarchen oder sie verkörperten eine Macht, die den verbliebenen gekrönten Häuptern Europas inzwischen fehlte. Sie führten ihre Länder scheinbar aus Krisen heraus, vor denen das noch unvertraute Regime der Demokratie nach allem Anschein versagt hatte: Es handelte sich um Politik in einem Ausnahmezustand, der durch Inflation, hohe Arbeitslosigkeit und durch die Unzufriedenheit der Bevölkerung verursacht war! Was lag hier näher als die Wahrnehmung einer Situation, die nach einer starken Führungsfigur wie im alten Rom verlangte?

Im Bemühen, einen treffenden Ausdruck zu finden, fand die Wissenschaft, damals als Staatswissenschaft noch eine enge Verwandte des Staatsrechts, zum Begriff der Diktatur. Den humanistisch gebildeten Gelehrten, zumeist Staatsrechtlern und Historikern, war diese Bezeichnung geläufig. Bei den frühen amerikanischen Politikwissenschaftlern, die zu dieser Zeit noch bewundernd auf den akademischen Betrieb jenseits des Atlantiks blickten, insbesondere nach Deutschland und Großbritannien, verhielt es sich nicht anders. Die Sprachbilder der historischen und modernen Republiken waren geläufig. Zum Kenntnishorizont der nicht allzu vielen politisch Gebildeten der damaligen Zeit gehörte allemal ein oberflächliches Wissen um die Putsche und die Diktatoren in Mittel- und Südamerika.

Wie hätte es beim humanistischen Bildungshintergrund der damaligen Wissenschaftler anders sein können, als dass im politischen Vokabular der Antike gekramt wurde, um sich in den Herrschaftspraktiken der Gegenwart zurecht zu finden? Selbst *Karl Marx, Friedrich Engels* und *Wladimir Iljitsch Lenin*, die großen Figuren des wissenschaftlichen Sozialismus – alle waren sie Produkte deutscher und russischer höherer Lehranstalten, an denen die Sprachen und die Geschichte des Altertums gepflegt wurden!

Marx und seine Epigonen brachten die Diktatur mit neuer Bedeutung ins Gespräch, bevor noch der Typus des oben skizzierten Diktators auftrat – als Diktatur des Proletariats. Das Proletariat schert sich in seinem Befreiungskampf nicht um die bürgerliche Legalität. Es unternimmt alles, um den gesellschaftlichen Überbau der kapitalistischen Produktionsweise – das Recht, die Verwaltung, die Armee und die Gerichte – in Klump' zu schlagen. Auf den Trümmern des Kapitalismus wird dann eine gleichermaßen egalitäre wie freie Gesellschaft aufgebaut. Da in diesem Prozess noch damit zu rechnen ist, dass die Mächte des Gestern nicht einfach aufgeben, sondern die Dinge ungeschehen zu machen suchen, sichert die Diktatur der Mehrheit, also des Proletariats, das Aufbauwerk mit der Unterdrückung der Unterdrücker von gestern ab.

In Deutschland, wo es bis weit in bürgerliche Kreise hinein geradezu einen Kult um die Person des Kaisers und preußischen Königs gegeben hatte, war die

Republik alles andere als willkommen. Bei *Carl Schmitt* (1888–1985), einer akademischen Referenzfigur des politischen Denkens in der Weimarer Republik, avancierte der Diktator zum „eigentlichen" Politiker: eine Gestalt, in der sich die Staatsgewalt konzentriert. Politik definiert *Schmitt* als die Markierung des Feindes, und dieser Feind lässt sich nur wirksam bekämpfen, wenn ein Machtmensch, der sich aller Mittel bedient, wie ein Schlachtenlenker gegen diesen Feind ankämpft, nachdem er dessen Absichten und Position erkundet hat. Der Staatsnotstand ist die Stunde einer Politik, die diesen Namen wirklich verdient. Was in der Alltagssprache für gewöhnlich als Politik bezeichnet wird, erschöpft sich im Verwalten und im lauen Kompromiss zwischen partikularen Interessen, der von parlamentarischen Beschlüssen zum Gesetz geweiht wird. Der pluralistische Interessenbetrieb mit seinen Hauptakteuren der Parteien und der Interessengruppen ist geradezu die Antithese zur eigentlichen Politik (Schmitt 1985/1931, 1994/1928).

Für den Diktator, der Machtfragen mit harter Hand entscheidet, gab es zwischen den Kriegen Anschauung in Hülle und Fülle. Einige europäische Diktatoren hielten sich an das Vorbild *Benito Mussolinis*. Er galt bis zum Aufstieg *Adolf Hitlers* zum Reichskanzler als das Nonplusultra des modernen Diktators. Im Vergleich mit ihm waren die Diktatoren im Osten und Südosten Europas kraftlose Imitate. *Hitler* indes war ein gelehriger Schüler. Er kopierte, perfektionierte und übertraf den Meister südlich der Alpen mit der Mobilisierungsmacht einer Monopolpartei, mit einer Parteiarmee, mit Aufmärschen, mit großen Reden und mit der Ablösung bürgerlicher Formen, wie sie im Parteigruß zum Ausdruck kam.

Vergessen wir in diesem Zusammenhang auch den anderen großen Diktator *Josef Stalin* nicht. Das Parteimonopol, die ideologische Ausrichtung des Bildungswesens und die propagandistische Mobilisierung der Bevölkerung für den Aufbau des Sozialismus waren bereits in der Konzeption der Diktatur des Proletariats angelegt. Hinzu kam jetzt noch die komplette und brachial bewerkstelligte Verstaatlichung der Produktion. Was als Führungsrolle der Partei begann und bald zur Führung einer Parteielite mutierte, endete nach den Machtkämpfen in der frühen Sowjetunion (bis 1933) in der Alleinherrschaft *Stalins*, des dritten großen Diktators der Epoche. Mit dem Erfolg der chinesischen Revolution trat als weiterer großer Diktator noch *Mao Zedong* hinzu. Dieser erreichte dem Höhepunkt seiner Karriere aber erst, als *Stalin*, *Hitler* und *Mussolini* bereits Geschichte waren.

Die politikwissenschaftliche Debatte um die Diktatur war in starkem Maße von diesen drei Beispielen beeinflusst, insbesondere von *Hitler* und *Stalin*.

5.2 Die totalitäre und die autoritäre Diktatur

Die erste politikwissenschaftliche Analyse der Diktatur geht auf *Carl Joachim Friedrich* (1901–1984) und *Zbigniew Brzezinski* (1928-) zurück. Weniger bekannt ist die Tatsache, dass es bereits einen Vordenker gab, der das Zeitkolorit des Denkens über die Diktatur gut zum Ausdruck brachte: Der amerikanische Historiker *C. J. H. Hayes* (1882–1964) setzte sich am Vorabend des Zweiten Weltkrieges mit der Herausforderung des Hitlerismus und des Stalinismus auseinander. Für die konventionellen Diktaturen seiner Zeit hatte er einiges Verständnis. Despoten hat es immer und überall gewesen. Meist gediehen sie am Rande der westlichen Zivilisation, auf dem Balkan und in Lateinamerika. Diese „handelsüblichen" Diktatoren waren für *Hayes* eine Konstante in der Geschichte. Wie er betont, waren sie gebildete Leute. Sie kamen aus guter Familie und hatten sich nicht selten als Militärbefehlshaber bewährt. Sie erwiesen sich als moderne Patriarchen, denen das Volk sein Schicksal in die Hand gelegt hatte (Hayes 1941, S. 91 f.).

Der heutige Leser muss da einigermaßen schlucken. Aber letztlich steht nichts anderes dahinter als die Wahrnehmung, dass dies eine akzeptable Lösung schien für Länder, die auf diese Weise vor Bürgerkrieg, Chaos und komplettem Elend bewahrt werden konnten. Das Auftreten des Diktators schien durch die Situation gerechtfertigt.

In der nationalsozialistischen und der leninistischen Diktatur erkennt *Hayes* Parallelen: die Monopolpartei, eine verbindliche Weltanschauung, die politische Kontrolle von Schule, Militär und Verwaltung und die Überwachung und Disziplinierung der Gesellschaft durch eine Geheimpolizei. Das grundlegend Neue ist aber der Umstand, dass sich diese Art der Diktatur nicht mehr damit begnügt, den parlamentarisch-politischen Betrieb zu dämpfen oder ihn ganz auszuschalten. Vielmehr trachtet sie danach, mit den Mitteln des Staates, der Propaganda und der Wirtschaftslenkung eine neue Gesellschaft aus dem Boden zu stampfen. Sie will einen neuen Menschen schaffen, *Hitler* auf der Grundlage der Rasse, *Stalin* auf der Basis der Klasse (Hayes 1941, S. 98 ff.).

Möglich wird diese neue Diktatur von der durch Propaganda, Kino und Rundfunk gesteigerten Mobilisierungsfähigkeit der Massen. Der neue Diktator hat auch ein anderes biografisches Format als der Diktator alten Stils. *Hitler* selbst wie auch *Stalin* zeichnet *Hayes* als ungebildete Proleten, berufliche Versager und vom Ressentiment gegen die bürgerliche Welt zerfressene Persönlichkeiten: typische Produkte des Durchschnitts und der Masse (Hayes 1941, S. 92 ff.). Mit der Umschreibung dieser neuen Diktatur als Totalitarismus prägte *Hayes* einen Begriff, der noch große Karriere machen sollte.

Erst im Zeichen des Kalten Krieges und in der Supermachtkonkurrenz zwischen Sowjetunion und USA „zündete" *Hayes'* Beobachtung. Nach seinen Kriterien, die dann von *Friedrich* und *Brzezinski* weiter ausdifferenziert wurden, unter anderem durch die These einer vollständigen Staatskontrolle der Wirtschaft, sind Nationalsozialismus und Sowjetkommunismus strukturell einander gleich und gleichermaßen gefährlich.

Die zeitgenössische Politik ließ sich die Gelegenheit nicht entgehen, den weltpolitischen Gegner in Moskau als totalitär zu brandmarken und dabei kräftig die Assoziation mit Hitlers Eroberungsdrang mitschwingen zu lassen. Noch besser, wenn sich damit sogar der Wahlkampf befeuern ließ (CDU-Plakat im Bundestagswahlkampf 1953, ein stilisierter Sowjetsoldat, der die Gewissheit vom grausamen Ergebnis aller linken Politik suggeriert: „Alle Wege des Sozialismus führen nach Moskau").

Diktaturen, die sich weiterhin damit begnügten, die politischen Rechte zu kassieren und den Parteien- und Vereinspluralismus zu unterdrücken, interessierten *Friedrich* und *Brzezinski* kaum. Die europäischen Diktatoren der Vorkriegszeit, auch diejenigen der neuen Staaten, die aus der Auflösung der Kolonialimperien hervorgingen, trugen meist Uniform und legten nach dem Einzug in den Präsidentenpalast oder nach ihrer Ernennung zum Regierungschef Zivilkleidung an. Oder sie standen an der Spitze einer Partei und schafften sich nach einer Schamfrist weniger Jahre nach der Unabhängigkeit die Konkurrenz anderer Parteien vom Halse.

Für die weltanschauliche und weltpolitische Auseinandersetzung des Westens mit der sowjetischen Welt kam die Theorie des Totalitarismus gerade recht. Dabei war es mit dem Stalinismus bereits vorbei, als 1957 *Friedrichs* und *Brzezinskis* Buch erschien, mit dem der Begriff erst breit bekannt wurde (Friedrich und Brzezinski 1957, S. 19 ff.).

Vermerken wir noch kurz die im Zusammenhang mit dem Totalitarismus häufig zitierte *Hannah Arendt* (1906–1975). Sie war Philosophin, keine Politikforscherin. Als Merkmal totaler bzw. totalitärer Herrschaft hob sie das Element des Terrors hervor, unter den sich die Gesellschaft vorsorglich duckt. Diejenigen, die trotzdem aufbegehren, werden der Fürsorge der Staatssicherheitsorgane anvertraut. Politikwissenschaftlich gibt diese Idee ungeachtet ihrer großen literarischen Resonanz wenig her (Arendt 1995/1951).

Für unseren Zusammenhang von größerer Bedeutung: Bei *Friedrich* und *Brzezinski*, die ausdrücklich von einer totalitären und einer nicht-totalitären Diktatur sprechen, begegnet uns in der politikwissenschaftlichen Literatur erstmals der Begriff der Autokratie. In der deutschen staatswissenschaftlichen Literatur hatte ihn bereits *Hermann Heller* gebraucht, der alles, was nicht Demokratie ist, als Autokratie fasste, ohne in dieser Kategorie weiter zu differenzieren (Heller 1993/1925,

S. 327 f.). *Karl Loewenstein*, der auf dem Wege zu einer vielversprechenden Karriere als Staatsrechtslehrer war, als er gezwungen wurde, Sicherheit im Exil zu suchen, nahm diesen Begriff aus der Staatsliteratur der Weimarer Zeit auf. Durch sein fachliterarisches Werk fand der Begriff ins Vokabular der noch jungen amerikanischen Politikwissenschaft (dazu unten).

Unter Autokratie fassen auch *Friedrich* und *Brzezinski* alles, was nicht Demokratie ist: den Despotismus der altorientalischen Reiche, die griechischen Tyrannen, die Renaissancefürsten und die absoluten Monarchen. Ein *Autos* übt die Herrschaft aus und trifft seine Entscheidungen, ohne irgendwem verantwortlich zu sein. Die Herrschaft gewinnt bereits einen anderen Charakter, wenn nur ein *Heteros*, ein Anderer, beteiligt wird (Friedrich und Brzezinski 1957, S. 13 f.). Der Autokrat ist erkennbar ein Einzelner, der die politische Regie führt, ohne anderen verantwortlich oder auf deren Zustimmung angewiesen zu sein. Autokratie heißt also Herrschaft auf der Grundlage von *Selbstermächtigung*. Sie erscheint weniger als Gegentypus zur Demokratie, sondern steht eher im Gegensatz zum Verfassungsstaat. Demokratie als Verfassungsstaat – hier klingt noch die ältere Usance nach, die Demokratie wegen ihrer gewaltenteiligen Struktur mit der Republik in eins zu setzen.

Als Merkmale der totalitären Diktatur führen *Friedrich* und *Brzezinski* auf: eine Weltanschauung, nach der Politik, Bildungswesen, Gesellschaft und Wirtschaft organisiert werden; ferner eine Monopolpartei, die über den Staatsapparat gesetzt ist; des Weiteren eine Geheimpolizei, die Oppositionelle verfolgt und ein Klima der Angst und des Schreckens erzeugt; ein Personenkult um den Diktator; schließlich die Parteikontrolle über die bewaffneten Organe sowie der Staat als Wirtschaftslenker.

Diktaturen ohne diese Merkmale sind „something else." Sie werden nicht näher charakterisiert. Nur so viel lassen *Friedrich* und *Brzezinski* wissen, dass sich der Autokrat herkömmlichen Formats damit begnügt, die Politik zu beherrschen und die Opposition niederzuhalten. Er behelligt aber weder das Wirtschaftsleben noch belästigt er die Kirchen noch tastet er das Eigentum der Beherrschten an. Für diese Spezies sollte sich bald darauf der Begriff der autoritären Diktatur einbürgern.

Historiker wandten gegen das von *Friedrich* und *Brzezinski* entworfene Strukturbild der totalitären Diktatur ein, dass es im Nationalsozialismus eine Kooperation zwischen Wirtschaft und Regime, keineswegs aber keine politische Totalkontrolle wie in der Sowjetunion gegeben habe. Nicht lange sollte es dauern, bis dann auch eine seriöse Forschung über die nachstalinistische Sowjetunion nachwies, dass es im sowjetischen System und seinen zahlreichen Nachbildungen in Osteuropa ein markantes Eigenleben der staatlichen und wirtschaftlichen Apparate gab. Diese rangelten sich in der Parteiarena um Ressourcen und Prioritäten (Skilling

1966; Skilling und Griffith 1974). Ähnliches geschah in der Volksrepublik China. Dort allerdings nahm der kommunistische Altstar *Mao Zedong* (1893–1976) diese Entwicklung zum Anlass, die berüchtigte Kulturrevolution (1966–1973) vom Zaun zu brechen. Sie verfolgte den Zweck, die Bürokratisierung der Parteiherrschaft ungeschehen zu machen und den revolutionären Elan der Kampf- und Gründerzeit neu zu entfachen.

Hinter der Unterscheidung von totalitärer und sonstiger Diktatur steht ein Werturteil: Letztere ist weniger schlimm. Wie *Hayes* hatten auch *Friedrich* und *Brzezinski* noch die hausbackenen Diktaturen in Spanien und Portugal und die klassisch-populistischen Diktatoren *Getúlio Vargas* in Brasilien (1930–1945) und *Juan Perón* in Argentinien (1946–1955) vor Augen.

Dumm nur, dass die Entkolonialisierung Afrikas, Asiens und des Orients diese noch überschaubare Welt der Diktatur durcheinander brachte. Die Verwirrung, die darüber entstand, dass man hier mit den üblichen Begriffen nicht weiterkam, mag jeder nachvollziehen, der sich die Mühe macht, ein in den 1960er und 1970er Jahren erschienenes Einführungs- oder Übersichtswerk über die politischen Systeme zur Hand zu nehmen.

Da erfrechte sich in den 1950er Jahren der Ägypter *Gamal Abdel Nasser*, einen arabischen Sozialismus auszurufen, das Geld und Militärmaterial sozialistischer Staaten anzunehmen und die Aktionäre der Sueskanal-Gesellschaft zu enteignen. Ganz zu schweigen vom kubanischen Jura-Studenten *Fidel Castro* (1926), der es nach 1959 wagte, amerikanisches Eigentum zu kassieren und nicht weit von Florida eine Dependance der sozialistischen Welt aufzuziehen. In Afrika schacherten die Lenker der blutjungen Staaten wie etwa *Kwame Nkrumah* (1957–1966) zwischen Moskau und Washington um den Meistbietenden bei der Entwicklungs- und Militärhilfe. Wie erfrischend konventionell waren dagegen die Verhältnisse in der nördlichen Hälfte des damals geteilten Vietnam! Sie entschied sich für das sozialistische Staatsmodell und ließ sich mühelos in die Galerie totalitärer Diktaturen einsortieren.

Die neuen Diktatoren in der später so genannten Dritten Welt waren des Totalitarismus unverdächtig. Sie präsidierten schwachen Staaten, die noch auf Jahre, teils auf Jahrzehnte hinaus außerstande waren, die Grundbedürfnisse an Bildung, Infrastruktur und Arbeit zu befriedigen. Es brauchte eine Weile, bis Politikwissenschaftler auch diese Erscheinungsform der Diktatur auf einen brauchbaren Begriff zu bringen vermochten.

In der aktuellen Literatur über die Autokratie wird als Referenzautor häufig *Karl Loewenstein* zitiert. Ein Zeitgenosse *Hayes'*, *Friedrichs* und *Brzezinskis*, schöpft er aus derselben historischen Anschauung. Die Demokratie unterscheidet sich im Respekt vor der gewaltenteiligen Verfassung von der Autokratie, also von der Nicht-Demokratie.

Wohin man auf dem Globus blickt, trifft man auf Verfassungen. Man darf freilich nicht jede Verfassung beim Wort nehmen. Entscheidend kommt es darauf an, dass die Verfassungsregeln ernst genommen werden. Der Sinn jeglicher Verfassung liegt darin, legitim erworbene Macht auf Verfassungsorgane zu verteilen, die einander kontrollieren. Werden diese Verfassungsorgane noch durch die allgemeine und freie Volkswahl legitimiert, haben wir es mit einer Demokratie zu tun.

Wo aber eine Verfassung vorhanden ist, die de facto nichts gilt, begegnen wir der Autokratie. Der Autokrat mag eine Person oder aber ein Kollektiv sein, also eine Partei, eine Klasse oder das Militär. Hier wird *Loewenstein* deutlicher als *Brzezinski* und *Huntington*. In dieser Hinsicht folgt ihm die Forschung bis heute.

Für die Klassifizierung als Autokratie genügt die Tatsache, dass die Verfassung, mag sie sogar einen demokratischen Anstrich haben, nicht über den Ort legitimer Herrschaft informiert. Die politische Bestimmungsmacht liegt bei Akteuren, die sich über die Verfassung stellen oder die hinter ihren Kulissen die Regie führen. Autokratie heißt konzentrierte Macht, also das Gegenteil von geteilter Macht, wie sie den Verfassungsstaat charakterisiert (Loewenstein 2000/1958, S. 28).

Bei der Charakterisierung der totalitären Diktatur folgt *Loewenstein* dem Beispiel *Friedrichs* und *Brzezinskis*. Im Unterschied zu diesen sortiert er die nicht-totalitäre Demokratie aber nicht mehr ins begriffliche Dunkel eines „something else." Er benennt sie – damit Schule machend – klipp und klar als „autoritär" (Loewenstein 2000/1958, S. 53). Sonst aber zieht auch er die Trennlinie, dass der Totalitarismus die ganze Gesellschaft neu zu modellieren gedenkt, während sich die Autokraten der autoritären Variante damit begnügen, die politische Sphäre zu beherrschen. Autokratische Politik funktioniert nach dem Prinzip von Befehl und Gehorsam (Loewenstein 2000/1958, S. 31).

Beide Begriffe haben ihren Ursprung in der europäischen politischen Welt der 1920er Jahre. Mit *Friedrich*, *Brzezinski* und *Loewenstein* erhielten sie indes wissenschaftliche Prägnanz. Die autoritäre Diktatur befiehlt, und sie erwartet Gehorsam. Die hierarchische Logik einer Behörde oder einer Armee tritt an die Stelle einer politischen Ermächtigung, die auf parlamentarischer Beratung und Entscheidung fußt. Die totalitäre Diktatur hingegen greift die Identität der Unterworfenen an. Sie verpasst ihnen eine Moral, ein Geschichtsbild, eine Erziehung, sie definiert Wissenswertes und Wissenschaft, kurz: Sie erklärt die Welt und kriminalisiert den Widerspruch.

Erst *Loewenstein* hat dem Autoritären die Bedeutung beigelegt, die sich in der Politikwissenschaft mit diesem Attribut verbindet. Davor war vom Autoritären noch in einem anderen, heute nicht mehr nachvollziehbaren Sinne die Rede. Dies illustriert ein kurzer Blick auf den Politiksoziologen *Heinz O. Ziegler* (1903–1944), auch er ein Wissenschaftler der Weimarer Zeit. Für ihn ist die Volksherrschaft eine bedrohliche Sache: Der Mehrheitswille bestimmt nicht nur die Regierenden. Er sieht sich auch legitimiert, auf Wirtschaft und Gesellschaft zuzugreifen. Politiker, die um die Gunst ihrer Wähler buhlen, treffen Entscheidungen, die aus der Natur der Sache heraus besser einer politischen Klasse überlassen werden sollten, die aus dem reichen Schatz ihrer Erfahrung schöpft und den fachlichen Rat einer Verwaltungselite beherzigt. Demokratie steht bei *Ziegler* für die eine Variante „totaler Herrschaft." Nicht minder verwerflich ist die andere Variante: die „totale" Herrschaft eines Diktators, der die Massen manipuliert, um Wirtschaft und Gesellschaft nach seinen Vorstellungen umzugestalten.

Die britische und die französische Demokratie seiner Zeit funktionierten nach *Zieglers* Ansicht allein deshalb, weil es dort eine intakte herrschende Klasse gab, die es verstand, die Parteiegoismen und die im Wahlkampf geweckten Leidenschaften zu mediatisieren. Die Konnotation des Autoritären mit der Diktatur ist ihm noch fremd (Ziegler 1932, S. 8 ff., 25 ff.).

Zum Totalitären sei abschließend *Ernst Forsthoff* (1902–1974) kurz erwähnt, eine der nicht wenigen Ikonen der deutschen Staatsrechtswissenschaft, die sich zunächst den Nationalsozialisten an die Brust warfen und dank ihrer Wendigkeit im westlichen Nachkriegsdeutschland dann eine zweite und noch steilere Karriere machten: Der „totale Staat" ist hier das Nonplusultra der Staatsentwicklung (Forsthoff 1934). Er wirft allen liberalen und machtbeschränkenden Tand über Bord und wird eins mit dem Willen des vom Volk getragenen Führers.

Zumindest bei der totalitären Diktatur, wie sie *Loewenstein* versteht, stellt sich die Frage, ob das Merkmal trägt, dass die Verfassung nicht über den Ort der Macht informiert. Der sowjetische Sozialismus war durchaus verfassungskonform. Die Verfassung informierte klipp und klar über den Sitz der realen Macht. Dort war die führende Rolle der kommunistischen Partei ausdrücklich fixiert, wie auch in den sozialistischen Verfassungen etwa Polens, der DDR und der Tschechoslowakei etc.

Loewenstein bewertet diese Verfassungen nicht systemimmanent, sondern wie demokratische Verfassungen, weil sie vertraute Begriffe wie Volk, Wahl, Volksvertretung und Regierung enthalten. Was *Loewenstein* an der Autokratie so stark hervorhebt, das Moment der mangelnden Verfassungsehrlichkeit, ist aber durchaus ein tragendes Merkmal „weicher" bzw. „autoritärer Autokratien", also illiberaler Herrschaft. *Loewensteins* Charakterisierung der autoritären Diktatur ist hier nach wie vor gut anwendbar.

Dessen ungeachtet mutet es aus heutiger Sicht antiquiert an, die Verfassungspraxis in den Mittelpunkt der Unterscheidung von Demokratie und Autokratie zu stellen. Zu *Loewensteins* Zeit steckte die sozialwissenschaftlich ambitionierte Politikwissenschaft noch in den Kinderschuhen. Umso mehr erstaunt es, dass sich die Demokratieforschung dieser Tage, die erst in den 1990er Jahren Fahrt aufgenommen hat, so stark an *Loewenstein* hält.

Die Monarchen von den altorientalischen Herrschern bis hin zu den gekrönten Häuptern der Gegenwart, die sich nicht darauf eingelassen haben, ihre Macht mit gewählten Parlamenten teilen, erhalten von *Loewenstein* das Etikett einer absoluten Monarchie. Sie sind ein Fall für sich, Autokraten sind freilich auch sie.

Die Autokratie ist per se illegitim, die Monarchie aber nicht. Offenbar wird die Monarchie hier in Anlehnung an *Max Webers* drei Typen legitimer Herrschaft als eine traditionelle Herrschaft verstanden. Tradition bindet, zwar in anderer Weise als eine förmliche Verfassung, aber doch durch eine in Generationen gefestigte Praxis und durch die Erwartung der Beherrschten (Weber 2002/1922, S. 724). Wo aber kein Monarch, braucht es eine Verfassung, um Macht zu kontrollieren!

Die „Verfassungslosigkeit" ist auch für *Sartori* noch das herausragende Merkmal jeglicher Autokratie (Sartori 1992/1987, S. 209 f.). Vor dem Sammelbegriff der Demokratie hat dieser Begriff bei *Sartori* sogar einen Vorteil: Demokratie ist nicht nur das Label für eine real existierende politische Ordnung. Sie umschreibt auch ein Ideal, das selbst in den vorhandenen Demokratien nicht vollständig erreicht wird. Es sei nur an die soziale Demokratie als eine Steigerung der liberalen Demokratie erinnert. Die Autokratie hingegen ist leider allenthalben höchst real.

Die Beliebtheit der Autokratie als Gattungsbegriff für Herrschaftssysteme hat keineswegs, wie weiter unten auszuführen sein wird, den Grund später Neuverliebtheit in das Sujet des Verfassungsvergleichs. Sie hat vielmehr damit zu tun, dass die gewaltenteilige Verfassung ein einfaches, leicht belegbares Kriterium anbietet, um darunter eine Vielzahl von Fällen zu subsumieren.

Alle hier charakterisierten Autoren umschreiben die Autokratie bzw. die Diktatur entweder in der Sprache der Polity, also der Verfassung und des Staates, oder unter dem Aspekt der Policy, unter diesem letzteren aber ausschließlich in der totalitären Variante, also unter dem Aspekt eines ideologischen Masterplans zur Umgestaltung von Politik, Gesellschaft, Wirtschaft und Kultur.

Der Aspekt der Politics kommt nicht einmal stiefmütterlich ins Spiel. Dies ist nur konsequent. Wird die Verfassung für die Bestimmung von Demokratie oder Nicht-Demokratie zentral gestellt, findet in der Demokratie schon deshalb Politik statt, weil der Staat gewaltenteilig organisiert ist. Im Spannungsfeld von Regierung und Opposition, wie es für das parlamentarische Regierungssystem charakteristisch ist, oder im Spannungsfeld zwischen Regierung und Parlament, das im präsidentiellen Regierungssystem anzutreffen ist, betätigen sich konkurrierende Parteien. Die Autokratie kennt per definitionem keine Gewaltenteilung. Folglich kann es in der Verfassungslogik auch keine Auseinandersetzung über Politik geben.

Aus der Lehrbuchliteratur der 1960er Jahre lässt sich ersehen, dass Politikwissenschaftler bei aller begrifflichen Sprachlosigkeit, die noch waltete, allmählich
die größer werdende Gruppe derjenigen Staaten zur Kenntnis nahmen, die nach
Loewensteins Definition zwar erkennbar autoritär waren, aber wenig mit den „alten Diktaturen" des europäischen und lateinamerikanischen Typs gemeinsam hatten. Bekannte Exponenten der noch jungen postkolonialen Staaten wie *Gamal Abdel Nasser* (Ägypten), *Kwame Nkrumah* (Ghana) und *Sukarno* (Indonesien) waren
definitiv keine totalitären Herrscher. Sie hatten aber auch ein erkennbar anderes
Format als die europäischen Diktatoren der 1920er und 1930er Jahre. Sie waren
entwicklungspolitisch ambitioniert und hatten große Pläne, um ihre wirtschaftlich
rückständigen Staaten in Windeseile zu industrialisieren. Sie intervenierten munter
in die Wirtschaft und zeigten wenig Respekt vor privatem Eigentum.

Die erste Generation der Regierenden nach der Unabhängigkeit dachte nicht
daran, ihren Status und ihre Pfründen zur Disposition einer Wahl zu stellen, als
deren Ergebnis sie ihren Platz hätten räumen müssen. Einige störten sich an traditionellen religiösen Autoritäten, deren Stimme etwas zählte, und sie schlugen einen
säkularen politischen Kurs ein, der die Gefühle und Rechte vieler Bürger verletzte.
Verwirrung stiftete auch eine zuweilen radikale Rhetorik aus dem sozialistischen
Wörterbuch, die aber kaum Entsprechung im Handeln fand. Selbst als Diktaturen
waren viele dieser Staaten schwach. Der Biss des Regierungsapparats war durch
den Mangel an Ressourcen und an qualifiziertem Personal gelähmt.

Hinzu kam noch die Verwurzelung in fremden Kulturen, von denen in dieser
Zeit weder Politiker noch Politikwissenschaftler allzu viel wussten. So war bei
Samuel E. Finer (1970, S. 44 ff.) mit Blick auf die Dritte Welt von Fassadende-
mokratie, Quasi-Demokratie und Militärregimen die Rede. *Theo Stammen* (1967,
S. 126 f., 176 ff.) unterschied die „autokratischen Systeme" in autoritäre, totalitä-
re und „Entwicklungsländer." *John Herz* und *Gwendolyn Carter* (1962, S. 22 ff.)
identifizierten Entwicklungsländer in einem Zustand zwischen Demokratie und
Totalitarismus.

5.3   Das autoritäre Regime

5.3.1   Der eingeschränkte Pluralismus

Juan Linz (1926–2013) erörtert die Nicht-Demokratie unter dem Aspekt des Regimes. Sein Grundgedanke: Auch dort, wo es keine Demokratie gibt, sind im Kreise
der Herrschenden und der übrigen Herrschaftsprofiteure unterschiedliche Interessen anzutreffen. Mit der wuchtigen Vokabel der Autokratie kann *Linz* nichts anfan-

gen. Konventionell unterscheidet er zunächst die demokratischen von den nicht-
demokratischen Regimen. Letztere unterteilt er dann – immer noch konventionell
– in autoritäre und totalitäre Regime. Und selbst bei der Charakterisierung des
totalitären Regimes hält er an der Konvention fest: Es folgt einem ideologischen
Programm und hat keinerlei Platz für Pluralität.

Eine Pluralität, die sich frei entfalten darf, also: Pluralismus, bedeutet Demokratie. Das autoritäre Regime hält demgegenüber bestimmte Parteien, Klassen,
Interessen oder religiöse Anschauungen von der politischen Arena fern. Andere
belässt es im Spiel. Beim autoritären Regime haben wir es mit einem System des
beschränkten Pluralismus zu tun! Es gibt also auch dort politische Auseinandersetzungen, etwa Rangeleien um Posten und um die Schwerpunkte der Regierungstätigkeit. Oppositionelle Kräfte indes, welche die Politik der Regierenden angreifen,
dürfen sich nicht artikulieren (Linz 2009/1975, S. 129, 131).

Unter Umständen dürfen im Regierungsgeschäft sogar viele mitmischen. Sie
haben nur den politischen Primat einer Bewegung, einer Partei oder eines Präsidenten zu respektieren. Die Grenzen dieses eingeschränkten Pluralismus sind nicht
ein für alle Mal gezogen. Gerät das Regime in eine Krise, mag es opportun sein,
das Spektrum der geduldeten Mitspieler zu erweitern (Linz 2009/1975, S. 132).
Oder es wird umgekehrt ein Exempel statuiert: Polizei und Militär schreiten ein,
um mit verschärfter Repression weiterer Unbotmäßigkeit Einhalt zu gebieten. Was
wäre dem hinzufügen? Der Unterschied zum offenen Pluralismus der Demokratie
lässt sich kaum besser beschreiben.

Im totalitären Regime gibt es nicht einmal eingeschränkten Pluralismus. In diesem Punkt liegt *Linz* – rückblickend betrachtet – empirisch so falsch wie bereits
Friedrich, Brzezinski und *Loewenstein*. Politische Richtungsauseinandersetzungen
und die Konkurrenz um einen guten Platz im Entscheidungszentrum sind auch
für historische Regime belegt, auf die der Totalitarismusbegriff gemünzt war. Was
wunder? Regime dieser Art mussten sich in der internationalen Umwelt orientie-
ren, wirtschaftlichen Herausforderungen trotzen und die Verwaltung dem Wandel
der Zeiten anpassen – was auch immer! Auf solche Herausforderungen hat eine
in großen Linien angelegte Weltanschauung keine Antwort. Mögen an der Suche
nach pragmatischen Lösungen auch bloß Experten und Bürokraten beteiligt sein,
erzeugt allein der Suchprozess bereits Vorgänge, die in der Politikwissenschaft als
Politics beschrieben werden! Militärs, Bildungsbürokraten und Wirtschaftsverant-
wortliche streiten um Prioritäten und Ressourcen. Exemplarisch ist hier die Arbeit
von *Skilling* und *Griffith* über Interessengruppen in der Sowjetunion, die eine Reihe von Nachfolgeforschungen inspirieren sollte (Skilling und Griffith 1974).

Politische Systeme, ob Demokratien oder Diktaturen, müssen sich in ihrer Umwelt behaupten. Und dies verlangt, systemrelevante Interessen entweder zu inte-

grieren oder sie zu unterdrücken. Gewisse Interessen lassen sich aber nicht unterdrücken, insbesondere jene nicht, die sich auf Sicherheit und Ordnung, auf die allgemeine Gesundheit, auf die Ernährung und das Dach über dem Kopf beziehen. Hinzu kommt das Moment der politischen Kultur: dass nationalen Eigenheiten Rechnung getragen werden muss.

Schon dem sozialistischen Regime Polens blieb nichts anderes übrig, als die besondere Bedeutung der katholischen Kirche für die polnische Identität zu berücksichtigen. Das Gleiche galt für die herzlichen Empfindungen der polnischen Bevölkerung für das östliche große Brudervolk mit seinem politischen Zentrum in Moskau. In der DDR war es angeraten, irgendwie mit dem deutschen Staat im Westen klarzukommen. Der kubanische Sozialismus trat – wie konnte es bei den Unterschieden von Licht, Luft und Sonne anders sein? – beschwingter auf als zwischen Wladiwostok und Rostock, und China war wieder ein ganz anderer Fall. Auch dieses Phänomen fand seine Analytiker, bevor der reale Sozialismus in die Knie ging (z. B. Brown und Gray 1977).

Gibt es vor diesem Hintergrund überhaupt noch einen guten Grund, das totalitäre vom autoritären System zu unterscheiden? Zumal die Einigkeit darüber, wo die Grenze zwischen autoritär und totalitär verläuft, von verschiedenen Autoren jeweils anders gezogen wird (exemplarisch dazu Møller und Skaaning 2009, S. 261 ff.)! Wäre es nicht besser, wie es vor langer Zeit bereits *Amos Pearlmutter* (1981) vorgeschlagen hat, nur noch von autoritären Regimen zu sprechen und diese nach der Größe und der Art der teilpluralistischen Arena einzuteilen?

Blicken wir noch kurz auf *Linz'* wissenschaftliche Biographie. *Linz* war ein Spanien- und Lateinamerikaexperte. Er entwickelte seine Idee des teilpluralistischen autoritären Systems zuerst in stark beachteten Studien über das politische System der Franco-Diktatur zu Papier. Wie zu zeigen sein wird, sind an der gegenwärtige Debatte um Demokratie und Demokratisierung in starkem Maße Lateinamerika-Experten beteiligt.

5.3.2 Typologien des autoritären Regimes

Linz' zweiter großer Beitrag zur Analyse des autoritären Regimes ist seine nach dem Herrschaftsträger gegliederte Typologie. An ihr arbeitet sich auch die aktuelle Forschung noch ab. Das Grundmuster dieser Typologie ist nicht grundstürzend neu. In vielerlei Hinsicht knüpft es an Überlegungen an, die sich bereits bei *Loewenstein* und weiteren älteren Autoren nachlesen lassen.

Linz unterscheidet ein bürokratisches oder militärisches Regime, das um die Staatsverwaltung herum gebaut ist. Ferner führt er Regime auf, die auf die Mobilisierung der Gesellschaft angelegt sind. Sie bedienen sich einer privilegierten oder monopolistischen Partei bzw. einer Regimepartei. Des Weiteren werden traditionelle, monarchische und schließlich sultanistische Regime unterschieden. Das letztgenannte Regime, der Sultanismus, ist extrem auf einen Einzelherrscher ausgerichtet, der in unberechenbarer Weise regiert. Die Monarchie ist ein Fall für sich und rangiert außerhalb der Typologie autoritärer Herrschaft (Linz 2009/1975, S. 147 ff.).

In der Reaktion auf den Niedergang der sozialistischen Staatenwelt kreierten *Linz* und *Stepan* darüber hinaus den Typus des post-totalitären Regimes (Linz und Stepan 1996, S. 42 ff.). Gemeint waren Regime, an denen noch die Schalen des zerbrochenen Sowjetsozialismus hafteten, sozusagen das Nachfolgemodell des totalitären Regimes sowjetischer Provenienz.

Linz' Charakterisierung des autoritären Regimes mit seinem beschränkten Pluralismus ist unvermindert brauchbar. Über seine Typisierung der Regime ist die Zeit hinweg gegangen. Als sein Werk über Totalitarismus und Autoritarismus 1975 erschien, führten die zahlreichen neuen Staaten, die aus der Auflösung der Kolonialimperien hervorgegangen waren, gerade erst seit zehn, maximal seit zwanzig Jahren ein politisches Eigenleben. In Lateinamerika kam es zu beharrungsfähigen Militärdiktaturen. Die ersten Führer des unabhängigen Afrika waren gerade dabei, ihre demokratischen Verfassungen und Mehrparteiensysteme über Bord zu werfen und sie durch Einparteiregime zu ersetzen. Im Orient gab es schwer durchschaubare autoritäre Gebilde, die sich nicht einfach als Militär- und Einheitsparteiherrschaft beschreiben ließen. Niemand hätte damals im Traum daran gedacht, dass es keine zwanzig Jahre mehr dauern würde, bis die sozialistische Staatenwelt Geschichte würde.

Steffen Kailitz (1969-) und *Patrick Köllner* (1968-) beklagen, mit *Linz'* Typologie des autoritären Regimes lasse sich nicht arbeiten. Wer wollte ihnen widersprechen, war sie doch auf eine Staatenwelt angelegt, die es in dieser Gestalt nicht mehr gibt? Beiläufig drängt sich übrigens die Frage auf, warum denn alles, was nicht demokratisch daherkommt, unbedingt in zahlreiche Fallgruppen katalogisiert werden muss.

Kailitz und *Köllner* unterscheiden die personalistische Autokratie, die Militärautokratie, die Einparteiautokratie und die elektorale Autokratie, Letztere mag auch als Mehrparteienautokratie bezeichnet werden. Sämtliche Varianten lassen sich noch einmal in persönlichkeitszentrierte Regime und in korporative Regime unterscheiden (Kailitz und Köllner 2013, S. 14; siehe auch Backes 2013, S. 162 f.).

In dieser Einteilung wird die Wirklichkeit der gegenwärtigen autoritären Halbwelt tatsächlich besser abgebildet als in der älteren von *Linz*. Dazu trägt auch die Tatsache bei, dass darin die Modelle *Eisenstadt*s und *O'Donnell*s von der neopatriomalen und der bürokratisch-autoritären Herrschaft verarbeitet werden (siehe unten, nächster Abschnitt). Hier personalistische Regime, die sich auf die Herrschaft einer Person stützen, dort eher korporative Regime, in denen eine Institution (Verwaltung, Militär, Partei) Herrschaft ausübt!

Erwähnen wir noch den Regimetypus der Ideokratie (zur Begriffsgeschichte: Backes 2014). Er wurde von *Jaroslaw Piekalkiewicz* und *Alfred Wayne Penn* im Umlauf gebracht. Aufgenommen wurde der Begriff aber erst richtig von Wissenschaftlern des Hannah-Arendt-Instituts für Totalitarismusforschung an der Universität Dresden. Nach *Piekalkiewicz* und *Penn* ist das ideokratische Regime von einer monistischen Leitidee charakterisiert, mit der die Regierenden ihre Herrschaft legitimieren. In der Sache wird hier leicht erkennbar der alte Totalitarismus neu eingekleidet.

Der sowjetische Sozialismus als letztes Paradebeispiel der Ideokratie alias Totalitarismus ist Geschichte. Um die Ideokratie nun als aktuellen Typus empirisch zu unterfüttern, werden – inzwischen ebenfalls überholte – Phänomene wie der arabische Nationalismus (die Baath-Parteien im Irak und in Syrien) und – wer wäre darauf gekommen? – die Islamische Republik Iran so dargestellt, dass auch hier das Format ideell gesteuerter Herrschaft passt (Piekalkiewicz und Penn 1995, S. 26 ff., 59 ff.). Nach *Kailitz* tritt die Ideokratie in Gestalt eines Militär- oder eines Einparteiregimes auf (Kailitz 2009, S. 213, 223). Die Herrschenden legitimieren sich an einer „utopischen Ideologie" (Kailitz 2012, S. 6).

Es fällt schwer, sich des Eindrucks zu erwehren, dass die „Erfindung" der Ideokratie dem Versuch gleichkommt, die totalitäre Diktatur in die Gegenwart zu retten. Seitdem die Regime marxistisch-leninistischen Zuschnitts in der historischen Kulisse verschwunden sind, erscheint es misslich, bei der Erschließung der Gegenwart mit einem Begriff zu operieren, für den nur noch die Historie überzeugende Anschauung bietet.

Heute gibt es noch vereinzelt moderne politische Systeme, die sich religiös legitimieren. Doch mehr als der Iran und Saudi-Arabien fallen beim flüchtigen Blick auf die politische Weltkarte dazu nicht ein. Aber ist Religion eine Utopie? Und sind das nicht arg wenige Beispiele, selbst wenn wir Nordkorea noch dazu packen?

Es spricht Bände, wenn es im einführenden Beitrag eines Schwerpunktheftes des Journals *Totalitarismus und Demokratie* dazu heißt, es komme gar nicht darauf an, ob die Herrschenden den Anspruch auf die Umgestaltung der Gesellschaft nach einer verabsolutierten Idee einlösen wollen. Es reicht schon, wenn sie nur davon reden und mit Berufung auf diese Idee ihr Staatsmodell rechtfertigen und Oppositionelle verfolgen (Kailitz 2012, S. 6). An anderer Stelle heißt es ergänzend, das Moment der Repression sei gar nicht so wichtig, es genüge, wenn die Herrschenden ihre Ideologie ernst nehmen und sich mindestens vage an ihr orientierten (Backes und Kailitz 2014b, S. 9).

Um ein lupenreines Beispiel für den zeitgenössischen, zur Ideokratie erklärten Totalitarismus unserer Zeit zu finden, bleibt man neben den totalitären Regimen der Vergangenheit letztlich an Nordkorea hängen. Ein jüngst erschienener Band zur Ideokratie listet neben Nordkorea nur noch China als Fallbeispiel auf (Backes und Kailitz 2014a). China als ein Nachfolgebeispiel des totalitären Systems?

Lucian W. Pye, einer der großen politikwissenschaftlichen China-Kenner, würde wohl abwinken: Der vorgetäuschte Gehorsam der Politiker und Beamten in der fernen Provinz ist eine Konstante in der Herrschaftskultur. Ohne die politische Spitze zu brüskieren, werden in Provinzen und Gemeinden warme Nester gebaut, in denen örtliche Funktionäre den Ton angeben und die Erwartungen und Vorgaben der Zentralregierung ins Leere laufen lassen (z. B. Pye 1988, 1995) – ein Phänomen, das bereits für das China der Kaiserzeit belegt ist (Kiser und Tong 1992). Der eines politischen Linksdralls unverdächtige *Bruce Gilley*, ein Stammautor des ebenso wenig linksgewirkten *Journal of Democracy*, macht in einem Beitrag im zweiten Demokratiejournal *Democratization* sogar im autokratischen China demokratische Enklaven aus, seitdem sich die Kader in den ländlichen Gemeinden der Wahl durch die örtliche Bevölkerung stellen müssen (Gilley 2010).

Totalitär waren die Strukturen der chinesischen Volksrepublik vielleicht in der ersten Dekade nach Staatsgründung. Die großen ideologischen Kampagnen in der Zeit danach, insbesondere die Kulturrevolution der 1960er und 1970er Jahre mit ihren ideologisch verputzten Jugendbanden der Roten Garden, produzierten nichts anderes als Anarchie – auch keine schöne Sache, aber doch eher das Gegenteil einer Autokratie, welche ihre Sache im Griff hat.

Was das „totalitäre" Nordkorea betrifft, stellt sich die Frage, was *Kim Jong-un* mit seinem flotten Haarschnitt, dem Dritten in der *Kim*-Dynastie, dessen Regime eher einer vormodernen Despotie gleicht, wohl an Utopie vor Augen stehen mag. Doch zurück zu den üblichen Begrifflichkeiten:

Die autokratischen Ein- und Mehrparteiensysteme in aller Welt bilden eine große Gesamtmenge. Nicht allzu viele Militärregime oder zivile Autokraten verzichten heute noch darauf, entweder eine Monopolpartei auf die Beine zu stellen, die für die Gleichrichtung der gesellschaftlichen und wirtschaftlichen Aktivitäten sorgt, oder aber sie verstehen sich zu Wahlen, für die mehrere Parteien kandidieren dürfen. Allemal werden die Wettbewerbsbedingungen dann so arrangiert, dass die eigens von den Herrschenden aus der Taufe gehobene oder eine für diesen Zweck gekaperte Partei stets die Mehrheit gewinnt. Es handelt sich dann immer noch um ein Einparteisystem, nur um kein formelles, sondern eben um ein funktionales Einparteisystem.

Die von *Linz* klassifizierten Diktaturtypen sind von den meisten autoritären Regime dieser Tage weit entfernt. Die Typologie *Kailitz'* und *Köllners* trägt dieser Tatsache Rechnung. Doch alle Schubfächer begrifflicher Art haben ihre Tücken, wenn sie geöffnet werden, um ein Stück politische Realität darin abzulegen. Reine Einparteisysteme sind selten geworden. Sie gelten selbst unter Diktatoren nicht mehr als schicklich. Die Herrschaft der Militärs gewandet sich hier und dort auch in ein Mehrparteiensystem, das dann allerdings so funktioniert, dass Wahlen keine unerwünschten Überraschungen produzieren. Algerien bietet ein Beispiel dafür, weitere Beispiele finden sich in den brasilianischen und nigerianischen Militärdiktaturen der jüngeren Vergangenheit.

Ist es vor diesem Hintergrund überhaupt sinnvoll, zwischen einer elektoralen Autokratie, also einem funktionalen Einparteisystem, und einem formalisierten Monopolparteisystem zu unterscheiden? Und was das Militär angeht, hat nicht jede Diktatur, mag sie auch von einer singulären Partei beherrscht werden, und hat nicht auch eine Diktatur, deren Chef sich mit der Königswürde schmückt, eine militärische Komponente? Versagen Polizei und Staatssicherheitsdienste, ist es an der Zeit, die Panzerfahrzeuge in Marsch zu setzen und die Kampfhubschrauber zu munitionieren.

Mit ihrer Kritik an der von *Linz* überkommenen Klassifikation haben *Kailitz* und *Köllner* im Prinzip Recht. Es ist stets verdienstlich, Modelle nachzuarbeiten, um eine veränderte Realität abzubilden. Ihre Kritik fällt aber ein Stückweit auf sie selbst zurück. Denn sie wollen nicht nur abbilden, sondern auch damit arbeiten. Doch Arbeiten zu welchem Behufe? Eine Typologie sortiert, aber sie erklärt nichts. Die Sortierung kann allenfalls dem Zweck dienen, Gruppen von Regimen auszumachen, die aufgrund ihrer Beschaffenheit ähnlich „ticken", weil sie jeweils typische Machtträger und damit verbundene institutionelle Stärken oder Schwächen aufweisen.

Gelingt es, solche Idealtypen zu konstruieren, gibt es Anhaltspunkte, um Erkenntnisse aus anderen Beispielen zu prüfen, und zwar nicht nur, um treffend zu beschreiben, sondern auch, um ein begründetes Urteil über voraussichtliche Entwicklungen abzugeben. Hier liegt wohl der Grund für *Kailitz'* und *Köllners'* Kritik, es gebe zwar eine Reihe von Fallstudien über autoritäre Regime, doch diese gerieten ausnahmslos zu theorielos oder zu deskriptiv.

Aber warum gibt es dann überhaupt Fallstudien? Und warum sind sie immer noch das häufigste und, was Fakten und Erläuterungen betrifft, das ergiebigste Veröffentlichungsformat? Wenn sie deskriptiv geraten und theoretisch nicht allzu weit ausholen, hat dies wohl damit zu tun, dass sie keine historien- und kulturfremde Politikwissenschaft betreiben. Vielmehr fassen sie Land und Leute ins Auge, um herauszufinden, warum Politik hier so und dort anders abläuft. Damit kommen

dann Faktoren inkommensurabler Art ins Spiel. Weniger Fälle, weniger Breite, dafür aber mehr Tiefe dürften auch der Theoriebildung nicht schaden (Morse 2011,
S. 163, 190).

Wir begegnen hier einer Attitüde, die sich in der Politikwissenschaft ungetrüb-
ter Beliebtheit erfreut. Der Gegenstand, hier also das Parteiregime im Land X oder
die regierenden Militärs im Land Y, also hochkomplexe politische Gebilde mit
zahlreichen Facetten, zählt allein in denjenigen Eigenschaften, also in Daten und
in Formalstrukturen, die es erlauben, Fallgruppen zu bilden oder in solche einzusortieren. Die Reduktion auf wenige Aspekte, dazu noch auf solche, die sich à la
mode präzise oder auch nur scheinpräzise bearbeiten lassen, erleichtert wie beim
Gegenstand der Demokratie die quantifizierende Analyse.

Wir stoßen hier wieder auf den alten Streit, der sich seit Jahrzehnten durch die
Politikwissenschaft zieht: Was ist wichtiger, Studien, die sich auf die Interpreta-
tionsbedürftigkeit der Welt einlassen, oder aber eine so starke Vereinfachung der
Welt, dass sie für die Anwendung mathematisch basierter Methoden tauglich wird?

Betrachten noch einige weitere Typologien. *Steven Levitsky* (1968-) und *Lucian A. Way* (1968-) kreieren neben der Demokratie und der Autokratie den neuen
Typus eines kompetitiven Autoritarismus (Levitsky und Way 2010, S. 27 ff.). Er
besagt in der Sache nichts anderes als *Linz'* elektorale Autokratie oder *Kailitz'*
autoritäres Mehrparteiensystem. Weil in dieser Fallgruppe Wahlen stattfinden und
mehrere Parteien agieren, sprechen *Levitsky* und *Way* aber von einem „hybriden
System", das Merkmale der Demokratie und der Autokratie kombiniert (Levitsky
und Way 2002).

Dieses hybride System erinnert an den Zustand eines „etwas schwanger." Die
liberale Demokratie, so recht einhellig die vielstimmige Demokratieliteratur, muss
drei Mindestanforderungen genügen, 1) freie Wahlen, 2) volle Ausübung der bürgerlichen Rechte und 3) Chancengleichheit im politischen Wettbewerb. Nimmt
man das Wettbewerbskriterium ernst, kann es keinen kompetitiven Autoritarismus
geben. Der Hybride ist scheinkompetitiv, der Begriff hohl und nutzlos.

Peter Burnell (1947-) unterscheidet zwischen der harten und der weniger harten
Autokratie. Letztere verträgt sich auch mit nicht ganz korrekten Wahlen und mit
einer Pluralität systemimmanenter Interessen (Burnell 2006). Dies ist begrifflich
zwar überzeugender als die Rede vom Hybriden, aber trotzdem einigermaßen tri-
vial.

Daniel Brumberg zieht eine dichotomische Einteilung vor, welche die totale
von der liberalen Autokratie abgrenzt. „Liberal" plus „Autokratie"? Mit Schmerz-
grenzen verhält es sich wie mit dem Geschmack – es lässt sich schwer darüber
streiten! Materiell verbirgt sich dahinter nichts anderes als *Burnells* weiche und
harte Autokratie. Im kreativen Bemühen, einen treffenden Ausdruck für die libe-

rale Autokratie zu finden, scheut *Brumberg* nicht einmal vor dem Griff ins Musikfach zurück. „Weiche Autokratien" lassen sich auf „Dissonanzen" ein (Brumberg 2002, S. 61 ff.). Einige Musiker im autokratischen Orchester dürfen ungestraft Misstöne einspielen. In der Logik dieser Metapher wäre die knallharte Autokratie dann eine wohlklingende Veranstaltung!

Der liberale Autokrat hat ein Einsehen, dass es klüger ist, nicht gleich zur Keule der Repression zu greifen, wo sich Widerspruch regt. Dieses Mittel bleibt für wirklich bedrohliche Herausforderungen reserviert. Der geduldete, kontrollierte Widerspruch hat die Aufgabe eines Überdruckventils. Mit einem willkommenen Nebeneffekt werden vielleicht sogar diejenigen Teileliten korrumpiert, die sich auf eine von dem Mächtigen lizenzierte Opposition einlassen – frei nach dem Motto: Besser den Spatz in der Hand als die Taube auf dem Dach!

So überzeugend *Brumbergs* Charakterisierung der liberalen Autokratie in der Sache ist, wirft sie begrifflich ähnliche Problem auf wie *Merkels* defekte Demokratie (siehe oben 4.4). Zur „Demokratie mit Adjektiven" (Collier und Levitsky 1997) gesellt sich die „Autokratie mit Adjektiven." Doch wo verläuft die Grenze zwischen einer defekten Demokratie und einer Autokratie, die einigermaßen locker mit politischen Dissonanzen umgeht? Demokratiedefekte werden aus der Vogelperspektive einer intakten Demokratie wahrgenommen. Die liberale Autokratie erschließt sich aus der Froschperspektive einer rigiden Diktatur.

Eine Diktatur ohne rechtsstaatliche Liberalität, ohne Wahlen, mit einem allmächtigen Präsidenten, *ja* – das ist vorstellbar und leider allzu häufig real, ebenso wie eine scheinbar „weiche" Diktatur, die sich auf gelenkte Wahlen und oppositionsähnliche Geräuschkulissen einlässt. Eine Diktatur ohne wirksame Staatsgewalt aber, die sich im gesamten Staatgebiet geltend macht, kann es nicht geben. Komplettes Staatsversagen erledigt jedes Regime, ob Demokratie oder Diktatur.

Ob ein Regime eine Diktatur oder eine defekte Demokratie darstellt, ist Interpretationssache. Wie ein TÜV-Ingenieur kann man mit einer Prüfliste daran gehen (Beispiel: Merkel 2004, S. 192). Politische Tatsachen sind aber keine technischen Apparate. Mit guten Gründen lässt sich dieselbe Sache vom einen so, vom anderen wieder anders ansehen.

Eine formale Demokratie, unter welcher der Staat seinen Biss verliert, in der die Menschen verarmen und Kriminalität um sich greift, während einige Gestalten mit dubiosen Methoden ungeheure Reichtümer scheffeln, dürfte von den meisten gern zu Gunsten eines autoritären Regimes eingetauscht werden, in dem sie zwar nichts mehr zu sagen haben – aber hatten sie das zuvor? –, in dem sich der Staat aber wenigstens in seiner Schutz- und Wohlfahrtsleistung bemerkbar macht. Dies entspricht in etwa der Situation des postsozialistischen Russland, wobei dieses Beispiel insofern wieder zu relativieren ist, dass sich immerhin darüber diskutieren lässt, wie autoritär das russische Regime ist. In der einschlägigen Literatur ist unstrittig, dass das Ansehen der russischen Demokratie im Chaos der 1990er Jahre – der Zeit eines Raubtierkapitalismus, der von heute auf morgen einem armen, doch staatliche Obhut gewohnten Volk übergestülpt wurde – nachhaltig Schaden genommen hat. Die Wiederherstellung der Staatsautorität in der Ära *Putin* wurde dagegen überaus positiv aufgenommen (dazu Sakwa 2008a).

Weiterhin dürfte gelten: Wenn sich in der lupenreinen Diktatur das Chaos breit macht und der Staat nur noch als Kulisse für eine raffgierige Herrscherclique wahrgenommen wird, gibt sich das gequälte Volk zunächst wohl damit zufrieden, wenn sich ein neues autoritäres Regime ins Bild schiebt, dem es gelingt, die öffentliche Sicherheit zu verbessern, den Erhalt und die Verbesserung der Infrastruktur in Angriff zu nehmen und vielleicht sogar für mehr reguläre Beschäftigung zu sorgen.

Das Etikettenspiel ist tückisch. Es führt nicht weit. Dazu noch einmal Russland: Ist Russland eine „elektorale Autokratie", eine „illiberale Demokratie" oder eine „defekte Demokratie?" Zugestanden, die Justiz ist ein Instrument der Politik, die Wahlen werden behördlich so gesteuert, dass es kaum übertrieben ist, von Manipulation zu sprechen, die Medienlandschaft ist auf die Flankierung der Politik eingestimmt. Andererseits gibt es eine – nicht sonderlich starke – parlamentarische Opposition und Anwälte, die ihren Job machen dürfen. Staat, Verwaltung und Wahlsystem sind aber nach *Laura Petrone* so strukturiert, dass ein politischer Scheinwettbewerb stattfindet, der stets dasselbe Ergebnis produziert (Petrone 2011). Es fällt schwer, dem zu widersprechen. Demnach ist Russland eine autoritäre Veranstaltung, unabhängig davon, ob nun Wahlen stattfinden und die Verfassungsvorschriften formal beachtet werden.

Und wie steht es mit der gegenwärtigen Türkei? Eine demokratisch gewählte Regierung *Erdoghan*, die seit 2013 Staatsanwälte und Polizisten gefeuert oder versetzt hat, die einfach nur ihren Job erledigten, wenn sie dabei den Herrschenden nahe kamen, ferner missliebige Journalisten, die mit Anklage und Haft rechnen müssen, wenn sie Skandale recherchieren, schließlich ein Regierungschef, der im Verdacht steht, sich selbst und seine Familie bereichert zu haben, und den das türkische Volk anschließend bereits im ersten Wahlgang ins angestrebte Amt eines konstitutionell aufgewerteten Staatspräsidenten gewählt hat? Ist das bereits mild autoritär oder lediglich ein miserabler Zustand der türkischen Demokratie? Und Italien? Wie in der Türkei wird seit der Ära des früheren mehrmaligen Regierungschefs *Silvio Berlusconi* ein Wahlrecht praktiziert, das die stärkste Partei in der Wahl mit einem üppigen Mandatsaufschlag belohnt, damit eine regierungsfähige parlamentarische Mehrheit zustande kommt. Dazu kam die übermächtige Stellung des Medienunternehmers *Berlusconi*, der, wenn seine Partei einmal in die Opposition geriet, aus allen Rohren und auf allen Kanälen auf die Regierungsparteien schießen ließ. Trotz allem aber korrekte Wahlen, störende Demonstranten, die den Regierenden auf die Nerven gingen, und eine Justiz, die respektiert wurde, wenn sie dem missbräuchlichen Umgang mit der Staatsgewalt Einhalt gebot. Solange es dabei bleibt – wovon wohl auszugehen ist, Italien hat die Ära *Berlusconi* hinter sich gelassen –, kommt zu wenig an Indizien zusammen, um den demokratischen Charakter des politischen Systems infrage zustellen.

5.3.3 Personale und institutionelle autoritäre Herrschaft

Shmuel Eisenstadt (1923–2010) fragt nach den Bedingungen persönlicher Herrschaft in der modernen Staatenwelt. Auch er lehnt sich zunächst an *Max Weber* an. Der idealtypische patrimoniale Herrscher kümmert sich höchst selbst um die Regierungsgeschäfte. Ohne den Rekurs auf bürokratische Rationalität und fachliches Wissen ist die Herrschaft eines Einzelnen heute nicht mehr möglich. Selbst mithilfe einer großen Verwandtschaft lässt sich kein Staat mehr regieren. In der Grundstruktur hat sich die patrimoniale Herrschaft zwar bis in die Gegenwart gehalten – aber nicht mehr im klassischen Format, sondern als neopatrimoniale Herrschaft!

„Patrimonial" ist dieses Regime darin, dass es auf die Bedürfnisse des singulären Herrschers ausgerichtet ist. Der Herrscherwille macht sich aber gezwungenermaßen im Gebrauch bürokratischer Mechanismen geltend, die von Dritten bedient werden. Herrschaft vollzieht sich damit auch hier – wie in anderen Regimen – in der Routine und Zweckhaftigkeit bürokratischer Apparate. Es geht nicht ohne einschlägige Experten für die diplomatischen Beziehungen, ohne wirtschaftskundige Beamte, ohne ein professionelles Polizeikorps, ohne qualifizierte Fachleute, die das Schulwesen organisieren, und schließlich auch nicht ohne ein Militär, das sein Handwerk versteht (Eisenstadt 1973).

Bei der Beförderung in den Apparaten und bei der Entlassung aus Ämtern und Positionen spielt persönliche Loyalität eine so große Rolle wie die Befähigung. Geraten beide Gesichtspunkte in Konflikt, dürfte Loyalität den Ausschlag geben. Materielle Vergünstigungen untermauern die Verlässlichkeit der Apparate. Vollständig auf Professionalität getrimmte Apparate wären gefährlich. Deshalb krankt die Staats- und Verwaltungsleistung des neopatrimonialen Regimes notorisch an Korruption und Günstlingswirtschaft.

Die Sollbruchstelle dieses Regimetyps ist der Wechsel an der Spitze. Nachfolgekrisen sind programmiert. Die Spitzen der Apparate verdanken ihre Position der persönlichen Loyalität zum Vorgänger. Der Nachfolger wird die alte Führungsequipe so bald wie möglich durch Führungspersonal austauschen, das ihm als Person verpflichtet ist.

Der Neopatrimonialismus ist in der Fallstudienliteratur inzwischen gängige Münze. Ein dankbares Thema ist er auch deshalb, weil sich das neopatrimoniale Muster bis in das Gebaren von Gebietsverwaltern, Behördenleitern und Bürgermeistern durchpaust.

Neopatrimonial sind auch die wenigen nicht-demokratischen Monarchien strukturiert, die wir in der Welt noch antreffen. Die kategoriale Unterscheidung der „absoluten" Monarchie von anderen autoritären Regimen, die als Republiken aufgezäumt sind, ist artifiziell und belanglos. Bei den traditionsreichen Monarchien, die es noch gibt, handelt es sich durchweg um demokratische Staaten. Und was die politische Tradition, vermittelt über Verfassungskonventionen, früher einmal an herrschaftsbeschränkender Macht entfaltet hat, namentlich das Fernhalten von den Regierungsgeschäften, ist in den parlamentarischen Monarchien inzwischen durch einschlägige Verfassungsbestimmungen abgesichert.

Die „absolute" Monarchie der Gegenwart, die in den Klassifizierungen der Autokratie immer noch gern als eigener Typ aufgeführt wird, ist neopatrimonial in Reinkultur. Die gegenwärtigen „regierenden Monarchen" sind Produkte des nachkolonialen Zeitalters. Die einzige Herrscherfamilie auf der arabischen Halbinsel, die ihre Legitimität noch auf die Herkunft aus dem Stamme des Propheten *Mohammed* gründen durfte, wurde 1925 vom Führer des Wüstenstammes der *Saud* vertrieben. Ihre Nachkommen wurden Anfang der 1920er Jahre von der Londoner Regierung in den halbsouveränen Staatsgebilden Jordaniens und des Irak als Könige eingesetzt. Für den irakischen Zweig dieser Dynastie war der Spaß 1958 vorbei; ein blutiger Putsch löschte die Herrscherfamilie aus. Die *Pahlevis* im Iran, Emporkömmlinge ohne jegliche Verbindung zu den historischen Dynastien des Landes, putschten sich 1925 auf den Pfauenthron. Gut fünfzig Jahre später wurden sie von der Volkswut weggefegt. Orientalische Monarchien gibt es nur noch in Jordanien und in Marokko. Allein in Letzterem darf sich die Herrscherfamilie rühmen, seit Jahrhunderten zu herrschen. Mit den Traditionsmonarchien dieser Welt in Europa, in Japan und in Thailand haben diese Monarchien so gut wie nichts gemeinsam. Es gibt keinen guten Grund, sie im Kreise der autoritären Regime noch als besonderen Typus auszuweisen.

Neopatrimoniale Herrschaft registrieren wir heute vor allem, um einige Beispiele der jüngsten Vergangenheit aufzuzählen, im Orient, in Afrika und in Zentralasien, im Ägypten *Mubaraks*, im Syrien der *Assads*, im Irak *Saddam Husseins* (seit 2003 erloschen), im Sudan, im Tschad, bis vor Kurzem noch in der Elfenbeinküste und in der Demokratischen Republik Kongo (früher Zaire). Seit dem Zerfall der Sowjetunion wird ferner in Aserbeidschan, Kirgisistan, Kasachstan und Tadschikistan, auch in Weißrussland persönliche Herrschaft praktiziert. *Henry E. Hale*, einem ausgewiesenen Experten der nachsowjetischen Staaten, gelang bei

einem kurzen Ausflug ins Métier der Begriffsmünzerei die besonders schöne Wortbildung eines „patronalen Präsidentialismus" (2005).

Ohne Institutionen geht es heute in keiner Diktatur mehr. Das neopatrimoniale
Regime verträgt sich am besten mit schwachen Institutionen. Starke Institutionen
könnten dem autoritären Regenten striktere Grenzen ziehen. Dann allerdings hätten wir es auch nicht mehr mit einem neopatrimonialen, sondern mit einem autoritären Regime anderen Typs zu tun.

Während sich „neopatrimonial" als Synonym für eine persönliche Herrschaft
unter den Bedingungen der Gegenwart durchgesetzt hat, fand ein Vorschlag *H. E.
Chebabis* und *Juan J. Linz'*, zusätzlich noch eine „sultanistische" Herrschaft auszuweisen, weniger Anklang. In diesem Regime, das die Autoren an mittelamerikani-
schen und karibischen Fallbeispielen entwickeln, hat der Herrscher ausschließlich
sein eigenes Wohl, das seiner Familie und umständehalber auch dasjenige seiner
schwer entbehrlichen Helfershelfer im Blick. Jede Laune ist Gesetz, entsprechend
willkürlich wird nicht nur das Volk, sondern werden auch die Verwalter und Offiziere traktiert. Was zählt, ist Servilität, nicht Kompetenz. Die willenlose Dienerei
vor den infantilsten Eingebungen des Herrschers schützt nicht davor, von heute auf
morgen aus der mit Privilegien gesättigten Umgebung des Despoten verstoßen zu
werden.

Ganz ohne Institutionen, so räumen *Chebabi* und *Linz* ein, kommt allerdings
auch der sultanistische Herrscher nicht mehr über die Runden. Nur legt er keinerlei Wert auf ihre Eigeninteressen. Fragen wir jetzt nach dem wissenschaftlichen
Nährwert dieser Spezies eines autoritären Regimes. Es bleibt nicht viel mehr als
die Erkenntnis, dass der Sultanismus eben eine extreme Variante neopatrimonialer
Herrschaft darstellt. Sie funktioniert im gleichen Modus wie eine neopatrimoniale
Diktatur, nur eben mit schlechteren Ergebnissen, weil der von seiner Macht be-
rauschte Despot stärker in Gefahr steht, über die eigenen Füße zu stolpern (Chebabi und Linz 1998).

Ergiebiger als das Drucken immer neuer Etiketten, die entsprechend auf eine
immer kleinere Anzahl von Objekten passen, ist die von den Methodensurfern ver-
achtete historisch-empirische Betrachtung des Fallbeispiels. Sie herrscht übrigens
sowohl in der Demokratie- als auch in der Autokratieliteratur vor. Eigentlich genügt schon die Unterscheidung von persönlicher und institutioneller Herrschaft,
um die Vielfalt autoritärer Herrschaftsweisen zu strukturieren.

Betrachten wir nun ein Modell, das starke Institutionen in den Mittelpunkt stellt.
Guillermo O'Donnell (1936–2011) zeichnet das Bild einer bürokratisch-autoritären Diktatur. Seine Anschauung entnimmt er den Beispielen der argentinischen
und brasilianischen Militärdiktaturen der 1960er und 1970er Jahre. Die Tatsache,
dass Offiziere an der Spitze des Staates stehen, zeigt lediglich eine Oberfläche. Die

Herrschaft der Militärs rüttelt nicht an den gesellschaftlichen Machtverhältnissen. Dessen ungeachtet streben sie eine rasche und umfassende Modernisierung an. Das Wirtschafts- und Verwaltungsmanagement liegt bei zivilen Technokraten, nicht bei den Offizieren, oder sie liegt bei Personen, die sich trittsicher in beiden Bereichen, dem des Militärs und dem der Wirtschaft, bewegen. Beide Gruppen sind mit der übrigen Welt bestens vertraut, teils sind sie in hochentwickelten Ländern ausgebildet, und sie stoßen sich daran, wie stark das eigene Land dahinter zurückgeblieben ist (O'Donnell 1973).

Mit einem Kraftakt und in der Rolle von Wirtschafts- und Gesellschaftsingenieuren wollen sie ihr Land auf denselben Stand bringen wie die Vorbildstaaten. Ein demokratisches Regime wäre dabei hinderlich. Es lässt sich notorisch auf Kompromisse mit den Gewerkschaften ein und sucht unzufriedene Wähler zu beschwichtigen. Solche Rücksichten drosseln das Tempo der angestrebten Fortschritte. Soziale und politische Unruhen verschrecken ein Auslandskapital, das dringend gebraucht wird, um mit Investitionen das eigene Land voranzubringen.

Ein militärisches Regime lässt es nicht so weit kommen. Werden die Widerstände in der Gesellschaft zu groß, greift es zur Repression. Kein Gericht, kein Gesetz hindert es daran, die Gesellschaft vorbeugend nach Unruhestiftern auszuspähen und diese unschädlich zu machen. Diese Vorteile autoritären Regierens werden gegen die Kosten, etwa die Empörung des Auslands über Menschenrechtsverletzungen, aufgerechnet. Autoritäre Herrschaft dieses Typs ist auf starke staatliche Institutionen angelegt, und die stärkste Institution ist dank ihrer Repressionskapazität das Militär. Tritt eine vom Militär ins Leben gerufene oder unterstützte Partei auf den Plan, ist diese lediglich ein Accessoire.

Bürokratisch-autoritäre Militärregime waren zwischen 1964 und 1988 vor allem in Südamerika anzutreffen, namentlich in Argentinien, Brasilien, Uruguay und Chile. Sie alle bestätigten die Brauchbarkeit dieses Regimebildes (Dávila 2013). *O'Donnell* ist ein herausragender Kenner dieser Region. Die Brauchbarkeit seines Modells ist freilich weder auf Lateinamerika noch auf Regime beschränkt, in denen das Militär das politische Spiel bestimmt, ganz davon abgesehen, dass starke Indizien darauf hindeuten, dass die lateinamerikanischen Militärs inzwischen genug davon haben, sich mit den Problemen und Vertrauensverlusten herumzuschlagen, denen sie sich zu stellen hatten, als sie noch selbst regierten (Koenings und Krujt 2003).

Auch in Südkorea sicherte das Militär in den 1970er und 1980er Jahren ein Modernisierungsprogramm ab, das von Wirtschaftstechnokraten ins Werk gesetzt wurde. Nur wurde hier nicht, wie in Lateinamerika, den westlichen Gesellschaften nachgeeifert, sondern dem benachbarten hochtechnologischen Japan. In China und in Vietnam förderte die Kommunistische Partei nach Kräften Marktwirtschaft und

moderne Technologie, um Anschluss an die führenden Wirtschaftsnationen zu finden. Auch hier blickte man eher auf das kulturell verwandte Japan.
Das demokratische Regime Japans spielte als Vorbild überhaupt keine Rolle.
Hier wäre es dann um Machtfragen gegangen. Aber auch Wirtschaftswachstum,
Wohlstand und Arbeit berühren Machtfragen, darunter mit der Aussicht, das autoritäre Regime zu stabilisieren. Das einstige Ziel der Kommunistischen Parteien Chinas und Vietnams, eine bessere und egalitäre Gesellschaft aus der Taufe zu heben,
verstaubt in den Revolutionsmuseen von Beijing und Hanoi. Die gesellschaftlichen
Proteste im Gefolge der Hauruck-Modernisierung, zu denen es dabei kam, wurden
dank der politischen Kontrolle über die Sicherheitsapparate genauso effektiv be-
kämpft, wie es anderswo auf die Anweisung von Offizieren in Regierungsämtern
geschah.

Bürokratisch-autoritäre Regime verfolgen, hier wird *O'Donnell* jetzt frei interpretiert, weil er dies selbst nicht zum Thema macht, nicht unbedingt wirtschaftliches Aufholziele. Sie mögen ebenso zielstrebig eine kulturelle oder religiöse Neu-
justierung der Gesellschaft in Angriff nehmen. Ein Beispiel ist die junge Türkei.
Dem Republikgründer *Kemal Atatürk* (1924–1938) schwebte eine grundlegende
Europäisierung des orientalischen Landes vor (westliche Kleidung, Trennung von
Staat und Religion, lateinisches Alphabet, westliche Bildung). Jegliche Konkurrenz neben der Regimepartei war dabei hinderlich. Es brauchte mehr als sechs
Jahrzehnte Trial and Error mit demokratischer Politik nach dem Tode des Staats-
gründers, bis das Land unter demokratischem Vorzeichen und bei gleichzeitiger
Enttabuisierung seines islamisch-orientalischen Erbes zu politischer Stabilität
fand.

Das neopatrimoniale Regime ist politikinhaltlich nicht ambitioniert. Es verschafft dem Herrscher, seiner Verwandtschaft und seinen unentbehrlichen Helfern
in der Bürokratie ein gutes Leben. Was an Ressourcen dann noch übrig bleibt, mag
dazu verwendet werden, mit wohlmeinenden Gesten das stets unzufriedene Volk
zu beschwichtigen. Das bürokratisch-autoritäre Regime lässt sein Personal nicht
darben, aber es hat ein politisches Programm.

In beiden Regimetypen, dem neopatrimonialen wie dem bürokratisch-autoritären, hat die konstitutionelle Oberfläche keine Bedeutung, ob Monarchie oder
Republik, ob eine monopolistische Staatspartei oder ein manipuliertes Mehrparteiensystem, ob ein Präsident in Uniform oder in Zivil.

5.3.4 Die politische Ökonomie der Diktatur

Gordon Tullock (1922-) skizziert die Minimalausstattung der Diktatur. Er bezeichnet sie im Einklang mit den meisten hier referierten Autoren als Autokratie. Der Diktator braucht Vertrauenspersonen, die seine Verwaltungen leiten. Er tut gut daran, auf den Rat erfahrener Diplomaten zu hören. Er darf die Kuh nicht schlachten, die noch Milch geben soll, und nimmt aus diesem Grund Rücksicht auf die Unternehmer. Ferner braucht der Diktator einen Geheimdienst, um das Volk und die Funktionsträger nach Gefahren auszuforschen, die von dort drohen könnten. Die Generalität ist für gewöhnlich saturiert, und die Mannschaften und Unteroffiziere stehen zu tief in der Hierarchie, um planen und größere Truppenteile lenken zu können. Die Offiziere der mittleren Ebene allerdings, die Stabsoffiziere, bewegen sich nahe genug am Truppenalltag. Sie kennen die Disziplin und die Stimmungslage der Untergebenen. Gleichzeit haben sie so viel Erfahrung und die entsprechende Ausbildung, um gegebenenfalls ohne das Wissen der Generäle einen Putsch vorzubereiten. Deshalb baut der Diktator eine ihm persönlich ergebene Schutztruppe – die Prätorianer – auf, um im Falle eines Falles auch gegen eine militärische Rebellion bestehen zu können (Tullock 1987, so auch Kirsch 1997, S. 324 ff.).

Der Diktator gelangt nicht auf legale Weise an die Macht, und falls dies der Fall ist, übt er seine Macht nicht im Rahmen von Recht und Gesetz aus. Auch für *Tullock* ist die Monarchie ein anderer Fall. Sie hat ein Regelsystem, das die Erbfolge regelt. Wir treffen hier abermals auf die schwer nachvollziehbare Überschätzung einer Herrschaftsform, von der es nicht mehr allzu viele Exemplare gibt. Beide, der Usurpator wie der Monarch, sind Alleinherrscher. Um diese Gemeinsamkeit in einen Begriff zu kleiden, entscheidet sich *Tullock* für die Autokratie (Tullock 1987, S. 18). Er plaudert hier nach, was er sich vielleicht bei *Loewenstein* angelesen hat.

Keine Diktatur kommt ohne Repression aus. Kluge Diktatoren minimieren von vornherein die Gründe für eine breite Unzufriedenheit, die dann mit den Gewaltapparaten unterdrückt werden müsste. Sie gehen in den Grenzen ihrer Möglichkeiten auf solche Erwartungen der Beherrschten ein, die sich einlösen lassen, ohne den Bestand des Regimes zu gefährden. Dies ist auch die Grundidee der von *Ronald Wintrobe* beschriebenen politischen Ökonomie der Diktatur. Policies matter! Die Idee überzeugt. Der Autor stellt sie allerdings im Gestus theoretischer Ökonomen derart kompliziert dar, dass es kaum verwundert, dass der Autor in der Sozialwissenschaft kaum rezipiert worden ist (Wintrobe 1998, insbesondere S. 128 ff.).

Mancur Olson (1932–1998) unterscheidet mit derselben Idee, die allerdings ungleich besser kommuniziert ist, zwei Basisfiguren des Diktators, den Primitiven, der kein anderes Interesse hat, als sich selbst – und seiner Familie – ein gutes Leben zu machen. Wer weiß, was morgen ist? Allemal ist es ratsam, vorzusorgen, falls es zu Bürgerkrieg und Putsch kommen sollte. Im Falle eines Falles lassen Auslandskonten und ein vorbeugend gesichertes Domizil in den wirtlicheren Zonen des Globus eine auskömmliche Restlaufzeit erwarten. Ein Diktator freilich, der über seine Lebensspanne hinausdenkt, d. h. der sein Lebenswerk an einen Nachkommen oder an einen Vertrauten zu übergeben trachtet, wird die Ökonomie seines Landes pflegen, die Infrastruktur ausbauen und dafür sorgen, dass es den Menschen nicht allzu schlecht geht. Dann steht auch keine allzu große Resonanz zu befürchten, wenn die illegale Opposition ihre Protestgesänge anstimmt (Olson 1993).

Im ersten Fall ist der Diktator ein Raffzahn, ein primitiver Ausbeuter, im zweiten Fall macht er Politik: Letzterer handelt zielgerichtet, um seine Herrschaft zu stabilisieren. Investitionen in die Zukunft, die kurzfristig nichts abwerfen, gehen vor schnellem Gewinn. Die Parallelen mit gut und schlecht geführten Betrieben sind nicht zu übersehen, im ersten Fall diejenige mit dem Manager einer Kapitalgesellschaft, der stets die nächste Quartalsbilanz vor Augen hat, um vor den Aktionären bestehen zu können, im zweiten Fall die Parallele mit dem Familienbetrieb, der an die nächste Generation übergeben werden soll.

5.3.5   Kräfte und Kalküle des Regimewandels

Barbara Geddes behauptet, dass sich keine Diktatur auf Dauer behaupten kann, wenn sie es nicht schafft, Institutionen, d. h. berechenbare Strukturen auszubilden. „Autokratische" Institutionen binden gesellschaftliche Akteure an die Machtverhältnisse, und deren Ressourcen tragen zur Stabilität des Ganzen bei. Die herrschende Gruppe mag sich aus vorausschauendem Kalkül oder unter dem Zwang widriger Umstände auf Juniorpartner einlassen.

Im Übrigen unterscheidet *Geddes* recht konventionell die Militärdiktatur, die Parteidiktatur und die persönliche Diktatur (Geddes 1999, S. 121). Die persönliche Diktatur ist die Antithese zur Herrschaft einer Institution. Die Verwandtschaft zum neopatrimonialen Regime ist hier offensichtlich. Unter den institutionalisierten Diktaturen ist die Militärdiktatur weniger stabil als die Parteidiktatur. Das Militär beherbergt unterschiedliche Interessen: Generäle, mittlere Ränge, Subalternoffiziere, also Gruppen mit unterschiedlich saturierten Karriereambitionen, ferner Differenzen zwischen Heer, Luftwaffe und Marine sowie zwischen Militärs, die sich als loyale Staatsdiener unter Waffen verstehen, aber auch Militärs, die sich als Sachwalter des nationalen Interesses sehen.

Die autoritäre Partei ist wie jede Partei eine Vereinigung zum Zweck des Machterwerbs und des Machterhalts. Es mag darin zu Auseinandersetzungen zwischen rivalisierenden Faktionen kommen. Die Nutznießer der Parteihegemonie wissen jedoch, dass sie zusammenstehen müssen, um nicht die Kontrolle über den Staat zu verlieren. *Geddes* führt Beispielfälle an, dass Militärregime oft an widerstrebenden Interessen in den Streitkräften selbst gescheitert sind, Parteiregime meist aber deshalb, weil sie mit externen Herausforderungen nicht zurechtkamen, also mit Ereignissen in der Staatenwelt, die sich ihrem Einfluss entzogen (Geddes 1999, S. 126 ff.).

Beide Beispielgruppen repräsentieren autoritäre Institutionen in Reinkultur. Für Lateinamerika sind *Geddes'* Gedanken sehr plausibel. Ob in Argentinien inklusive der Militärherrschaft bis 1982, ob in Brasilien bis zum Ende der Militärherrschaft 1985, ob in Chile bis zum Ende der Pinochet-Diktatur (1988) oder in Peru die 2000 beendete Ära *Fujimori* – die Teilstreitkräfte waren sich nicht grün, worum es auch ging, um Budgetanteile, Status, Bewaffnung oder Rolle in Staat und Politik. Darin kam nicht nur organisatorische Rivalität zum Ausdruck, sondern auch die Rekrutierung der Offizierskader aus bestimmten Milieus, wobei etwa die als exklusiv geltende Militärsparte der Marine einen besonders konservativen Zuschnitt hatte.

Ob *Geddes'* Befund allerdings auch für den Orient oder Afrika taugt, ist fraglich. Die Hegemonialpartei Algeriens ist mit dem Militär in einem Komplex des *pouvoir* dermaßen eng verwoben, dass es schwer fällt, überhaupt eine Bestimmung als Partei- oder Militärherrschaft vorzunehmen (Werenfels 2007, S. 32 ff., 56). Im Irak der Baath-Ära (bis 2003) war das Militär gleichsam eine Parteiarmee, genauso verhält es sich im Syrien der *Assads*. Von den afrikanischen Armeen ganz zu schweigen, die in den wenigsten Ländern – Ausnahmen Südafrika, Ghana – eine korporative Identität haben. Sonst aber: Nehmen wir die beiden Kongos, Angola, Liberia, Sierra Leone, um einige Beispiele zu nennen, war es hier in den vergangenen Jahrzehnten Standard, Warlords und ihre irregulären Kämpfer in die reguläre Armee aufzunehmen, um einen Bürgerkrieg herunterzufahren – nichts, worauf sich eine professionelle Armee einließe!

Betrachten wir nun die Institution Partei: Die große Kommunistische Partei der Sowjetunion ging im Streit über die Bewältigung einer existentiellen Systemkrise an sich selbst zugrunde. Diese Krise war *auch*, aber *nicht nur* von außen induziert. Wie sich in Verteilungsmängeln und Innovationsdefiziten zeigte, war die Sowjetwirtschaft den Anforderungen nicht mehr gewachsen. Auch die Rüstungskonkurrenz mit den USA und die hohe Militärpräsenz in Osteuropa waren Faktoren beim Zusammenbruch der Sowjetunion. Bevor das Sowjetsystem als Ganzes in die Knie ging, zerstritten sich Reformer und Orthodoxe in der Kommunistischen Partei über den richtigen Weg aus der Krise. Wir haben es bei diesem Beispiel mit beiden Ursachenkomplexen zu tun: die von außen kommende Überforderung in der Rolle einer Weltmacht und Richtungskämpfe in der Partei.

Auf die Kommunistische Partei Chinas hingegen, an der außer dem Parteilogo nichts mehr kommunistisch ist, trifft *Geddes'* These zu: Die Parteikader halten zusammen, Diskussionen über die politische Richtung bleiben auf den engsten Führungskreis beschränkt. Für sich genommen besagt die These aber wenig, dass die Herrschenden den Regimegegnern nicht die offene Flanke bieten, sich in einer für Kundige und Informierte hör- und sichtbaren Weise zu streiten.

Um beim Beispiel China zu bleiben. China folgte nach dem Ende des Bürgerkriegs in den Jahren 1948/1949 dem Entwicklungspfad der Sowjetunion mit der umfassenden Parteikontrolle über die Gesellschaft, mit Planwirtschaft und mit gewaltsamer Mobilisierung der Ressourcen zum Zweck der industriellen Entwicklung. Die Kulturrevolution *Mao Zedongs* (1966–1975) warf dieses System über den Haufen. Nach der romantischen Vorstellung *Maos* sollte die Zerstörung der Institutionen revolutionären Elan entfachen, um endlich den neuen und überlegenen kommunistischen Menschen reifen zu lassen. Die Folge dieses Regimewandels von der Parteiherrschaft zur persönlichen Herrschaft *Maos* waren das blanke Chaos und die Lähmung von Produktion und Infrastruktur. Nach dem natürlichen Abgang *Maos*, der in der Art eines Zauberlehrlings die Kontrolle über die Ereignisse verloren hatte, erkannten die überlebenden Parteikader, dass es für die Wiederaufrichtung der Parteiherrschaft das Beste wäre, die Misere mit einer Kopie der kapitalistischen Wirtschaftsweise zu überwinden. Der Erfolg dieser Operation war, wie man weiß, durchschlagend. Die marxistische Ideologie schrumpfte zur Bedeutung einer Phrase, obgleich die herrschende Partei oberflächlich immer noch dieselbe ist.

Was war hier geschehen? Nichts weniger als ein grundlegender Regimewandel! Zunächst eine weltanschaulich basierte, die Menschen in allen Lebensbezügen fordernde Parteidiktatur, heute eine Parteidiktatur, deren Biss sich hauptsächlich im politischen System bemerkbar macht, die sonst aber wirtschaftliche Freiheit gewährt und Menschen nicht weiter behelligt, die sich aus der Politik heraushalten. Bei oberflächlicher Betrachtung handelt es sich seit über 60 Jahren um eine Diktatur derselben Partei. Bei genauerem Hinsehen verbergen sich dahinter aber dramatische Veränderungen. Eine Partei, die in der Sache heute den Kapitalismus gutheißt, während sie noch vor 50 Jahren kommunale Lebensweisen – kommunales Eigentum, kommunales Wohnen, kommunales Arbeiten – erzwang, ist nicht mehr dasselbe politische Subjekt. Nur eines ist gleich geblieben: Auch das marktkompatible chinesische System hält nichts von demokratischen Reformen.

Dieses Beispiel zeigt, dass beim Verstehen autoritärer Regime einige Eier mehr im Korb liegen als bloß die befehlenden und ausführenden Institutionen, die Herrschaft verabreichen.

Mit dem Ende der bipolaren Weltordnung purzelten im Afrika der 1990er Jahre die autoritären Regime. Die Patrone in den USA und in Europa verlangten als Gegenleistung für die weitere politische und ökonomische Unterstützung Reformen in Richtung auf Demokratie. Viele Potentaten, die das Feld räumten oder die sich in Windeseile einen demokratischen Mantel überwarfen, waren Offiziere und dank des Rückhalts ihrer in der Regel nicht sonderlich starken Armeen an die Fleischtöpfe der Macht gelangt. Die afrikanischen Streitkräfte sind klein und mit einigen Ausnahmen wenig professionell. Sie sind also in keiner Weise mit den südamerikanischen Streitkräften vergleichbar, mit deren Beispielen *Geddes* ihre These untermauert.

Die mögliche Lehre daraus: Es ist keine schlechte Idee, die Ursachen für den Wandel der Autokratie in zwei schlanke Thesen zu fassen. Aber mit größerer Differenzierung wäre die Erklärungsleistung vielleicht noch besser!

Jennifer Gandhi und *Adam Przeworski* machen zwei Standardgefährdungen für das Überleben der Autokratie aus. Die eine kommt von innen, aus der Gesellschaft, die andere von außen, aus dem Staatenumfeld. Ein Gedanke, für den es eigentlich keiner wissenschaftlichen Expertise bedarf! Ein weiterer Gedanke, der sich am Fachstandard orientiert, schließt sich an: Werden die inneren Gefahren zu bedrohlich, mag sich der Autokrat entschließen, Gruppen mit ins Boot zu holen, die bisher nicht in das Regime eingebunden waren. Zweck der Übung: Es gilt den Kreis der am Fortbestand des Regimes Interessierten zu vergrößern (Gandhi und Przeworski 2007, S. 1280).

Diese These ist plausibel, obgleich bescheiden originell. Sie basiert erkennbar auf der langen Debatte um Diktatur und Autokratie. Konventionell ist sie insofern, als sie *Linz'* Basisvorstellung eines begrenzten Pluralismus integriert. *Gandhi* und *Przeworski* deuten auf Bewegung im autoritären System. Und damit schließen sie den Bogen zur Demokratieforschung.

Nach *Dahl* zeichnet sich ein pluralistisches Regime durch seine *responsiveness* aus. Fasst man nun, wie es bei *Linz* geschieht, das autoritäre System als ein Regime des beschränkten Pluralismus, darf wohl davon ausgegangen werden, dass es nur unter der Voraussetzung funktionieren kann, dass es die Erwartungen der Teilnehmer am autoritären Herrschaftskartell bedient. Schafft es dies nicht mehr, wird die Sache gefährlich. Dies gilt besonders dann, wenn in den Institutionen, denen die Repressionsgewalt anvertraut ist, der Eindruck reift, vernachlässigt zu werden.

Typisch für diesen Fall: Jüngere Offiziere begehren auf, weil die Gehälter nicht mehr für den gewohnten Lebensstandard reichen oder weil die Karriere durch eine saturierte und überalterte Generalität blockiert ist (Türkei 1961; Venezuela 1992). Unterbezahlte Polizisten treten in den Streik – wie in der jüngeren Vergangenheit in Argentinien, Peru und Bolivien – oder sie kollaborieren mit der organisierten

Kriminalität. Die Streitkräfte sind in langjährigen Diktaturen nicht ohne Grund zu bedeutenden Unternehmern geworden (Ägypten, Algerien, Türkei). Oder die katholische Kirche steigt aus einem autoritären Interessenkartell aus, weil sich Rom von der Unterstützung autoritärer Regime verabschiedet (Situation nach dem Zweiten Vatikanischen Konzil in Spanien und Brasilien).

Diese Gedanken lassen sich zur Frage erweitern, wann denn ein autoritäres Regime kollabieren muss, weil wichtige Teilhaber aus der privilegierten Arena eines eingeschränkten Pluralismus aussteigen. Beispiel: In Portugal hoben 1974 linke Offiziere eine seit 50 Jahren bestehende Diktatur aus dem Sattel, indem sie sich weigerten, weiter in dem traurigen Spiel eines europäischen Landes mitzumachen, das nach allen sozio-ökonomischen Kennziffern Dritte Welt verkörperte, aber mit unzureichenden Ressourcen versuchte, in der Dritten Welt selbst, namentlich in Afrika, ein marodes Kolonialimperium über Wasser zu halten. Als das peruanische Militär im Jahr 2000 seinem Präsidenten *Fujimori* die Unterstützung entzog, besiegelte es das Ende einer autoritären Veranstaltung.

Fazit: In einer Welt, die sich kontinuierlich wandelt, gibt es keine Herrschaftssysteme, ob demokratisch oder autoritär, die wie ein abgefeuertes Projektil stur der von Ladungsenergie und Luftwiderstand bestimmten Bahn folgen.

Ein Autorenteam um *Johannes Gerschewski* und *Wolfgang Merkel* greift diese institutionalistischen Erklärungen – in der Vorschau auf ein einschlägiges Forschungsprojekt – unter der Frage auf, warum Diktaturen – im Übrigen wechseln auch diese Autoren begrifflich munter zwischen Diktatur, Autokratie und Autoritarismus – überleben (Gerschewski et al. 2013).

Gerschewski stellt in diesem Zusammenhang sein Modell der „drei Säulen" der Autokratie vor. Es integriert die wichtigsten Stränge der oben skizzierten Diskussion über autoritäre Regime. In der Grundidee lässt es erkennen, dass noch am besten *Linz'* Modell des begrenzten Pluralismus die Voraussetzungen bietet, um zu verstehen, warum sich autoritäre Regime auch in großen Herausforderungen behaupten.

Die *erste Säule* ist die Legitimität: das Regime genügt insoweit den gesellschaftlichen Erwartungen, als es die große Mehrheit durch seine Leistungen mit der politischen Entmündigung aussöhnt.

Hier spricht *Gerschewski* ein Problem an, das in der Literatur viel zu kurz kommt, sofern es denn überhaupt zum Thema gemacht wird. Das autoritäre Regime wird, wie es auch in der Vokabel der Autokratie zum Ausdruck kommt, meist so stark negativ wertend dargestellt, dass schon gar nicht mehr die Idee aufkommt, dass es Legitimität generieren könnte.

Dazu nur zwei Beispiele. Solange das chinesische Wirtschaftswachstum anhält, sofern das Regime in Beijing die Umweltprobleme in den Griff bekommt, soweit der Mittelklasse ein weiterer beruflicher Aufstieg winkt und so lange das Land weltweit an Respekt als Wirtschaftsmacht und großer Spieler in der internationalen Diplomatie gewinnt, werden die Chinesen in der übergroßen Mehrheit voraussichtlich wohl damit leben können, dass sie ihre Regierenden nicht selbst wählen dürfen.

Und ohne nun Russland und China regimepolitisch gleichzusetzen: Ein Präsident *Putin*, der die Krim nach Russland holt, die vor 60 Jahren in der Feierlaune eines sowjetischen Parteichefs an die damalige Sowjetrepublik Ukraine verschenkt wurde, der ferner historische Ereignisse aus der Sowjetzeit würdigt, die sich mit Emotion und nationalem Stolz verbinden, namentlich dem heroisierten Großen Vaterländischen Krieg, generiert Legitimität (Sakwa 2008b, S. 230 ff.). Das chinesische Regime sucht Legitimität, indem es sich in Worten und Taten von nachgeordneten Funktionären oder selbst von Angehörigen der Führungsschicht distanziert, die sich durch Eigenmächtigkeit und Korruptheit beim Volk unbeliebt gemacht haben (Li 2002).

Die *zweite Säule* der Autokratie, die von jeher mit dem autoritären Regime assoziierte Eigenschaft, ist die Repression. Sie greift, wenn die Legitimation versagt oder wenn ein möglicher Legitimationspfad zu viel Kontrollverzicht kosten würde.

Schließlich kommt es in einer *dritten* Säule darauf an, die Arena der Regimeprofiteure zu stabilisieren, die Verbündeten bei Laune zu halten, sie gegebenenfalls zu disziplinieren oder neue Verbündete zu gewinnen (Gerschewski 2013).

Mit diesem Dreisäulenmodell gelingt *Gerschewski* die produktivste Weiterentwicklung des Modells eines autoritären Regimes seit *Linz*. Veränderungen in jeder Säule lassen sich beobachten und auf ihre Wirkung hin abschätzen.

Legitimität wird auch im autoritären Regime mit materieller Politik erworben oder verspielt. Darauf deuten auch erste Bestandsaufnahmen über die Staatstätigkeit in Regimen dieser Art. Sie fordern dazu auf, diesem Aspekt mehr Beachtung zu schenken (Schmidt 2013, 2014). Von jeher beziehen die Standardwerke über Länder mit autoritären Regimen neben dem Blick auf Gewinner und Verlierer auch die materielle Politik mit ein. Dies gilt inzwischen auch für die meisten Darstellungen politischer Systeme demokratischen Zuschnitts. Allein die Demokratieforschung tut sich schwer mit der materiellen Politik, und spiegelbildlich auch die von ihr abgeleitete Autokratieforschung.

5.4   Desiderate bei der Erforschung der Diktatur

Blicken wir nach dieser Übersicht zunächst auf das analytische Potenzial der Diktaturtypen. Die Diktatur als solche zeigt an, dass wir es mit nicht-demokratischer Herrschaft zu tun haben, nicht weniger, aber auch nicht mehr. Das Gleiche gilt für die inhaltlich redundante Autokratie. Das Modell des autoritären Regimes, wie es zuerst von *Linz* vorgestellt wurde, ist analytisch stark. Es deutet mit der Inklusion und Exklusion gesellschaftlicher Kräfte auf Akteure, die das Regime tragen, und damit bietet es Indikatoren an, die es erlauben, Veränderungen in der Struktur des Regimes zu beobachten. Im Schema des Regimes lassen sich auch die unterschiedlichen Gewichtungen des institutionellen und des personalen Herrschaftsmoments gut darstellen, wie sie im neopatrimonialen und im bürokratisch-autoritären Regime zum Ausdruck kommen.

Wo die Institutionen ganz hinter das personale Moment zurücktreten, bietet sich im sultanistischen Regime ein weiteres Modell für die moderne Erscheinungsform der Diktatur an. Demgegenüber erscheint die Wiederauferstehung der totalitären Diktatur als Ideokratie überflüssig. Gemeint ist nichts anderes als ein autoritäres Regime. Mögen die Regierenden auch noch so laut und inbrünstig tönen, die Gesellschaft im Dienste moralischer Runderneuerung komplett umzubauen, braucht es schließlich Menschen aus Fleisch und Blut, also Herrschende, Trittbrettfahrer und Beherrschte, um das hohe Ideal ins Werk zu setzen, und dies kann schwerlich vonstattengehen, ohne dass persönliche und institutionelle Interessen ins Spiel kommen.

Das Modell des limitierten Pluralismus trifft eine grundlegende Gemeinsamkeit der Diktatur, ob sie nun autoritär oder autokratisch genannt wird. Schon der flüchtige Blick auf Überblickswerke zum politischen System eines beliebigen nicht-demokratischen Landes klärt darüber auf, dass auch Diktaturen eine politische Arena kennen. Diese Arena ist in aller Regel hinreichend stabil, um – in einem neopatrimonialen Regime zumindest für die Amts- oder Lebenszeit des Präsidenten oder Monarchen – die beteiligten Akteure und ein Set von Regeln auszumachen, darunter auch rote Linien, die von den Beteiligten besser beachtet werden, wenn sie am Ball bleiben wollen.

Mit der Stabilität allerdings ist es in Regimen, die despotisch bzw. „sultanistisch" regiert werden, nicht weit her. Allzu viele Exemplare davon gibt es ohnehin nicht mehr. Und von diesen dürften etliche wiederum gescheiterte Staaten sein. Wo aber kein funktionierender Staat existiert, hat es auch wenig Sinn, nach einer halbwegs stabilen politischen Arena Ausschau zu halten.

Halten wir also fest, dass sich das Modell des autoritären Regimes am besten eignet, um die Struktur einer Politik ohne Demokratie zu verstehen. Wohlgemerkt:

zu verstehen! Es handelt sich um ein Konstrukt, eine Heuristik, nicht mehr. Und dieses Konstrukt verlangt nach Fakten, um eine konkrete autoritäre Praxis zu entschlüsseln. Kommen historische Erfahrung und kulturelle Normen der Beugung unter eine autoritäre Macht entgegen? Oder ist die Gesellschaft so disponiert, dass sich die autoritäre Macht nur mit einer harten Gangart behaupten kann?

Zählen wir durch, kommen wir in einer Welt von etwa 200 souveränen Staaten auf vermutlich nicht einmal ein halbes Dutzend Monarchien, die sich weder auf Verfassungen noch auf die freie Wahl der Regierung eingelassen haben. Vor 40 und 50 Jahren, als *Loewensteins* und *Linz'* Referenzwerke veröffentlicht wurden, waren es kaum mehr als doppelt so viele. Davon abgesehen stellt sich die Frage, ob es sinnvoll ist, dem eingeführten Begriff der absoluten Monarchie eine andere Bedeutung beizulegen, als ihm in der Geschichtswissenschaft zukommt.

Die Rede von der totalitären Diktatur krankte von vornherein daran, dass sie weniger auf die Struktur des Regimes als vielmehr auf seine Ideologie blickte. Dabei sind autoritäre Systeme keineswegs ideologiefrei.

O'Donnells bürokratisch-autoritäres Regime begnügt sich nicht mit der Verwaltung eines Status quo. Es will diesen vielmehr dahin verändern, dass in einem „kurzen Prozess" nachgeholt wird, wofür die Gesellschaften, denen nachgeeifert wird, viele Jahrzehnte gebraucht haben. Die Zielvorstellung ist eine entwickelte Gesellschaft vom Typ der modernen Zivilisation. Es kann sich aber ebenso gut um die Restauration einer idealisierten Vergangenheit handeln.

In diesem Zusammenhang sei daran erinnert, dass sich *Linz, O'Donnell, Geddes, Stepan* und *Przeworski* durchweg als Lateinamerikaexperten einen Namen gemacht hatten, bevor sie sich der Erforschung der Autokratie zuwandten.

Lateinamerika ist ein Beispiel für westliche Verfassungssprache und Verfassungsinstitutionen. Seine Parteien sind weltanschaulich enge Verwandte der liberalen, sozialdemokratischen und konservativen europäischen Parteifamilien. Das Militär ist im historischen Rückblick zwar kein durchweg verlässliches Verfassungsmilitär gewesen, in seinem Selbstverständnis aber überwiegend professionell. Lateinamerika bietet optimale Bedingungen zur Beobachtung autoritärer Politik und des Wandels autoritärer Regime (beispielhaft O'Donnell et al. 2004). Unter den zahlreichen guten Kennern der Politik in anderen Weltregionen ragen die Lateinamerikaspezialisten, darunter die meisten an US-amerikanischen Universitäten, schon durch ihre große Zahl heraus. Die Zahl der Veröffentlichungen und wissenschaftlichen Periodika über die Region ist immens. Was dort auch passiert, Legionen von Politikwissenschaftlern haben ihre Hände am Puls insbesondere der Staaten auf dem südamerikanischen Halbkontinent. Sie waren munter dabei, den dort in den 1980er Jahren vollzogenen Regimewandel zur Demokratie zu verarbeiten, als es einige Jahre später zu den säkularen Umbrüchen in Osteuropa und der Sowjetunion kam.

Auch bei der politikwissenschaftlichen Beobachtung der sozialistischen Staatenwelt mit ihrem Schwerpunkt im östlichen und mittelöstlichen Europa standen US-amerikanische und britische Forscher in erster Reihe. Diese Osteuropa-Experten waren nicht darauf vorbereitet, nun den demokratischen Wandel zu thematisieren, nachdem sie über Jahrzehnte hinweg die Praxis des sowjetsozialistischen Politikmodells erforscht hatten. Als Experten konnte ihnen niemand etwas vormachen. Doch was die Dynamik des politischen Zusammenbruchs und des Übergangs zu demokratischen oder neuen autoritären Regimen betraf, waren sie nicht klüger als die Politiker in Ost und West.

Wer hätte 1980 schon damit gerechnet, dass gut zehn Jahre später der Warschauer Pakt nicht mehr existierte, Deutschland wiedervereinigt und die Sowjetunion in eine Reihe von Nachfolgestaaten zerfallen wäre? Kommunismusforscher waren nicht nur Region- und Landeskenner, sondern auch Spezialisten der ideologischen Systeme. Sie hatten nach 1990 genug damit zu tun, den Verlust ihrer Lebensthemen zu verkraften. Die wenigsten fanden den Anschluss an das neue Europa im Osten. Die Lateinamerikaspezialisten standen im Stoff und nutzten ihre Chance.

Mit dem politischen Terrain des Orients, Afrikas und Asiens waren die an Lateinamerika und Südeuropa geschulten Referenzautoren deutlich weniger vertraut als mit ihrem angestammten Gegenstand. In den einschlägigen Fachperiodika *Journal of Democracy* und *Democratization* schreiben viele Wissenschaftler, die sich als Kenner Asiens, Afrikas und den Orients einen Namen gemacht haben. Sie spulen ihre Beiträge ab, wie es die Herausgeber erwarten. Unter den Beiträgen aber, die Grundsätzliches zur Autokratie und zur Demokratisierung autoritärer Regime beizusteuern beanspruchen, sucht man ihre Namen vergeblich So bleibt es hauptsächlich bei Wissenschaftlern, die, gestützt auf ihre Kenntnis und Erfahrung am Gegenstand der beiden Amerikas, den Rest der Welt unter die Lupe nehmen. Die ethnische Polarisierung im südlichen Amerika ist – verglichen mit großen Teilen Afrikas und Asiens – gering, konfessionelle Konflikte sind zu vernachlässigen, die Gegensätze zwischen Arm und Reich sind indes gewaltig und die parteienbildenden Ideen vom Liberalismus bis hin zu diversen Schattierungen eines Sozialismus auch einem ausgemachten „Westler" vertraut.

Die ethnischen Konflikte, die in jeder afrikanischen Diktatur und auch in jeder mühsam erarbeiteten afrikanischen Demokratie stecken, auch die Frage, ob das liberale Menschenbild so ohne Weiteres mit dem Mehrheitswillen in muslimischen Gesellschaften kompatibel ist, kommen bei den Leitautoren selten vor.

Wolfgang Merkel begnügt sich in seinem Standardwerk über die Systemtransformation, das vom Thema her sowohl über die Demokratie als auch über die Diktatur handelt, mit dem knappen Referieren der besagten Kulturtypologie *Huntingtons* und einigen Sätzen zu *Putnams* Thesen über das Sozialkapital (Merkel 2010, S. 79 ff., 83 f.). Das war's dann aber auch. Die politische Kultur wird in den empirischen Passagen dieses opulenten Werkes, Regionalanalysen Südeuropas, Osteuropas, Lateinamerikas sowie Ost- und Südostasiens, nicht weiter thematisiert, obgleich sie im Modell der „embedded democracy" ihren festen Platz hat. „Das" autoritative Werk über die politisch-kulturellen Horizonte Asiens, *Pyes* „Asian Power and Politics", findet nicht einmal den Weg ins Literaturverzeichnis (Pye 1985).

Vor dem Hintergrund der immensen Literatur über Länder und Regionen, die auch bevorzugter Gegenstand der Demokratieforschung sind, stellt sich die Frage, ob das autoritäre Regime für die Gesellschaften gewisser Staaten oder Regionen überhaupt die so überragend negative Bedeutung besitzt, die ihm von westlichen Politikern und Wissenschaftlern zugeschrieben wird. Die Frage nach der politischen DNA einer Gesellschaft ist in dieser Literatur eine Art Standard. In der Demokratieliteratur werden Kulturfragen hingegen denkbar niedrig gehandelt, obgleich so doch gern vom interkulturellen Vergleich die Rede ist.

Im arabisch-orientalischen Raum fangen Großfamilie und Stamm, heute selbst in der städtischen Gesellschaft vielerorts noch bedeutsame Phänomene, vieles auf, was der Staat nicht leistet. Doch was sie leisten, geschieht in der Symbiose mit dem Staat. Ein vermögender oder angesehener Patron agiert als Mittelsmann zwischen Politik und Verwaltung und seinen Stammes- oder Glaubensgenossen. Diese Sozialverbände praktizieren Solidarität, sie bieten sich für Außenkontakte an, die Geschäfte anbahnen und Jobs verschaffen, und sie kümmern sich um Kinder, Witwen und Waisen (Ayubi 1995, S. 51, 169 ff.; Patai 2002, S. 81). Es handelt sich um klientelistische Gebilde. Die Manager dieser Klientelen sind in den verschiedensten Bereichen vernetzt. Zu diesem Bild gehört aber stets ein Staat, dessen Beamte die Hand aufhalten, weil sie schlecht verdienen, oder die in der Position sind, um auch für Verwandte das eine oder andere zu tun (Bill und Springborg 2000, S. 69 ff., 113 ff.). Kommt es einmal zu Spannungen, beraten die Familienoberhäupter oder Wortführer und finden eine Lösung: Es gibt keine lauten Sieger und keine beschämten Verlierer, die Beteiligten behalten ihr Gesicht.

Ähnlich funktionieren Zirkel im Umkreis von Geld und Macht. Sie bündeln ihre Beziehungen zur gegenseitigen Karriereförderung oder für lukrative Geschäfte, bei denen auch der Staat im Spiel ist. Allianzen dieser Art, die nicht vom Kitt der Verwandtschaft zusammengehalten werden, lösen sich eher auf und die Beteiligten gliedern sich anschließend in bestehende oder in neue, für sie vorteilhaftere Koalitionen ein (Richards und Waterbury 2008, 326 ff., 335 ff.).

Greift der Staat das Milieu an, das es großen Stämmen oder Konfessionen erlaubt, sich mit einem ungeliebten Staat zu arrangieren, mag es geschehen, dass diese „aufrüsten", dass sie sich parteiförmig organisieren oder gar bewaffnete Milizen bilden. Hier liegt dann auch die Chance von Bewegungen, die mit der Religion als politischer Alternative werben. Das traurige Bild des Irak nach der US-Militärintervention und die chaotisch anmutenden Ereignisse in Libyen und Syrien nach dem Ende des Arabischen Frühlings sprechen Bände: Diese Länder degenerierten zum Kampfplatz rivalisierender Herkunfts- und Konfessionsgruppen.

Platzt die Schale des autoritären Regimes und verzichten die Gewaltapparate auf die Repression oder versagen sie bei der Unterdrückung, schlägt selten die Geburtsstunde einer neuen Demokratie, sondern droht ganz im Gegenteil gar nicht so selten ein Staatszerfall.

Erst in der Rückschau wird die Moderationsleistung geschickter Diktatoren sichtbar, die mit dem Überleben ihres Regimes zugleich einen intakten Staat über Wasser zu halten vermochten. Nach dem so genannten Arabischen Frühling wurde die Nahostregion zu einer Pleite für alle Demokratieforscher, die nach den Abgängen der jahrzehntelangen Diktatoren *Ben Ali, Mubarak* und *Gaddafi* die Griffel gespitzt haben sollten, um in den einschlägigen Journalen die jüngsten Neuzugänge in der Familie demokratischer Regime zu begrüßen.

Wie *Eva Bellin* (2004) in einem beachteten Aufsatz ausführte, verhält es sich so, dass in kaum einer anderen Weltregion so stark wie im Nahen Osten Gewaltapparate existieren, die ihr Schicksal an ein bestimmtes Regime binden. Dies bedeutet unter Umständen, so fügt sie in einer späteren Bewertung des Arabischen Frühlings hinzu, dass das Militär, um nicht als Bürgerkriegspartei auftreten zu müssen, die politische Führung eventuell fallen lässt – und zwar mit dem Kalkül, sich als Armee des Volkes zu präsentieren, anschließend das Nachfolgeregime zu bestimmen und darin seine alte Rolle wieder einzunehmen. Neben der Robustheit der Gewaltapparate bringt sie noch einen zweiten Faktor ins Spiel: eine so starke Mobilisierung des sonst passiven Volkes, dass auch Repression keinen sicheren Erfolg verspricht und eher noch größeren Schaden für die Apparate selbst anrichten dürfte (Bellin 2012).

Bei den meisten der in Afrika als ethnische Konflikte aufgezäumten Auseinandersetzungen handelt es sich um Verteilungskämpfe in der Manier eines „winner takes all". Die Stämme in den Staaten des Kontinents südlich der Sahara sind Konstrukte der Kolonialzeit. Sie wurden von Ethnologen, Sprachwissenschaftlern und Kolonialbeamten erdacht. Zweck dieser Sozialbastelei, die dann handfest durchgesetzt wurde: die Vereinfachung und Ökonomisierung der Herrschaft über Gebiete, in denen Hunderte von Völkern mit je eigener Sprache und Herrschaftspraxis lebten. Um die natürlichen Ressourcen der Kolonien kostengünstig ausbeuten zu können, war es geboten, die Menschen in neue und größere Gruppen einzusortieren. Die Figur des traditionellen Häuptlings wurde nach den Vorstellungen der Kolonialmacht zum Hilfsbeamten umgemodelt. Die wenigen weißen Funktionsträger mochten sich auf wenige Kernaufgaben beschränken (Posner 2003).

Was als Oktroi der Kolonialmächte begann, wurde nach der Unabhängigkeit zum Fluch der afrikanischen Politik: eine ethnische Kennung, die es erlaubt, Gruppen auszugrenzen und die knappen Mittel auf jene Gruppen zu konzentrieren, aus denen die Regierenden selbst kommen. Wir begegnen hier wieder dem vielgestaltigen Phänomen des Klientelismus. Das Denken in den Vorstellungen eines ethnischen „Wir" und „Andere" wurde im nachkolonialen Afrika flächendeckend zur Selbstverständlichkeit. Die regierende Elite nahm sich das größte Stück vom Regierungskuchen. Für die Armen des eigenen Volkes blieb immerhin noch so viel übrig, dass sie immerhin einen Wind im eigenen Rücken spürten, der „den Anderen" ins Gesicht blies.

Jean-Francais Bayart umschreibt diesen Zustand als die „Politics of the Belly" (Bayart 2009). An der Spitze des nachkolonialen Staates thront der „Big Man." Er ist die weithin sichtbare Spitze einer Verteilerpyramide: Er muss verteilen, mag er auch den Löwenanteil für sich selbst, seine Familie und seine in der Staatsbürokratie untergebrachte Assistenz beanspruchen (Chabal und Daloz 1999, S. 38, 61).

Vor diesem Hintergrund relativieren sich Unterscheidungen zwischen elektoralen Demokratien und elektoralen Autokratien. Elektorale Demokratien in Afrika praktizieren einen Neopatrimonialismus, der sich den vom Wahlkalender vorgegebenen Testintervallen unterwirft. In Kenia, das zu den Demokratien gerechnet wird, rangieren Wahlkämpfe und Regierungswechsel am Rande eines Bürgerkrieges zwischen den größten Völkern des Landes. Wo sich die Betreiber der Regime aber nicht, wie es dort geschieht, auf den Druck des Auslands einlassen, Wahlen zu veranstalten, findet der Bürgerkrieg in einer vertrauteren Variante statt: In den Reihen der Ausgeschlossenen entwickelt sich eine bewaffnete Opposition. Nicht selten zieht sie Kriminelle an, rekrutiert sie Kindersoldaten und mutiert sie in der Regie eines Warlords auch zum primitiven Wirtschaftsunternehmen (Vinci 2007).

Am Beispiel afrikanischer Staaten zeigt Philip G. Roessler, dass selbst formale Demokratien die politische und ethnische Konkurrenz unterdrücken. Gewalt geht hier eben nicht so sehr von Polizei und Militär aus, die unter der besonderen Beobachtung des Auslands stehen. Private Gangs und Milizen üben Gewalt im Auftrag der Regierenden und traktieren die Opfergruppen kaum weniger heftig als anderswo Gewalttäter in Uniform. Die Regierenden legen auf Nachfrage wortreich dar, sie hätten damit nichts zu tun, es handle um Kriminelle, deren Taten man auf das Schärfste missbillige (Roessler 2005).

All diese Beispiele haben eine internationale Dimension. Ohne die endogenen Ursachen der Diktatur in Afrika und im Orient kleiner reden zu wollen, als sie es verdienen, wird der ökonomische Rahmen für diese Regime, besonders diejenigen in Afrika, von Wirtschaftstechnokraten des Internationalen Währungsfonds, der Weltbank, privater Großbanken sowie von Politikern in Europa und Nordamerika gezogen. Sie predigen seit mehr als einer Generation das Mantra des allein selig-machenden neoliberalen Wirtschaftsparadigmas.

Lässt sich dies alles aus der vergleichenden Betrachtung von Demokratie und Diktatur ausklammern?

Stattdessen wird da Militär zum Militär. Doch Militär in Afrika ist eine andere Sache als in Lateinamerika und dort wieder eine andere als im Orient – sieht man einmal davon ab, dass Waffen und Uniformen im Spiel sind. Da ist die Monopol-partei eine Monopolpartei, ohne danach zu unterscheiden, ob diese Partei einen Status quo verwaltet, an dem sich ein Präsidentenklan bereichert, oder ob sie viel-mehr eine komplexe Gesellschaft regiert und ihre Zukunft mit der Fähigkeit zu sichern sucht, mehr Wohlstand zu generieren, Konjunktureinbrüche abzufangen und die ökologischen Kosten des Wachstums in den Griff zu bekommen, wie es in China geschieht.

Die Krux dieser Vorgehensweise liegt darin, dass sie historisches Wissen klein schreibt und vermeint, auf die Interpretation verzichten zu können (Patzelt 2009, S. 174; Krennerich 2002, S. 62 ff.).

David Art hält es für besser, den konkreten Fall autoritärer Herrschaft zu ana-lysieren als bloß danach Ausschau zu halten, ob Institutionen vorhanden sind, in denen eine Demokratie keimen könnte (Art 2012, S. 353). *John Brownlee* stößt ins gleiche Horn, indem er anhand von vier Fallstudien (Ägypten, Malaysia, Iran, Philippinen) nachweist, dass die maßgeblichen Institutionen autoritärer Herrschaft letztlich auf Manipulation und Zwang basieren, auch auf der richtigen Mischung von Exklusion und Inklusion, wie sie in *Linz'* Modell des begrenzten Pluralismus zum Ausdruck kommt. Demgegenüber spiele die Tatsache keine allzu große Rolle spielt, dass dort Wahlen veranstaltet werden (Brownlee 2007, S. 16 ff., 30).

Ingmar Bredies wendet diese Kritik ins Konstruktive. Wo Wahlen stattfinden und eine Verfassung existiert, sonst aber das Zubehör der liberalen Demokratie fehlt, insbesondere eine unabhängige Justiz und die gewaltenteilige Kontrolle der Regierenden, kann schwerlich von Demokratie die Rede sein. Wir haben es hier mit einem „quasi-konstitutionellen Autoritarismus" zu tun. Wahlen, Verfassung und Gesetze haben keinen Eigenwert. Es handelt sich um Instrumente, die einen politischen Willen legalisieren, der über dem Recht und den persönlichen Frei-heiten steht. Belanglos sind sie trotzdem nicht, weil sie im Zeichen des Primats der Politik darüber informieren, was die Politik von den Bürgern verlangt. Dieser „unechte" Konstitutionalismus produziert eine gewisse Berechenbarkeit. *Bredies* lässt seine Überlegungen mit der These ausklingen, dass Regime dieser Art eine größere Dauerhaftigkeit des von ihnen eingekapselten eingeschränkten Pluralismus erwarten lassen als andere (Bredies 2011, S. 146 ff.).

Für die Messung der Demokratie in der Staatenwelt eignen sich, wie oben erörtert, am besten die Merkmale der liberalen Demokratie (Lauth et al. 2000, S. 12). Ihr Objektbereich ist die Grauzone zwischen Demokratie und Diktatur. Hier wird ausgelotet, ob man es in Ansätzen bereits mit Demokratie zu tun hat oder noch mit einer wie auch immer beschaffenen Diktatur.

Der Mehrheitsentscheid findet in der Demokratie seine Grenzen in den persönlichen Freiheiten und in der Verfassung: Der Verfassungsstaat verhindert die Diktatur der Mehrheit und das Mehrheitsprinzip die Diktatur einer Minderheit. Ob eine nominelle Demokratie auch eine wirkliche ist, dürfte sich ohne großen Aufwand mit der Frage nach der Realwirkung universeller Rechte feststellen lassen (Meyer 2009, S. 9). Im Umgang der Mehrheit mit den Oppositions- und Persönlichkeitsrechten gibt es eine gewisse Bandbreite. Nicht bei jeder engeren Auslegung steht gleich die Demokratie auf dem Spiel.

Anders liegen die Dinge in der Diktatur. Zwar gibt es keine großes Rätsel auf, warum Wahlen, sofern sie dort stattfinden, in wundersamer Weise stets die Regierenden bestätigen. Als historisch-empirische Tatsache ist die Demokratie erklärungsbedürftiger als ein wie auch immer beschaffenes autoritäres Regime. Die Diktatur ist Herrschaft am Hobbesschen Minimum. Sie ist in den übelsten Weltgegenden anzutreffen, aber auch in solchen, wo es den Menschen materiell nicht schlechter geht als in mancher Demokratie, die unter Inflation, Staatsverschuldung oder hoher Arbeitslosigkeit ächzt. Das Gespür für die Notwendigkeit und den Nutzen sozialer Politik ist kein Exklusivmerkmal der Demokratie, zumal es nicht wenige Demokratien gibt, in denen es zunehmend daran mangelt.

Literatur

Arendt, H. (1995/1951). *Ursprünge und Elemente totaler Herrschaft*. München: Piper.
Art, D. (2012). Review article – What do we know about authoritarianism after ten years? *Comparative Politics, 44*, 351–375.
Ayubi, N. H. (1995). *Over-stating the Arab state: Politics and society in the Middle East*. London: Tauris.
Backes, U. (2013). Vier Grundtypen der Autokratie und ihre Legitimationsstrategien. In S. Kailitz & P. Köllner (Hrsg.), *Autokratien im Vergleich. Politische Vierteljahresschrift, Sonderheft 47* (S. 157–175). Baden-Baden: Nomos.
Backes, U. (2014). „Ideokratie" – eine begriffsgeschichtliche Skizze. In U. Backes & S. Kailitz (Hrsg.), *Ideokratien im Vergleich. Legitimation-Kooptation-Repression* (S. 19–45). Göttingen: Vandenhoeck & Ruprecht.

Backes, U., & Kailitz, S. (Hrsg.). (2014a). *Ideokratien im Vergleich. Legitimation-Kooptation-Repression*. Göttingen: Vandenhoeck & Ruprecht.

Backes, U., & Kailitz, S. (Hrsg.). (2014b). Einleitung. In U. Backes & S. Kailitz (Hrsg.), *Ideokratien im Vergleich. Legitimation-Kooptation-Repression* (S. 7–16). Göttingen: Vandenhoeck & Ruprecht.

Bayart, J.-F. (2009). *The state in Africa: The politics of the Belly* (2. Aufl.). London: Polity.

Beck, R. (1977). *Lexikon der Politik*. Stuttgart: Kröner.

Bellin, R. (2004). The robustness of authoritarianism in the Middle East: Exceptionalism in comparative perspective. *Comparative Politics, 36*, 139–157.

Bellin, R. (2012). Reconsidering the robustness of authoritarianism in the Middle East: Lessons from the Arab Spring. *Comparative Politics, 44*, 127–151.

Bill, J. A., & Springborg, R. (2000). *Politics in the Middle East* (5. Aufl.). New York: Addison, Wesley, Longman.

Bredies, I. (2011). Verfassungen ohne Konstitutionalismus – Quasikonstitutionelle Institutionalisierung des Autoritarismus in Osteuropa. *Totalitarismus und Demokratie, 8*, 133–153.

Brooker, P. (2009). *Non-democratic regimes* (2. Aufl.). New York: Palgrave MacMillan.

Brown, A., & Gray, J. (Hrsg.). (1977). *Political culture and political change in communist states*. London: MacMillan.

Brownlee, J. (2007). *Authoritarianism in an age of democratization*. Cambridge: Cambridge University Press.

Brumberg, D. (2002). The trap of liberalized autocracy. *Journal of Democracy, 14*, 56–68.

Burnell, P. (2006). Autocratic opening to democracy: Why legitimacy matters. *Third World Quarterly, 27*, 545–562.

Ch'i, H. (1976). *Warlord politics in China, 1916–1928*. Stanford: Stanford University Press.

Chabal, P., & Daloz, J.-P. (1999). *Africa works: Disorder as political instrument*. Oxford: Currey.

Chebabi, H. E., & Linz, J. J. (1998). A theory of Sultanism I: Type of nondemocratic rule. In H. E. Chebabi & J. J. Linz (Hrsg.), *Sultanistic regimes* (S. 1–25). Baltimore: Johns Hopkings University Press.

Christ, K. (2011/2001). *Die römische Kaiserzeit. Von Augustus bis Diokletian* (4. Aufl.). München: Beck.

Collier, D. & Levitsky, S. (1997). Democracy with adjectives: Conceptual innovation in comparative research. *World Politics, 49*, 430–451.

Dávila, J. (2013). *Dictatorship in South America*. Malden: Wiley Blackwell.

Eisenstadt, S. N. (1973). *Traditional patrimonialism and modern patrimonialism*. Beverley Hills: Sage.

Finer, S. E. (1974/1970). *Comparative government*. Harmondsworth: Penguin.

Forsthoff, E. (1934). *Der totale Staat*. Hamburg: Hanseatische Verlagsanstalt.

Fraenkel, E., & Bracher, K.-D. (Hrsg.). (1965). *Lexikon Staat und Politik (Neuausgabe)*. Frankfurt a. M.: Fischer.

Friedrich, C.-J., & Brzezinski, Z. K. (1957). *Totalitäre Diktatur*. Stuttgart: Kohlhammer.

Gandhi, J., & Przeworski, A. (2007). Authoritarian institutions and the survival of autocrats. *Comparative Political Studies, 40*, 12–79.

Geddes, B. (1999). What do we know about democratization after twenty years? *Annual Review of Political Science, 2*, 115–144.

Gerschewski, J. (2013). The three pillars of stability: Legitimation, repression and co-opta-tion in autocratic regimes. *Democratization, 20*, 13–38.

Gerschewski, J., Merkel, W., Schmotz, A., Stefes, C. H., & Tanneberg, D. (2013). Warum überleben Diktaturen? In Kailitz, S. & Köllner, P. (Hrsg.), *Autokratien im Vergleich, Politische Vierteljahresschrift, Sonderheft 47* (S. 106–131). Baden-Baden: Nomos.

Gilley, B. (2010). Democratic enclaves in authoritarian regimes. *Democratization, 10*, 389–415.

Hale, H. E. (2005). Democracy, autocracy, and revolution in post-Soviet Eurasia. *World Politics, 58*, 133–165.

Hayes, C. J. H. (1941/1939). The novelty of totalitarianism in the history of western civiliza-tion. In Symposium on the totalitarian state. In Proceedings of the American Philosophi-cal Society, Bd. 82, Februar 1940 (S. 911–1002), Philadelphia.

Heller, H. (1993/1925). *Allgemeine Staatslehre*. Wien: Österreichische Verlagsanstalt.

Herz, J. H., & Carter, G. M. (1962). *Regierungsformen des 20. Jahrhunderts*. Stuttgart: Kohlhammer.

Jehne, M. (2013). *Die römische Republik. Von der Gründung bis Caesar* (3. Aufl.). Mün-chen: Beck.

Kailitz, S. (2009). Varianten der Autokratie im 20. und 21. Jahrhundert. *Totalitarismus und Demokratie, 6*, 209–251.

Kailitz, S. (2012). Einführung (Themenschwerpunkt: Ideokratien im Vergleich). *Totalitaris-mus und Demokratie, 9*, 5–22.

Kailitz, S., & Köllner, P. (2013). Zur Autokratieforschung der Gegenwart: Klassifikatori-sche Vorschläge, theoretische Ansätze und analytische Dimensionen. In S. Kailitz & P. Köllner (Hrsg.), *Autokratien im Vergleich, Politische Vierteljahresschrift, Sonderheft 47* (S. 9–41). Baden-Baden: Nomos.

Kirsch, G. (1997). *Neue Politische Ökonomie* (4. Aufl.). Düsseldorf: Werne.

Kiser, E., & Tong, X. (1992). Determinants of the amount and type in state fiscal bureaucra-cies: An analysis of Late Imperial China. *Comparative Political Studies, 25*, 300–331.

Koenings, K., & Kruijt, D. (2003). Latin American political armies in the twenty-first centu-ry. *Bulletin of Latin Amerian Research, 22*, 371–384.

Krennerich, M. (2002). Weder Fisch noch Fleisch? Klassifikationsprobleme zwischen Dikta-tur und Demokratie. In P. Brendel, A. Croissant, & F. W. Rüb (Hrsg.), *Zwischen Diktatur und Demokratie. Zur Konzeption und Empirie demokratischer Grauzonen* (S. 55–70). Opladen: Leske + Budrich.

Lauth, H.-J., Pickel, G., & Welzel, C. (2000). *Demokratiemessung. Konzepte und Befunde im internationalen Vergleich*. Opladen: Westdeutscher Verlag.

Levitsky, S., & Loxton, J. (2013). Populism and competitive authoritarianism in the Andes. *Democratization, 20*, 107–131.

Levitsky, S., & Way, L. A. (2002). The rise of competitive authoritarianism. *Journal of De-mocracy, 2*, 51–65.

Levitsky, S., & Way, L. A. (2010). *Competitive authoritarianism: Hybrid regimes after the Cold War*. Cambridge: Cambridge University Press.

Lewis, S. (2006). Introduction. In S. Lewis (Hrsg.), *Ancient Tyranny*. Edinburgh: Edinburgh University Press.

Li, X. (2002). „Focus" (Jiaodian Fangtan) and the change in the Chinese television industry. *Journal of Contemporary China, 30*, 17–34.

Linz, J. J. (2009/1975). In R. von Krämer (Hrsg.), *Totalitäre und autoritäre Regime* (3. Aufl.). Potsdam: welttrends.

Linz, J. J., & Stepan, A. (1996). *Problems of democratic transition and consolidation: Southern Europe, South America, and Post-Communist Europe.* Baltimore: Johns Hopkins University Press.

Loewenstein, K. (2000/1958). *Verfassungslehre* (4. Aufl.). Tübingen: Mohr.

Merkel, W. (2004). Totalitäre Regimes. *Totalitarismus und Demokratie, 1,* 183–201.

Merkel, W. (2010). *Systemtransformation. Eine Einführung in die Theorie und Empirie der Transformationsforschung* (2. überarb. u. erw. Aufl.). Wiesbaden: Springer VS.

Meyer, T. (2009). *Die soziale Demokratie.* Wiesbaden: VS.

Morse, Y. L. (2011). The era of electoral authoritarianism. *World Politics, 64,* 161–199.

Møller, J., & Skaaning, S.-E. (2009). Mapping contemporary forms of autocracy. *Totalitarismus und Demokratie, 6,* 253–270.

Nohlen, D. (2005). Autokratie. In D. Nohlen & R.-O. Schultze (Hrsg.), *Lexikon der Politikwissenschaft, Band. 1* (S. 54). München: Beck.

Nohlen, D., Schultze, R.-O., & Schüttemeyer, S. S. (1998). *Lexikon der Politik, Band. 7.* München: Beck.

Norton, A. R. (2006). *Hezbollah: A short history.* Princeton: Princeton University Press.

O'Donnell, G. (1973). *Modernization and bureaucratic authoritarianism: Studies in South American politics.* Berkeley: University of California Press.

O'Donnell, G., Culell, J. V., & Iazetta, O. M. (Hrsg.). (2004). *The quality of democracy. Theory and applications.* Notre Dame: Notre Dame University Press.

Olson, M. (1993). Dictatorship, democracy, and development. *American Political Science Review, 87,* 567–576.

Patai, R. (2002). *The Arab mind* (rev. edition). New York: Hatherley Press.

Patzelt, W. (2009). Was soll und wie betreibt man vergleichende Diktaturforschung? Ein forschungspolitischer Essay in evolutorischer Perspektive. *Totalitarismus und Demokratie, 6,* 167–207.

Pearlmutter, A. (1981). *Modern authoritarianism: A comparative institutional analysis.* New Haven: Yale University Press.

Petrone, L. (2011). Institutionalizing pluralism in Russia: A new authoritarianism. *Journal of Communist Studies and Transition Politics, 27,* 166–194.

Piekalkiewicz, J., & Penn, A. W. (1995). *Politics of ideocracy.* Albany: State University of New York Press.

Posner, D. N. (2003). The colonial origins of ethnic cleavages: The case of linguistic division in Zambia. *Comparative Politics, 36,* 127–170.

Pye, L. W. (1985). *Asian power and politics.* Cambridge: Belknap Press.

Pye, L. W. (1988). *The Mandarin and the Cadre: China's political cultures.* Ann Arbor: University of Michigan Press.

Pye, L. W. (1995). Factions and the politics of guanxi: Paradoxes in Chinese administrative and political behavior. *China Quarterly, 34,* 1–34.

Richards, A., & Waterbury, J. (2008). *A political economy of the Middle East* (3. Aufl.). Boulder: Westview Press.

Roessler, P. G. (2005). Donor-induced democratization and the privatization of state violence in Kenya and Ruanda. *Comparative Politics, 38,* 207–227.

Sakwa, R. (2008a). Two camps? The struggle to understand contemporary Russia. *Comparative Politics, 40,* 481–499.

Sakwa, R. (2008b). *Putin: Russia's choice* (2. Aufl.). London: Routledge.

Sartori, G. (1992/1987). *Demokratietheorie*. Darmstadt: Wissenschaftliche Buchgesellschaft.

Schmitt, C. (1985/1931). *Der Hüter der Verfassung* (3. Aufl.). Berlin: Duncker & Humblot.

Schmitt, C. (1994/1928). *Die Diktatur. Von den Anfängen des modernen Souveränitätsgedankens bis zum proletarischen Klassenkampf* (6. Aufl.). Berlin: Duncker & Humblot.

Schmidt, M. G. (2010). *Wörterbuch zur Politik* (3. Aufl.). Stuttgart: Kröner.

Schmidt, M. G. (2013). Staatstätigkeit in Autokratien und Demokratien. In S. Kailitz & P. Köllner (Hrsg.), *Autokratien im Vergleich, Politische Vierteljahresschrift, Sonderheft 47* (S. 418–437). Baden-Baden: Nomos.

Schmidt, M. G. (2014). Legitimation durch Performanz? Zur Output-Legitimation in Autokratien. In U. Backes & S. Kailitz (Hrsg.), *Ideokratien im Vergleich. Legitimation-Kooptation-Repression* (S. 297–312). Göttingen: Vandenhoeck & Ruprecht.

Skilling, H. G. (1966). Interest groups and communist politics. *World Politics, 18,* 435–451.

Skilling, H. G., & Griffith, F. (Hrsg.). (1974). *Pressure Groups in der Sowjetunion.* Wien: Molden.

Stammen, T. (1967). *Regierungssysteme der Gegenwart.* Stuttgart: Kohlhammer.

Theimer, W. (1975–1947). *Lexikon der Politik* (8. Aufl.). München: Francke.

Tullock, G. (1987). *Autocracy.* Dordrecht: Kluwer.

Vinci, A. (2007). „Like Worms in the Entrails of a Natural Man": A conceptual analysis of Warlords. *Review of African Political Eonomy,* (112), 313–331.

Weber, M. (2002/1922). Die drei Typen der legitimen Herrschaft. Eine soziologische Studie. In M. Weber (Hrsg.), *Schriften 1894–1922* (S. 717–733) (ausgew. von Dirk Käsler). Stuttgart: Kröner.

Welwei, K.-W. (2011). Athen. Vom neolithischen Siedlungsplatz zur archaischen Großpolis. In K.-W. Welwei (Hrsg.), *Athen. Von den Anfängen bis zum Beginn des Hellenismus.* Darmstadt: Wissenschaftliche Buchgesellschaft.

Werenfels, I. (2007). *Managing instability in Algeria: Elites and political chance since 1995.* New York: Routledge.

Wintrobe, R. (1998). *The political economy of dictatorship.* Cambridge: Cambridge University Press.

Ziegler, H. O. (1932). *Autoritärer oder totaler Staat.* Tübingen: Mohr.

Regimebarometer: Die Messung der Demokratie

6

Die quantifizierende, von nicht wenigen Vertretern dieser Spezies als allein „wissenschaftlich" angesehene Demokratieforschung schöpft aus dem Datenpool. An Daten zu politischen Regimen aller Art mangelt es nicht. Die Erhebung von Daten nach einheitlichen Kriterien, oder aber Datensammlungen, die durch die entsprechende Bearbeitung nationaler Daten global vergleichbar gemacht werden, erfordern immensen Aufwand und last but not least eine Menge Geld, mit dem Mitarbeiter, Mieten und Ausstattung bezahlt werden.

Die wenigsten Institutionen sind dazu in der Lage. Deshalb werden sie auch immer wieder zitiert und diskutiert, und aus ihrem Datenbestand werden neue Cocktails gemischt. Es handelt sich hier vor allem um den „Freedom Index" der Stiftung Freedom House und um das „Polity Projekt." Letzteres liegt seit einiger Zeit in seiner Version Polity IV vor und wird zu Polity V weiterentwickelt.

Auch auf dem Datenmarkt bestimmen einige Schwergewichte das Angebot, darunter Organisationen wie die OECD und die vielfältigen Unterorganisationen der Vereinten Nationen: Sie sammeln unter anderem Daten zum Human Development (Gesundheit, Bildung, Habitat).

Das Freedom House und das Polity-Projekt sowie seit einigen Jahren auch die Bertelsmann-Stiftung kaprizieren sich auf Daten über Staat und Politik, darunter über die Qualität der Freiheits- und der politischen Mitwirkungsrechte, über die Korrektheit und Fairness des Wahlprozesses, über die ungehinderte Betätigung von Parteien und Gewerkschaften und über die in den politischen Institutionen nachweisbare Verantwortlichkeit der Regierungen gegenüber Parlamenten und Bürgern.

© Springer Fachmedien Wiesbaden 2015
J. Hartmann, *Demokratie und Autokratie in der vergleichenden Demokratieforschung*, DOI 10.1007/978-3-658-07479-1_6

Um Daten dieser Art schlagen die Vereinten Nationen einen Bogen. Zu viele Mitgliedstaaten würden es nicht zulassen, dass Ranglisten, die ja stets auch Mängellisten sind, erstellt werden, auf denen sie in schlechtem Licht erscheinen. Wie ein Lateinamerikaforscher konstatiert, vermeiden offizielle Publikationen, auch die der Internationalen Finanzinstitutionen, wegen der marxistischen Konnotation sogar den Begriff „Klasse." Sie verdunkeln damit grundlegende Tatsachen (Portes und Hoffmann 2003, S. 42).

Die Stiftungen und die privaten Forschungsinstitute, die sich der globalen Messung politischer Qualität annehmen, sind – mit Ausnahme der Bertelsmann-Stiftung – in den USA beheimat. Die US-Institutionen dieser Art sind politikaffin. Das „National Endowment for Democracy" (NED) und das „Freedom House" haben genügend Abstand zur Washingtoner Administration, um mit ihren Forschungen und Bewertungen keine diplomatischen Irritationen zu verursachen.

Der politische Nutzen griffiger Demokratie- und Diktaturskalierungen liegt auf der Hand. Redenschreiber und andere dienstbare Geister, die einem politischen Funktionsträger zur Hand gehen, der zu vielem etwas sagen muss, aber in ebenso vielem kein Experte ist, geraten in leicht in Verlegenheit, wenn sie aufgefordert sind, ihren Chef für öffentliche Statements und Gespräche mit ausländischen Partnern zu präparieren. Die Zeit für die Einarbeitung ist knapp. Die elaborierten Statements erfahrener Diplomaten und der Rat historischer und politikwissenschaftlicher Landeskenner verlangen Lektüre und kosten Zeit. Zudem taugen sie schlecht für die Zehn- bis Zwanzigsekundenclips, die im Nachrichtenblock des Unterhaltungsradios und vor der Fernsehkamera erwartet werden. Kurze Urteile in schlichter Sprache sind gerade das Richtige, um nicht allzu uninformiert zu wirken und nichts Falsches von sich zu geben.

Perfekt, wenn die Sache darauf hinausläuft, in Statements positive Begriffe hineinzupacken, die der heimischen Öffentlichkeit vertraut sind: Wahlen, Rechtsstaat, Freiheitsrechte, friedlicher Konfliktaustrag, Minderheitenschutz. Noch besser sogar, wenn sich in Schlagworten auch Phänomene darstellen lassen, die in der westlichen Demokratie gottlob zur seltenen Ausnahme geworden sind: Bürgerkriege, Zusammenstöße ethnischer und religiöser Gruppen, Gewalt aller Art.

Institutionen wie das „Freedom House", das „Polity Project" und die Bertelsmann-Stiftung sind, was die Zielgruppen betrifft, im gleichen Geschäft tätig wie die vielen Think tanks, Politikberater und politischen Stilisten in aller Welt.

Das Freedom House ist eine der ältesten politischen Denkfabriken in den USA. Gegründet 1941 unter dem Eindruck der Eroberung Europas durch Deutschland, verschrieb es sich der Idee, die gefährdete Demokratie zu fördern. Anfänglich hatte es einen liberalen Bias. Im politischen Spektrum der USA war es also links von der Mitte angesiedelt. Seither ist es nach rechts gewandert. Es erstellt regelmäßig seinen berühmten Index „Freedom of the World." Dieser führt Land für Land auf, ob es als frei gelten darf. Veränderungen zur letzten Erhebung lassen erkennen, ob Fortschritte in Richtung auf mehr Freiheit zu verzeichnen sind.

Im Stiftungsvorstand finden sich stramme Republikaner. Sie hielten es in den 1980er Jahren mit *Ronald Reagan* und zuletzt vor allem mit *George Bush* dem Jüngeren. Ein Hauptfinanzier ist die US-Regierung und ein weiterer der Milliardär und Börsenritter *George Soros* mit seiner Open-Society-Stiftung, die sich der globalen Förderung von Marktwirtschaft und Demokratie verschrieben hat. Darüber hinaus ist es mit dem ebenfalls rechts von der Mitte beheimateten Centre for Religious Freedom verbunden (Giannone 2010).

Das Freedom House veröffentlicht seit 1973 seine Freiheitslisten. Das Motto: Freiheit gleich Demokratie! Freiheiten werden nach einem hochdifferenzierten Raster ermittelt. Dabei werden Länderspezialisten einbezogen. Sie ermitteln den Stand der Freiheit mithilfe von Beobachtungen und Medienveröffentlichungen. Sämtliche souveränen Staaten – und auch nicht ganz so souveräne Staaten wie Liechtenstein, Monaco und San Marino – werden auf einer Skala als „free", „partly free" und „not free" eingestuft.

An erster Stelle steht die liberale Demokratie mit ihrer tadellosen Bilanz in der Ausübung der üblichen bürgerlichen Freiheiten (Freedom House 2012, S. 29, 33). Die Wahldemokratie (electoral democracy) ist die Discount-Ausgabe der Demokratie. Sie leistet sich die Wahl der Regierenden, rangiert aber bereits unter „partly free", wenn es mit dem Rechtsstaat hapert. Dafür verleiht *Freedom House* ein „teilweise frei" mit Sternchen, das rührend an die Sonne erinnert, die Grundschulkindern für ordentliche Hausaufgaben ins Heft gestempelt wird. Wenn es auch mit der Wahl nicht stimmt, gibt es keinen Stern: also unfrei (Freedom House 2012, S. 14 ff.).

Wir begegnen hier einer unscharfen Kategorisierung, wie wir sie bereits bei einigen der oben diskutierten Autoren haben beobachten können. Gemeint sind wohl Phänomene, die in anderer Sprache als „defekte" Demokratien und „elektorale Autokratien" geführt werden. Bei „not free" ist die Sache einfacher. Hier handelt es sich zweifelsfrei um Autokratien.

Liberale Demokratien dürften empirisch leicht nachzuweisen sein, schon deshalb, weil es sich um offene Gesellschaften handelt. Schwieriger wird es mit Ländern, die „als teilweise frei" geführt werden.

Der Polity IV-Index hält sich in den Worten seines derzeitigen Managers *Monty G. Marshall* (1952-) an *Dahls* Modell der Polyarchie. Der Index wird vom Center for Global Policy erarbeitet und fortlaufend aktualisiert (Center for Global Policy, Home). Die Anstöße für die Polity-Datensammlung gehen auf *Harry Eckstein* (1924–1999) und *Ted Gurr* (1936-) zurück.

Den großen Anspruch des Polity-Projekts, die Entwicklung politischer Regime in der Welt seit 1800 zu dokumentieren, mag man mit Nachsicht zur Kenntnis nehmen. Auch *Huntington* und einige Epigonen läuteten mit dem Beginn des 19. Jahrhunderts das Zeitalter der Demokratie ein. Warum aber nicht noch früher ansetzen, in der politischen Welt der Renaissance oder gar der Antike? Was soll da die Zäsur sein, die Konsolidierung der Amerikanischen und Französischen Revolutionen etwa, dann würde auf die Ideen der Aufklärung abgestellt? Erste große Wandlungen in der noch eurozentrischen Welt, die in Richtung auf Demokratie oder Demokratieverweigerung deuteten, brauchten deutlich länger (Tilly 2004, S. 213 ff., 2007, S. 25 ff.). Mit guten Gründen darf man in der historischen Standardsicht frühestens vom Revolutionsjahr 1848 ausgehen. Das allgemeine Wahlrecht setzte sich erst vor etwa hundert Jahren durch, und davon profitierten meist noch nicht einmal die Frauen.

Das Center for Global Policy erstellt zahlreiche Indizes. Polity IV ist nur einer darunter. Er misst nicht einfach nur Demokratie und Autokratie, sondern auch Staatszerfall und Bürgerkriegsereignisse. Das Center for Global Policy ist eng mit der George Mason University in Virginia verbunden, einer renommierten Universität, die in den Humanwissenschaften den Ruf einer libertär eingestellten Institution genießt. Das Center sieht sich im Métier der Politikberatung.

Monty G. Marshall, der derzeitige Koordinator und Manager des Polity IV-Projekts, merkt in der Fußnote einer Datenpräsentation an, seine Forschung werde von einer Political Instability Task Force gesponsert, die sich aus Geldern der CIA finanziere. Für die Arbeit des Center habe dies aber keine Bedeutung (Marshall 2013). Ein Schuft, der Böses dabei denkt!

Polity IV prüft den politischen Wettbewerb, die demokratische Legitimation der Regierenden und die politische Kontrolle der Regierungsgewalt (Marshall 2010, S. 26). Wir begegnen hier wieder *Loewensteins* Kriterien für Demokratie und Autokratie: Wahlen plus Gewaltenteilung! Polity IV geht vom Vorhandensein einer Demokratie aus, wenn sich die Regierenden durch das Wählervotum legitimieren und wenn sie ihre Entscheidungen nach den Regularien des Mehrheitsprinzips sowie in den Grenzen einer Verfassung treffen. In diesem Fall haben wir es mit einem „means state" zu tun. Ein Staat, der sich an politischen Zielen legitimiert, ist demgegenüber ein „ends state." Ein solcher Staat kann keine Demokratie sein (Marshall 2010, S. 31).

Die Ermittlungsmethode von Polity IV ist ähnlich angelegt wie die des Freedom House. Datenanalyse, wo es die Situation hergibt, sonst Einschätzungen auf der Basis von Expertenwissen.

Wirft man einen Blick auf die Expertisen, mit denen Polity IV den Status eines Landes erläutert, findet sich dort jeweils ein Ultrakurzreport über die für den Index

relevanten historischen Linien, über die letzten Wahlen, über eventuelle Menschenrechtsverletzungen und über Bürgerkriegsereignisse, Putsche und Machtwechsel
– also nichts, was man nicht auch erführe, wenn man die Ereignisse im *Fischer-
Weltalmanach* oder in vergleichbaren Jahreschroniken nachblätterte! Gemessen an
einer breiten historischen und politikwissenschaftlichen Literatur über Länder und
Regionen, die in sorgsam recherchierten Monographien und Zeitschriftenartikeln
inzwischen für jede Weltgegend angeboten wird, ist dies, euphemistisch ausgedrückt, dünn!

In der Bestimmung der Regime lässt sich noch gut das Grundschema erkennen,
nach dem *Eckstein* und *Gurr* in ihren „Patterns of Authority" die Welt einteilen.
Es geht auf Modellvarianten politischer Autorität zurück, die beide vor gut 40 Jahren entwickelt haben. Stark vereinfacht, gibt es demzufolge ein Autoritätsmuster
offener Gesellschaften, das auf die Zustimmung der Adressaten abhebt, die sich
überwiegend gesetzestreu verhalten, sowie ein alternatives Muster, in dem sich
Autorität in Befehlen ausdrückt, hinter denen die Erzwingungsmacht der Gewaltapparate steht (Eckstein und Gurr 1975, S. 351 ff., 368 ff.; kritisch zu diesem
Ansatz: Laitin 1998).

In der von Polity IV bestimmten ersten Klasse der um den Globus anzutreffenden Regime reist die Demokratie als die alte Bekannte in der Trinität von Wahlen, Gewaltenteilung und Rechtsstaat (zum Folgenden Marshall und Cole 2011,
S. 8 ff.). Differenziert wird weiterhin zwischen der vollen Demokratie (full democracy) mit gesicherten bürgerlichen Freiheiten und Rechten, also dem, was sonst
als liberale Demokratie bezeichnet wird, und der nicht näher bezeichneten, wohl
als schlicht zu verstehenden (Wahl)Demokratie. Diese Letztgenannte besitzt eine
gewählte Regierung, weist jedoch Schwächen auf, etwa bei der Gewaltenteilung,
der Korrektheit der Wahlen und der Rechtstaatlichkeit. Also auch hier die alte Bekannte der Demokratieforschung, die anderswo unter dem Namen einer „defekten"
oder „elektoralen Demokratie" auftritt.

In der zweiten Klasse von Regimen befinden sich die Autokratien. Jeder kennt
dort den Sitz der Macht. Für das Regieren und die Nachfolge in Führungspositio-
nen gibt es klare Regeln. Es handelt sich also um eine institutionalisierte Diktatur,
die darauf verzichtet, sich mit scheindemokratischen Prozeduren zu tarnen.

Dahinter rangiert in einer dritten Klasse die Grauzone der Anokratie. Sie wird
als ein hybrides Regime bezeichnet – ein Mittelding zwischen demokratischem
und autokratischem System. Wie es *James Raymund Vreeland* in einem Artikel
formuliert, der sich kritisch mit dem Polity-Datensatz befasst, wird die Anokratie
mit den folgenden Fragen ermittelt: 1) Gibt es Schranken für die Regierung? 2)
Wird die Regierung im freien politischen Wettbewerb bestimmt? 3) Gibt es ein of-

fenes Bewerberfeld für die durch Wahl zu ermittelnde Regierung (Vreeland 2008, S. 404).

Was genau mit der Anokratie gemeint ist, wird in der Abgrenzung von der Anarchie deutlich. Die Anarchie ist ein herrschaftsloser Zustand, in dem keine Macht ausgeübt wird. Hier ist wohl der *Failed state* gemeint, in dem sich die Staatlichkeit auf den Bereich reduziert, der sich von einem Fahnenmast aus überblicken lässt, an dem schlapp die Staatsflagge herabhängt.

Demgegenüber wird in der Anokratie durchaus Macht ausgeübt. Es lässt sich nur nicht erkennen, wo und von wem! Wir treffen hier wieder auf das mehrfach erörterte Spiel mit wechselnden Vokabeln für ein und dieselbe Sache. Nicht nur die Wortbildung wirkt übertrieben künstlich. Auch die gemeinte Sache kann nicht überzeugen. Denn auch in einer weichen Diktatur, die mit dem Geschenkpapier einer Demokratie umwickelt ist, wissen die Menschen für gewöhnlich, wer den Ton angibt.

Gibt es in der Anokratie Parteien und finden Wahlen statt, ist von offener Anokratie die Rede. Werden beide arg manipuliert, rückt die Anokratie als eine geschlossene Anokratie an die Autokratie heran. Sie ist in beiden Varianten außerstande, so hart und effektiv zu regieren wie diese. In der Anokratie neigen die Mächtigen zur Gewalt, weil sie sich des Gehorsams der Beherrschten nicht sicher sind. Eine Opposition, die ihrer Stimme beraubt ist, aber in scheinbar unklaren Machtverhältnissen ihre Chance wittert, hält sich ebenso wenig an eine vorhandene Verfassung wie die Herrschenden selbst. Sie mag versuchen, sich mit Gewalt und Aufruhr zu holen, was ihr von den Regierenden verweigert wird. Hinter allem steht letztlich das oben skizzierte Eckstein-Gurrsche Modell der Autoritätsbeziehungen. Im Fall der Anokratie ist das Regime weder klar erkennbar autokratisch, aber auch nicht demokratisch. Deshalb kommt es häufiger zu Machtproben gewaltsamer Art.

In dieser Typologie wird das zentrale Interesse von Polity IV deutlich: dem Zusammenhang funktionierender Institutionen mit der Gewalt als Mittel der Politik auf die Spur zu kommen (Vreeland 2008, S. 407 ff.). Gewaltsame Ereignisse in der Politik lassen darauf schließen, dass die Politik ihre Gesellschaft „nicht im Griff" hat. Von daher ist es nicht weit bis zur Anschlussfrage, ob man es mit einem Staat auf der Kippe zu tun hat, also mit einem *failing* oder *failed state*, der zur Brutstätte des Terrorismus oder einer grenzüberschreitenden Guerilla werden könnte – wie so viele Staaten, die de facto nicht mehr funktionieren und zum Problem unter anderem für die US-amerikanischen Interessen in der Welt werden. Bei den Demokratien glaubt man zu wissen, woran man ist, bei den Autokratien ebenfalls. Das Problem sind die Staaten dazwischen. Diese Staaten sind identisch mit dem bevorzugten Gegenstand der oben geschilderten Demokratieforschung.

Nehmen wir zuletzt noch kurz den Bertelsmann-Transformationsindex BTI in Augenschein. Er wird vollständig von der unabhängigen Bertelsmann-Stiftung erarbeitet. Von den obigen Indizes unterscheidet er sich durch seinen moderneren und politikwissenschaftlichen Zugriff. Deutsche Politikwissenschaftler, darunter international renommierte Demokratieforscher wie *Aurel Croissant* und *Wolfgang Merkel*, ferner ausgewiesene Region- und Länderexperten an deutschen Hochschulen, bestücken den Beirat.

Zweck des BTI ist es, den Status von Staaten auf dem Wege zur Demokratie *und* auf dem Wege zu Marktwirtschaft zu messen und zu eruieren, ob sie sich für moderne Regierungsmethoden geöffnet haben (governance). Als politische Kriterien, die auf die Demokratie deuten, treffen wir auch hier die Rechtsstaatlichkeit und die freie und faire Wahl der Herrschaftsträger an.

Weniger martialisch als Polity IV mit seiner Konzentration auf Gewaltereignisse stellt auch der BTI die Frage nach der Staatseffektivität. Er fragt aber zusätzlich nach der Akzeptanz der Institutionen, dem Vorhandensein einer demokratischen politischen Kultur und der Existenz stabiler vermittelnder Institutionen zwischen Staat und Gesellschaft. Verglichen mit den vorgenannten Indizes ist er deutlich anspruchsvoller. Auch der BTI verbindet die Datenauswertung mit einem auf Experteneinschätzung basierenden Statusbericht.

Jedes Urteil über die Güte eines politischen Systems ist ungeachtet der Beschlagenheit seiner Urheber eine Einschätzung. Ein Experte, nehmen wir an, über einen Staat in der Sahelzone oder in Mittelasien, mag noch mitgehen, wenn *Freedom House* die Freiheitsplakette verweigert oder sie allenfalls in Blech oder Plastik verleiht. Vermutlich wird sie oder er sich allerdings, weil mit den historischen und kulturellen Hypotheken der betreffenden Gesellschaft vertraut, schwer damit tun, sie am Standardformat einer westlichen Demokratie zu messen, die in der historischen Konkretion ja auf Wohlstand, Marktwirtschaft und individualistischer Kultur fußt. Das Demokratiebild von Polity IV mutet wie ein Holzschnitt der US-amerikanischen Demokratie an: gewählte Regierung, rechtsstaatliche Prozeduren, Gewaltenteilung.

Dem BTI hingegen, der wirtschaftliche und politische Daten kombiniert, also von einer Verknüpfung von Politik und Wirtschaft ausgeht, steht als vollständige Demokratie offenbar ein Modell vor Augen, das in den etablierten Demokratien Europas realisiert ist: eine sozialpolitisch moderierte Demokratie in Kombination mit der Marktwirtschaft, bisweilen auch das „rheinische Modell des Kapitalismus" genannt.

Die Nicht-Demokratien werden in gemäßigte Autokratien – mit Elementen von Partizipation und Rechtsstaatlichkeit –, in neopatrimoniale Autokratien, in Despotien und in Entwicklungsdiktaturen unterschieden (Bertelsmann Transformation Index 2003, S. 11 f., 18).

Im Vorgehen, Daten, wo sie vorhanden oder zu beschaffen sind, und wissenschaftliche Einschätzung und Interpretation der Situation einzelner Länder, gibt es keinerlei Unterschied zum Polity-Projekt, außer dass der BTI auch in diesem Punkt ausführlicher ist.

Der BTI erhebt den Anspruch, die Bedingungen aufzuzeigen, die beim Versuch zu beachten wären, einen demokratischen Wandel anzustoßen und diesen zu unterstützen. Er will insofern einen Beitrag zur Strategie der externen Demokratisierung leisten.

Die Ergebnisse der Barometer lassen mehr als einmal stutzen. Frankreich ist für Polity IV lediglich eine „Demokratie", wohlgemerkt: keine volle oder liberale Demokratie. Es rangiert in derselben Güteklasse wie Ungarn, Rumänien, die Ukraine, die Türkei, wie Pakistan, Indien und Peru, um nur einige Beispiele zu nennen (Marshall 2013). Man muss kein Kenner eines dieser Länder sein, um darüber den Kopf zu schütteln.

Russland wird von Polity IV als „closed anocracy" geführt, also als ein autoritäres Regime ohne nennenswertes demokratisches oder pseudodemokratisches Zubehör. Für Freedom House ist Russland „not free", für Bertelsmann ist es eine Autokratie. Auch bei Venezuela sind sich die Indizes einig. Sein linksgewirktes Regime erhält die gleiche Note wie Russland. Doch Bolivien und Ecuador, beides Regime von ähnlichem Zuschnitt, linkspopulistisch und gegen den Einfluss der USA in der Region gerichtet, bekommen unterschiedliche Zensuren. Bertelsmann und Polity IV lassen Bolivien als Demokratie durchgehen, Polity IV enthält Ecuador das Prädikat „demokratisch" vor. Freedom House führt Bolivien und Ecuador als teilweise frei, aber bereits als elektorale Demokratien (Transformation Index BTI 2014, Global Views; Freedom House 2012, 2013, S. 14 ff.; Marshall und Cole 2011, S. 11).

All diese Benotungen, das Aushängeschild der Regimebarometer, erinnern an das Treiben von Rating-Agenturen wie Fitch, Moody's und Standard & Poor. Diese teilen mit ihren Bewertungen die Staatenwelt nach der Kreditwürdigkeit ihrer Regierungen ein. Sie malen dabei, wie spätestens seit der jüngsten internationalen Finanzkrise bekannt ist, unliebsame Länder schwärzer, als sie sind, während sie den eigenen Standort mit nachsichtigen Bewertungen besser aussehen lassen.

Im hemmungslosen Sammeln von allem, was als Staat geführt wird, erkennt Polity IV ein Problem. Es ignoriert deshalb Länder mit weniger als einer halben Million Einwohner, während das Freedom House gnadenlos alles konsumiert, über dem eine Staatsflagge weht, bis hin zu pseudostaatlichen Scherzartikeln wie Liechtenstein, San Marino und Andorra.

Freedom House zählte 2012 insgesamt 87 Länder als „free", 48 als „not free" und 60 als „partly free" (Freedom House 2012, S. 24). Polity IV kam 2011 auf 95 Demokratien aller Art, auf 72 Autokratien und auf 48 Anokratien (Marshall und Cole 2011, S. 12). Der BTI zählte 2014 insgesamt 75 Demokratien – darunter 31 entwickelte und 44 mehr oder weniger mangelhafte – sowie 129 Autokratien (Transformationsindex BTI 2014, Global Views).

Es gibt noch weiteres Indizes, die hier allerdings nicht referiert werden sollen (einen Überblick bieten: Pickel und Pickel 2012). Sie backen alle ihr eigenes Brot, verfahren aber im Prinzip doch alle gleich, indem sie statistische Daten mit Experteneinschätzungen verbinden. *Stefan Marschalls* Kritik an den Indizes ist nichts hinzuzufügen (Marschall 2014, S. 70 ff.).

Denn was springt an Erkenntnis aus diesem Treiben heraus? Nicht viel mehr, als dass einige Länder in die erste Liga der Demokratie gelangen, die Mehrheit aber im Zustand einer mehr oder minder harten Diktatur verharrt. Die Ergebnisse bekräftigen, was der regelmäßige Konsument des Auslandsteils einer besseren Tageszeitung auch so schon weiß. Nur wird ihm der Zustand der Welt jetzt in Rankings und auf einer politischen Landkarte präsentiert, auf der die Länder entsprechend ihrer politischen Qualität unterschiedlich eingefärbt sind.

Entwaffnend ehrlich lässt *Lauth*, Verfasser eines der reflektierteren Bücher über die Demokratieforschung, zum Nutzen der Rankings wissen, dass die Indizes den Entscheidern über entwicklungspolitische Projekte eine Handhabe für das Urteil anbieten könnten, ob ihre Gelder zu den verordneten Konditionen tatsächlich den demokratischen Fortschritt gefördert haben (Lauth 2004, S. 12). Ob sie wohl Gebrauch davon machen?

Anhand der Parameter einer liberalen Demokratie lässt sich datenfest darstellen, wo es Demokratie gibt und in welcher Qualität, ebenso, wo es keine gibt und schließlich auch, wo sich Veränderungen zeigen, die auf den Übergang zur Demokratie hoffen lassen. Jede Demokratiemessung findet ihren Niederschlag auf irgendeinem Demokratiebarometer. Aber ein Barometer ist ein Barometer, nicht mehr! Zwar erschöpfen sich diese politischen Barometer nicht in Momentanzeigen. Ihre Ergebnisse lassen sich in Relation zu früheren Messungen setzen. Aber auch historische Aufzeichnungen über das Wetter tragen lediglich Daten zusammen. Sie erklären nichts, bestenfalls produzieren oder stützen sie Hypothesen.

Nicht einmal der TV-Wetterbericht begnügt sich damit, einfach das höchstwahrscheinliche Wetter für morgen und das schon weniger wahrscheinliche Wetter für die nächsten Tage anzusagen. Strömungsfilme mit Informationen über die nordatlantischen Wetterküchen von den Azoren bis zur Arktis versorgen den Zuschauer mit einer verständlichen Ursachenanalyse.

Hier endet die Parallele mit dem politischen Wetterbericht. Für die globale Zustandsbeschreibung der Demokratie ist die Demokratieforschung methodisch gut
gerüstet. Zu den Ursachen aber: Schweigen! Für die Wettererklärung gibt es den
Meteorologen, der es versteht, komplexe Wetterereignisse verständlich zu kommunizieren. Natürlich gibt es auch die albernen Radiomoderatoren, die den Wet-
terfrosch ihres Senders löchern, wenn denn endlich wieder die Sonne scheint, wie
intensiv und wie lange. Dass zum Wettergeschehen auch Sturm, Regen und Frost
gehören, wird wie eine Störung des Menschenrechts auf dauerhaft schönes Wetter
mit all seinem Bräunungspotenzial, der Grillverwertbarkeit und ungetrübtem Se-
gelspaß kommuniziert. Ähnlich verhält es sich mit einer Demokratieforschung, die
den Rest der Welt durch die Brille der liberalen Demokratie betrachtet und dem
geneigten Publikum anschließend darlegt, wie sich hell und dunkel verteilen.

Schließen wir diese Betrachtung mit der Frage ab, welchen Beitrag diese Demokratiebarometer zum Verstehen der Welt leisten können. Sie erlauben es, im gewählten Prüfraster Veränderungen festzustellen. Staat A steigt ein Stück auf, Staat
B fällt gegenüber dem letzten Jahr zurück. Gut, das wissen wir dann. Aber was
lässt sich mit diesem Wissen anfangen?

Wo säkulare politische Veränderungen nach oben oder unten stattfinden, braucht
es kein Barometer. Man muss kein Wetterforscher sein, um zu merken, ob es wär-
mer oder kälter wird. Ob sich die Temperaturen im Hochsommer bei halbwegs
stabiler Wetterlage von einem Tag auf den nächsten um einige Grade nach oben
oder unten bewegen, dürfte den meisten ziemlich gleichgültig sein. Politikwissenschaftler, die etwas über das politische System eines bestimmten Landes wissen,
dürfte es kaum beeindrucken, dass der Gegenstand ihres Interesses im Index X
seine Position seit der letzten Messaktion hat halten können, im Index Y jedoch
zurückgefallen ist. Wen interessiert das außer einem manisch rechnenden Mackie
Messer im Datenpool?

Literatur

Bertelsmann Transformation Index. (2003). Politische Gestaltung im internationalen Ver-
    gleich, Gütersloh. http://bti.2003.Bertelsmann-transformation-index.de/. Zugegriffen: 3.
    Juli 2014.
Eckstein, H., & Gurr, T. R. (1975). *Patterns of authority: A structural basis for political
    inquiry.* New York: Wiley.
Freedom House. (2012). *Freedom in the world 2012: The Arab uprisings and their global
    repercussions.* Washington, D.C.: Freedom House. www.freedomhouse.org/sites/default/
    files/inline_images/FIW%20Booklet–Finalpdf. Zugegriffen: 20. Juni 2014.
Freedom House. (2013). *Map of freedom.* New Vienna: Freedom House. www.freedom-
    house.org/sites/default/files/Map. Zugegriffen: 20. Juni 2014.

Giannone, D. (2010). Political and ideological aspects in the measurement of democracy: The freedom house case. *Democratization, 17,* 69–97.

Laitin, D. D. (1998). Toward a political science disciplilne: Authority patterns revisited. *Comparative Political Studies, 31,* 423–443.

Lauth, H.-J. (2004). *Demokratie und Demokratiemessung. Eine konzeptionelle Grundlegung für den interkulturellen Vergleich.* Wiesbaden: VS.

Marschall, S. (2014). *Demokratie.* Opladen: Budrich.

Marshall, M. G. (2010). The measurement of democracy and the means of history. *Society, 48*(H.1), 24–36.

Marshall, M. G. (2013). *Polity IV individual country regime trends 1946–2013.* New Vienna: Center for Systemic Peace. http://www.systemicpeace.org/polity/polity4.htm. Zugegriffen: 21. Juni 2014.

Marshall, M. G., & Cole, B. R. (2011). *Global report 2011: Conflict, governance, and state fragility.* New Vienna: Center for Systemic Peace. http://www.systemicpeace.org/vlibrary/GlobalReport 2011.pdf. Zugegriffen: 21. Juni 2014.

Portes, A., & Hoffmann, K. (2003). Latin American class structures: Their composition and change during the liberal era. *Latin American Research Review, 38,* 41–82.

Tilly, C. (2004). *Contention & democracy in Europe, 1650–2000.* Cambridge: Cambridge University Press.

Tilly, C. (2007). *Democracy.* Cambridge: Cambridge University Press.

Transformationsindex BTI. (2014). Atlas global views: Die Welt des BTI im Überblick. The status index. http://www.btiproject.de/atlas/. Zugegriffen: 4. Juli 2014.

Vreeland, J. R. (2008). The effect of political regime on civil war: Unpacking anocray. *Journal of Conflict Resolution, 52,* 401–425.

Die Demokratiejournale: Profile, Themen und Tendenzen

7

7.1 Themenschwerpunkte

Die wichtigsten Veröffentlichungsplätze für Demokratieforscher sind das *Journal of Democracy* und die Zeitschrift *Democratization*. Sie werden im Folgenden porträtiert. Die Demokratieforschung und die Forschung über Autokratie bzw. über autoritäre Regime verstehen sich als Variantten der Vergleichenden Politikwissenschaft. Um eventuelle Besonderheiten, aber auch thematische Gleichklänge mit der übrigen vergleichenden Politikwissenschaft herauszuarbeiten, werden noch kurz zwei etablierte Zeitschriften auf diesem Gebiet vorgestellt, die *Comparative Politics* und die *Comparative Political Studies*.

Für den Zeitraum von 1995 bis 2014 wurden für das *Journal of Democracy* 1089, für *Democratization* 811, für *Comparative Politics* 397 und für *Comparative Political Studies* 852 Artikel gezählt. Rezensionsartikel und kommentierte Datenpräsentationen wurden nicht mitgezählt.

Beim Jahrgang 2014 wurden im *Journal of Democracy* die Hefte 1 bis einschließlich 3, bei *Democratization* und *Comparative Politics* die Hefte 1 bis einschließlich 4 und bei den *Comparative Political Studies* die Hefte 1 bis einschließlich 9 berücksichtigt.

Die im Folgenden aufgeführten Tabellen weisen insgesamt mehr Nennungen als Artikel aus. Bis zu fünf Länder in einem Artikel werden jeweils einzeln berücksichtigt. Breiter angelegte regionale Vergleiche werden unter Westeuropa allgemein, Lateinamerika allgemein etc. aufgeführt. Globale Vergleiche mit einem Bezug zur Demokratie oder Autokratie sind in die ersten beiden Zeilen der Tabellen eingetragen. Länderartikel und Fallvergleiche ohne einen Bezug zu Policies

© Springer Fachmedien Wiesbaden 2015
J. Hartmann, *Demokratie und Autokratie in der vergleichenden Demokratieforschung*, DOI 10.1007/978-3-658-07479-1_7

oder zu Kirche und Religion sind zugleich Sammelkategorien für die Themen Verfassung, Regierungssystem, Parteien, Bewegungen, demokratischen Wandel und autoritäre Strukturen.

Entsprechend dem Augenmerk der Demokratieforschung auf junge Demokratien und autoritäre Regime werden einige Länder der außerwestlichen Welt besonders ausgewiesen. Interessierte mögen daraus ersehen, wie sich das Interesse an den Ländern in einer Region verteilt.

Tabelle 7.1 ist die Basis der gröber gegliederten und konturenstärkeren nachfolgenden Tabellen. Die Tab. 7.2, 7.3, 7.4, 7.5, und 7.6 zeigen den Themenverlauf der Journale in Fünfjahresintervallen.

Der erste Jahrgang des *Journal of Democracy* erschien im Jahr 1990. Die Berliner Mauer war gefallen. In einer zeitweise chaotisch anmutenden Ereignisfolge löste sich die Sowjetunion bis 1991 auf. An ihren westlichen und südlichen Grenzen entstanden neue Staaten. Überall schien die Welt im Wandel, auch in Afrika und in Asien kamen die Dinge in Bewegung. *Larry Diamond* (1951-) und *Marc F. Plattner* (1951-), nach wie vor die Herausgeber des Journals, erklärten in der ersten Nummer der Zeitschrift, die Überlegenheit der Demokratie vor allen anderen politischen Ordnungen im Weltgeschehen werde immer deutlicher. Doch leider seien die Antidemokraten durchweg besser organisiert und stimmkräftiger als die Demokraten. An den Universitäten und in den Buchläden der Dritten Welt dominiere die marxistische Literatur (Diamond und Plattner 1990).

Das *Journal of Democracy* wird vom National Endowment of Democracy (NED) herausgegeben. Diese Stiftung wurde 1983 von einer überparteilichen Koalition im US-Kongress ins Leben gerufen; sie finanziert sich aus Mitteln des amerikanischen Bundeshaushalts. Das NED war der letzte Schritt in einer Reihe von Initiativen, um mit amerikanischen Institutionen die Demokratie in der Welt zu fördern. Als Vorbild für das NED wurden die Stiftungen der großen deutschen Parteien aufgeführt.

Im ersten Erscheinungsjahr des *Journal of Democracy* befand sich die Sowjetunion seit langem im Niedergang, ihre Wirtschaft zeigte seit geraumer Zeit Symptome der Überforderung. Polen hatte eben die finale Erschütterung seines sozialistischen Regimes hinter sich. In Lateinamerika kämpften junge demokratische Regime mit den Problemen, die ihnen die Diktatur hinterlassen hatte.

Vor diesem Hintergrund erklärten es die Herausgeber des *Journal of Democracy* zu ihrer Aufgabe, diesen Wandel wissenschaftlich zu beobachten und den politischen Entscheidern verlässliche Handreichungen anzubieten. Die Geburtsstunde der neuen Zeitschrift kam dem Start einer neuen politikwissenschaftlichen Forschungsrichtung gleich: dem Übergang von der Diktatur zur Demokratie. *Plattner* als Ko-Herausgeber des *Journal of Democracy* ist zugleich Vizepräsident des NED

Tab. 7.1 Themen insgesamt: Journal of Politics (JoD), Democratization (Dem), Comparative Politics (CP) und Comparative Politics (CPS)

	JoD	Dem	CP	CPS
Grundlage: Zahl der Aufsätze 1995–2014	*1089*	*811*	*397*	*852*
Demokratie (Modelle, Regierungssystem, Verfassung allgemein, Vergleich)	134	46	11	39
Autokratie (Modelle, Struktur, Wandlungsfähigkeit)	14	7	4	17
Systemvergleich, Theorieprobleme, Methoden (u. a. Vergleichsstrategien, Datenbewertung, Demokratiemessung)		17	12	46
Parteiensysteme	1	8	3	21
Wahlsysteme	5	4	1	18
Westeuropa (Westeuropa, westliches Mitteleuropa, Skandinavien)	13	46	82	155
Osteuropa (östliches Mitteleuropa, östliches Europa, Südosteuropa)	96	88	34	57
Europäische Union	23	17	5	57
USA	14	10	6	27
Kanada	1	3	1	11
Russland	53	16	15	20
Zentralasien und Kaukasus	22	17	12	17
Lateinamerika insgesamt	122	72	117	124
• Lateinamerika allgemein	34	13	25	37
• Argentinien, Brasilien, Chile, Mexiko	32	29	69	57
• Bolivien, Ecuador, Venezuela	18	12	9	21
• übrige südamerikanische Länder	19	5	10	13
• Mittelamerika	19	13	4	16
Karibik	15	4	8	1
Naher Osten und Nordafrika insgesamt	99	56	11	10
• Naher Osten und Nordafrika allgemein	50	13	1	4
• Ägypten, Algerien, Marokko, Tunesien	19	24	12	3
• übrige Länder	30	19	8	3
Türkei	14	21	7	3
Israel	1	5	4	6
Asien allgemein	3	2	1	2
Vorderasien insgesamt	44	10	5	
• Iran	22	3	1	
• Afghanistan	7	3		
• Pakistan	15	4	4	

Tab. 7.1 (Fortsetzung)

	JoD	Dem	CP	CPS
Südasien insgesamt	34	29	13	12
• Südasien allgemein	2			1
• Indien	15	24	13	10
• Myanmar	7	1		
• Sri Lanka und Bangla Desh	8	2		1
• Nepal	2	2		
Südostasien insgesamt	43	37	23	7
• Südostasien allgemein	3	5	1	
• Indonesien, Malaysia, Philippinen	23	20	20	6
• Vietnam	2	1	1	
• Kambodscha	3	4		
• Thailand	7	7		1
• Singapur	6	3	1	
Ostasien insgesamt	82	46	37	49
• Ostasien allgemein	6	2	1	
• Japan	1	4	5	13
• Südkorea	7	13	4	11
• Nordkorea	2			
• China	51	9	4	11
• Taiwan	8	8	7	2
• Hong Kong	6	9		
• Mongolei	1	1		
Afrika insgesamt	93	127	47	38
• Afrika allgemein	27	27	13	19
• Südafrika	13	29	2	6
• Übrige Länder	53	71	32	13
Policies I (Wirtschaftspolitik, Konzepte, Strategien, Folgen), auch Bezug in Artikeln	16	9	26	45
Policies II (Soziales, Steuern, Industrie, Umwelt u. a.), auch Bezug in Artikeln	5		44	110
Religion und Kirchen, auch Bezug in Artikeln	38	20	10	11
Krieg		11	1	
Demokratieförderung	15	80	1	5
Sonstige Themen und nicht aufgeführte Länder	51	99	25	149

Tab. 7.2 Ausgewählte Ergebnisse insgesamt

	JoD	Dem	CP	CPS
Demokratie (Modelle, Regierungssystem, Verfassung allgemein, Vergleich)	134	46	11	39
Autokratie (Modelle, Struktur, Wandlungsfähigkeit)	14	7	4	17
Systemvergleich, Theorieprobleme, Methoden (u. a. Vergleichsstrategien, Datenbewertung, Demokratiemessung)		17	12	46
Europa insgesamt	109	134	116	212
Europäische Union	23	17	5	57
Nordamerika	15	13	7	38
Russland, Zentralasien und Kaukasus	75	33	27	37
Lateinamerika insgesamt	122	72	117	124
Naher Osten und Nordafrika insgesamt inkl. Türkei	113	77	18	13
Vorderasien insgesamt (Iran, Afghanistan, Pakistan)	44	10	5	
Südasien insgesamt	34	29	13	12
Südostasien insgesamt	43	37	23	7
Ostasien insgesamt	82	46	37	49
Afrika insgesamt	93	127	47	38
Policies (Wirtschaft, Soziales, Industrie, Umwelt), auch Bezug in Artikeln	21	9	70	155
Religion und Kirchen, auch Bezug in Artikeln	38	20	10	11
Demokratieförderung	15	80	1	5

und zeichnet dort für den Bereich Forschung verantwortlich. Der zweite Herausgeber *Diamond* ist in der Hoover Institution an der kalifornischen Stanford University angesiedelt. Zu den Freunden und Förderern der Hoover Institution zählten zu ihrer Zeit Prominente wie *Ronald Reagan, Margaret Thatcher* und *Milton Friedman.* Seine Tätigkeit wird überwiegend aus Unternehmensspenden finanziert, unter anderem von Edelfirmen wie J. P. Morgan, Exxon und Procter & Gamble.

Im Redaktionsbeirat des *Journal of Democracy* finden sich prominente Konservative an der Nahtstelle von Politik, Publizistik und Wissenschaft, so etwa *Francis Fukuyama,* der unlängst verstorbene *Samuel P. Huntington, Condoleeza Rice* und *Robert Kagan.* Mit *Terry Lynn Karl, Steven R. Levitsky, Lucian A. Way, Arturo Valenzuela* und *Andreas Schedler* befinden sich ferner bekannte Lateinamerikaexperten darunter. *Michael Bratton* ist ein Afrikakenner. *Michael McFaul* und *Lilia Shevtsova* repräsentieren Russlandexpertise. *Bruce Gilley* und *Andrew Nathan* haben sich als Kenner Chinas einen Namen gemacht. Alle tragen regelmäßig Beiträge zum *Journal of Democracy* bei. *David Brumberg, Thomas Carothers, Leonard*

Tab. 7.3 Themenverlauf – Journal of Democracy

	1995–1999	2000–2004	2005–2009	2009–2014
Demokratie (Modelle, Regierungssystem, Verfassung allgemein, Vergleich)	37	48	20	19
Autokratie (Modelle, Struktur, Wandlungsfähigkeit)		5	5	4
Systemvergleich, Theorieprobleme, Methoden (u. a. Vergleichsstrategien, Datenbewertung, Demokratiemessung)				
Europa insgesamt	21	21	31	27
Europäische Union		13	1	9
Nordamerika	4	9		2
Russland, Zentralasien und Kaukasus	21	22	20	12
Lateinamerika insgesamt	26	30	30	32
Naher Osten und Nordafrika insgesamt inkl. Türkei	15	29	26	43
Vorderasien insgesamt (Iran, Afghanistan, Pakistan)	3	15	21	5
Südasien insgesamt	6	7	6	15
Südostasien insgesamt	14	5	9	17
Ostasien insgesamt	28	18	18	19
Afrika insgesamt	31	20	25	17
Policies (Wirtschaft, Soziales, Industrie, Umwelt), auch Bezug in Artikeln	9	5	5	2
Religion und Kirchen, auch Bezug in Artikeln	10	16	11	
Demokratieförderung		2	6	7

Morlino, Ivan Krastev sowie schließlich *Diamond* und *Plattner* selbst veröffentlichen in Abständen Grundsätzliches zu Demokratie und Autokratie.

Doch immerhin: Ist der konservative Bias des *Journal of Democracy* auch unverkennbar, ist es doch ein ehrliches und lebendiges Organ. Auch scharfe Kritik an der Demokratieforschung wird veröffentlicht.

Demokratie, so *Diamond* im konservativen *Washington Quarterly* noch im Jahr vor dem Start des *Journal of Democracy*, lässt sich nur als rein politisches

Tab. 7.4 Themenverlauf – Democratization

	1995–1999	2000–2004	2005–2009	2009–2014
Demokratie (Modelle, Regierungssystem, Verfassung allgemein, Vergleich)	13	20	12	11
Autokratie (Modelle, Struktur, Wandlungsfähigkeit)			1	6
Systemvergleich, Theorieprobleme, Methoden (u. a. Vergleichsstrategien, Datenbewertung, Demokratiemessung)	1	6	4	6
Europa insgesamt	52	25	41	26
Europäische Union		2	2	12
Nordamerika	8	2	2	1
Russland, Zentralasien und Kaukasus	5	5	10	13
Lateinamerika insgesamt	19	18	14	17
Naher Osten und Nordafrika insgesamt inkl. Türkei	7	15	32	13
Vorderasien insgesamt (Iran, Afghanistan, Pakistan)		1	1	8
Südasien insgesamt	5	3	6	5
Südostasien insgesamt	4	9	20	7
Ostasien insgesamt	16	13	9	8
Afrika insgesamt	19	38	26	44
Policies (Wirtschaft, Soziales, Industrie, Umwelt), auch Bezug in Artikeln	3	3	3	
Religion und Kirchen, auch Bezug in Artikeln	1	6	10	3
Demokratieförderung	7	16	22	35

Phänomen angemessen verstehen, mag auch erwiesen sein, dass sie von gewissen gesellschaftlichen und wirtschaftlichen Strukturen begünstigt wird (Diamond 1989, S. 142 f.). Sie braucht auch den Kapitalismus nicht, um zu reüssieren. Dieser Standpunkt ist nur konsequent. Andernfalls hätte es kaum Sinn, der Demokratie mit einem eigens gegründeten Journal in Weltgegenden nachzuspüren, in denen entweder ein anderes Wirtschaftsmodell praktiziert wird, oder die im Unterschied zu den etablierten Demokratien mit Problemen wie Armut, Unterentwicklung und fehlender Infrastruktur geschlagen sind. Die Ereignisse schienen diesen Standpunkt zu bekräftigen. An der Wende zu den 1990er Jahren vollzog sich der Wandel zur Demokratie in Osteuropa in staatssozialistisch verfassten Ländern.

Tab. 7.5 Themenverlauf – Comparative Politics

	1995–1999	2000–2004	2005–2009	2009–2014
Demokratie (Modelle, Regierungssystem, Verfassung allgemein, Vergleich)	3	3	4	1
Autokratie (Modelle, Struktur, Wandlungsfähigkeit)		2		2
Systemvergleich, Theorieprobleme, Methoden (u. a. Vergleichsstrategien, Datenbewertung, Demokratiemessung)	2	4	3	3
Europa insgesamt	28	36	35	19
Europäische Union	3	2		
Nordamerika	2	2	4	
Russland, Zentralasien und Kaukasus	5	5	8	9
Lateinamerika insgesamt	26	33	28	32
Naher Osten und Nordafrika insgesamt inkl. Türkei	2	10	5	11
Vorderasien insgesamt (Iran, Afghanistan, Pakistan)	1	1	1	2
Südasien insgesamt	3		6	4
Südostasien insgesamt	5	1	5	2
Ostasien insgesamt	10	14	5	9
Afrika insgesamt	13	10	9	15
Policies (Wirtschaft, Soziales, Industrie, Umwelt), auch Bezug in Artikeln	21	17	11	21
Religion und Kirchen, auch Bezug in Artikeln	4		3	3
Demokratieförderung	6	5	4	10

　　Das typische Beitragsformat des *Journal of Democracy* ist der Zustand der Demokratie in einem bestimmten Land, also die bewährte Darstellungsform einer Fallstudie. Dies mindert den Wert des Journals keineswegs. Ganz im Gegenteil: es kommt der Lesbarkeit und Verständlichkeit für den wissenschaftlichen Laien entgegen. Das *Journal of Democracy* wirbt damit, dass seine Beiträge von den großen Zeitungen zur Kenntnis genommen werden, die als Lektüre der meinungsbildenden Kreise bekannt sind.

　　Ein Teil der Beiträge des *Journal of Democracy* befasst sich mit Grundsatzfragen wie der Definition der Demokratie, der Unterscheidung zwischen guter und

Tab. 7.6 Themenverlauf – Comparative Political Studies

	1995–1999	2000–2004	2005–2009	2009–2014
Demokratie (Modelle, Regierungssystem, Verfassung allgemein, Vergleich)	6	7	8	18
Autokratie (Modelle, Struktur, Wandlungsfähigkeit)		1	8	8
Systemvergleich, Theorieprobleme, Methoden (u. a. Vergleichsstrategien, Datenbewertung, Demokratiemessung)	5	14	17	10
Europa insgesamt	47	58	54	53
Europäische Union	7	29	12	4
Nordamerika	4	12	14	8
Russland, Zentralasien und Kaukasus	5	11	11	10
Lateinamerika insgesamt	21	46	38	39
Naher Osten und Nordafrika insgesamt inkl. Türkei	1	3	4	5
Vorderasien insgesamt (Iran, Afghanistan, Pakistan)				
Südasien insgesamt	1	2	6	3
Südostasien insgesamt			4	3
Ostasien insgesamt	7	17	12	13
Afrika insgesamt	6	8	10	14
Policies (Wirtschaft, Soziales, Industrie, Umwelt), auch Bezug in Artikeln	28	37	38	40
Religion und Kirchen, auch Bezug in Artikeln		2	4	5
Demokratieförderung		1	2	2

defizitärer Demokratie, dem Graubereich, in dem sich Demokratie und Autokratie berühren, in den letzten Jahren zunehmend auch mit den Rahmenbedingungen, die das Entstehen der Demokratie fördern oder behindern, mit der Religion, hauptsächlich dem Verhältnis von Islam und Demokratie, ferner mit der ökonomischen und sozialen Ungleichheit als Ursache für das Scheitern des Versuchs zur Demokratie, weiterhin dem Einfluss vorhandenen Ressourcenreichtums (Öl, Gas) auf die Verlangsamung oder Behinderung demokratischer Entwicklungen – exemplarisch sind hier Russland, Venezuela, Nigeria und einige Staaten im orientalischen

Raum –, schließlich fragen sie auch nach der Belastbarkeit junger Demokratien und der Bedeutung des kulturellen und Staatenumfeldes sowie nach der Eignung bestimmter Verfassungs- und Wahlsysteme für den demokratischen Wandel.

Der strahlende Optimismus der früheren Grundsatzartikel des *Journal of Democracy* ist in den letzten Jahren einer skeptischeren Betrachtung gewichen. Die Ursache liegt in der Erkenntnis, dass es mit der „dritten Welle" der Demokratie vorbei ist, ja dass wohl bereits ein Backlash eingetreten ist, wie ihn *Huntington* nach jeder Demokratiewelle festgestellt haben will. Ein Ergebnis davon sind auch im *Journal of Democracy* Beiträge, die um die Frage kreisen, warum Diktaturen so beharrungsfähig sind.

Methodisch ambitionierte Artikel sucht man im *Journal of Democracy* vergeblich. Die wenigen Beiträge, die sich mehr als einem Land widmen, haben deskriptiven und interpretierenden Zuschnitt.

Die in aller Regel mit Fakten gesättigten, bisweilen aber stark wertenden Länderbeiträge wenden sich, nach Regionen gegliedert, dem Zustand der Demokratie in Osteuropa, Russland, Arabien und Nordafrika, im subsaharischen Afrika, in Ostasien und in Südostasien zu. Diese Regionen werden aber nicht in gleicher Dichte bearbeitet. Die wenigen Beiträge über das westliche Europa konzentrieren sich auf den Mittelmeerraum, insbesondere auf Spanien, Italien und Griechenland. Hin und wieder erscheinen auch Beiträge über Demokratieprobleme in den USA und Kanada. Osteuropa und Russland finden seit dem Ende der 1990er Jahre weniger Interesse. Dies ist für ein Demokratiejournal nur plausibel.

Die Dinge sind dort weitgehend geklärt. Während das östliche Mitteleuropa und zuletzt auch der Balkan Kurs auf die Demokratie genommen haben, navigiert Russland seit Beginn der Ära *Putin* in autoritären Gewässern. Das Gleiche gilt für die kaukasischen und zentralasiatischen Staaten. Das Interesse des *Journal of Democracy* gilt hier so gut wie ausschließlich Georgien. Es liegt nahe der Pipelinerouten ins Kaspische Meer, grenzt sich von Russland ab und sucht die Partnerschaft der USA und der EU. Die außenpolitische Richtung stimmt hier schon einmal. Und wo es so vernünftig zugeht, darf dann auch erwartet werden, dass der Westen regimepolitisch nicht enttäuscht wird. Aus ähnlichen Gründen scheint sich das Interesse an der Ukraine zu speisen.

China stand schon einmal stärker im Mittelpunkt der Beiträge. Das Interesse an Ostasien konzentriert sich auf Südkorea, das inzwischen als eine konsolidierte Demokratie gelten darf, sowie auf Taiwan und schließlich auch Singapur als den seltenen Kasus einer Wohlstandsdiktatur. Südostasien wird mit großer Konstanz bearbeitet. Im Mittelpunkt stehen hier Indonesien, inzwischen wohl auch eine Demokratie, sowie Burma (Myanmar) und vor allem Thailand, dessen System im historischen Rückblick vor allem eine Konstante aufweist: das Wechselbad von Militärherrschaft und ziviler Herrschaft.

Vorderasien – darunter Pakistan, Iran, Afghanistan – findet kaum Beachtung. Indien indes wird häufiger zum Thema, interessanterweise auch unter der Frage, ob es unterhalb der gesamtstaatlichen Ebene, also in den indischen Staaten, wirklich so zugeht, wie man es in einer Demokratie erwarten sollte. Auch die arabisch-islamische Welt (einschließlich Nordafrika) fand lange bescheidenes Interesse, Ausnahmen waren meist Fälle wie Ägypten, Algerien und Marokko, halbkonstitutionelle autoritäre Systeme, in denen es immerhin Wahlen und Mehrparteiensysteme gab. Dies änderte sich schlagartig mit dem Arabischen Frühling im letzten Jahrfünft des Erscheinens der Zeitschrift.

Südamerika findet breitestes Interesse, vor allem mit Venezuela, Argentinien, Brasilien und Mexiko – jedes Land auf seine Weise eine defekte Demokratie: Argentinien laboriert wie seit Jahrzehnten an Armuts- und Wirtschaftskrisen, in Mexiko mangelt es dem Staat an Biss. Unter dem linken Populisten *Chavez* wurde in Venezuela eine Volksdemokratie errichtet, welche die Klassen dieses Landes polarisiert. Bolivien und Ecuador mit ihren Populisten von unten, *Morales und Correa*, scheinen diesem Vorbild nachzueifern. Sie stehen alle unter stirnrunzelnd strenger Beobachtung. Schwierige Fälle: Einerseits gelten dort Verfassungen und finden Wahlen statt. Aber die Regierungen betreiben eine linke Politik, die unter anderem die Eigentumsrechte, namentlich diejenigen ausländischer Investoren, nicht so achtet, wie dies in anderen Ländern der Region geschieht und wie es aus der Washingtoner Warte richtig wäre.

Das *Journal of Democracy* hält sich also nicht groß in den demokratischen Dunkelzonen auf, wo die Aussicht auf baldigen demokratischen Wandel bei Null liegt. Es konzentriert sich durchaus konsequent auf Regionen und hier wiederum auf ausgesuchte Länder, die entweder schon einmal demokratisch waren und zur Demokratie zurückgefunden haben oder die sich zum ersten Mal auf eine demokratische Befindlichkeit hinentwickeln, ohne dass der jungen Demokratie bereits eine Konsolidierung attestiert werden könnte.

Für das *Journal of Democracy* ist die Frage, wie die Demokratisierung der Welt vorangebracht werden kann, nicht sonderlich wichtig. Die Herausgeber des Journals erwarten wohl, dass Leser, die in Redaktionen, Regierungsbehörden, Planungsstäben und Ministerbüros ihrer Arbeit nachgehen, ihre Schlüsse aus den Beiträgen ziehen.

Das *Journal of Democracy* bewegt sich ausschließlich in den Politikdimensionen der Polity und der Politics. Materielle Politik, also Policies, sind kein Thema. Die gleichbleibenden Themen sind Verfassung, Rechtsstaat, Wahlen und Parteien.

Das zweite Demokratiejournal *Democratization* erscheint seit 1994 an der englischen University of Warwick. Auch hier ist das übergreifende Thema die Frage
nach dem Zustand der Demokratie, insbesondere in Ländern an der unscharfen
Grenze zwischen der defekten Demokratie und einem autoritären Regime, das
sich an der Oberfläche auf Wahlen und Verfassungen einlässt. Die Themenpalette
unterscheidet sich nicht groß von der des *Journal of Democracy*.

Die Beiträge haben durchweg wissenschaftlichen Zuschnitt. Sie kommen dem
Format der Abhandlungen gleich, die in Journalen mit dem Schwerpunkt im politikwissenschaftlichen Ländervergleich erscheinen. Die Themen werden methoden-
pluralistisch bearbeitet. *Democratization* ist aufgeschlossen für methodenstarke
und datenbasierte Beiträge.

Peter Burnell (1947-), einer der beiden Gründerherausgeber, hatte das Thema
einer politikwissenschaftlich gestützten Demokratisierung bereits gefunden, bevor
Democratization erschien. Die gegenwärtigen Herausgeber sind *Jeffrey Haynes*
(1963-) von der London Metropolitan University, ein überaus vielseitiger Wissenschaftler, der die verschiedensten Themen bearbeitet, unter anderem Religion und
Politik, Entwicklungspolitik und internationale Beziehungen, und *Aurel Croissant*
(1969-), Universität Heidelberg, ein Südostasienexperte. Autoren aus dem Grenz-
bereich von Politik und Wissenschaft, die im *Journal of Democracy* stark hervor-
treten, sucht man in *Democratization* vergeblich.

Der Schwerpunkt vieler Beiträge in *Democratization* liegt demgegenüber auf
den Fragen, welche Wege der Wandel zur Demokratie nimmt und unter welchen
Voraussetzungen er am besten gelingen kann. Dabei wird erörtert, was vom Beispiel älterer Demokratien und von erfolgreichen jüngeren Demokratisierungspro-
zessen gelernt werden kann.

Ein weiterer Akzent liegt auf der externen Demokratieförderung. Hier wird das
Journal seinem Namen gerecht: Demokratisierung! Was können demokratische
Regierungen, was NGOs und Wissenschaftler tun, um die Voraussetzungen für demokratische Strukturen und Initiativen zu schaffen? Was ist von der Wirksamkeit
politischer Konditionen bei der Vergabe von Krediten und Entwicklungsprojekten
zu erwarten, mit denen Geberregierungen und internationale Finanzinstitutionen
die Empfängerregierungen dazu anhalten wollen, den politischen Dissens zu tole-
rieren und bei der Behinderung der Opposition nachzulassen? Auch die Beratung
und Unterstützung demokratischer Aktivisten durch NGOs und politische Stiftungen ist ein Thema. Welches der in der Politikwissenschaft diskutierten Demokratiemodelle, die Konkordanz- oder die Konkurrenzdemokratie, eignet sich am besten
als Orientierungsrahmen für die gezielte Unterstützung einer jungen Demokratie
(zum Beispiel Haukenes 2013)? Welches Regierungsmodell passt mit Blick auf die

jeweiligen Verhältnisse besser, das parlamentarische oder das präsidentielle, und welches Wahlsystem, die Mehrheits- oder die Verhältniswahl?

Nicht nur *Democratization*, sondern auch das *Journal of Democracy* bedienen sich also durchaus der Modelle, die vor der Konjunktur der Demokratieforschung am Beispiel etablierter Demokratien entwickelt worden sind (siehe oben 3.7). Besonderer Aufmerksamkeit erfreuen sich die Basiskonstruktionen demokratischer Regierungssysteme und die Wahlsysteme, Letztere häufig im Zusammenhang mit *Duvergers Gesetz*, wonach die Mehrheitswahl ein Zweiparteiensystem und die Verhältniswahl ein Mehrparteiensystem begünstigt.

Das Leitbild der guten Demokratie ist das Gleiche wie beim *Journal of Democracy*: die liberale Demokratie! Doch *Democratization* reitet weniger auf der Zielmarke einer liberalen Demokratie herum, und dafür gibt es einen guten Grund: Zunächst kommt es auf die Etappe einer minimalen Demokratie an, also auf echte Wahlen und Gewaltenteilung. Soziale Gerechtigkeit und soziale Demokratie sind Themen für etablierte Demokratien, nichts für die Überwindung autoritärer Strukturen und auch nichts für die Stützung noch prekärer Demokratien, bei denen durchaus nicht sicher ist, dass sie nicht bald wieder in autoritäre Verhältnisse zurückfallen.

Gegenstand zahlreicher Beiträge ist Westeuropa. In vielen weiteren Beiträgen geht es um Osteuropa, darunter die Ukraine und Weißrussland, Ersteres ein Fall von labiler Demokratie, Letzteres eine in Europa einzigartige neopatrimoniale Diktatur. Auch Russland und China werden regelmäßig bearbeitet, aber in einer gleichbleibend recht geringen Anzahl von Beiträgen. Die Staaten des südlichen Kaukasus und Zentralasiens interessieren nicht besonders.

In der ebenfalls nicht üppig beachteten Region Ostasien treffen wir – wie im *Journal of Democracy* – auf die vertrauten Fälle Südkorea, Hong Kong und Singapur, in Südostasien auf Burma und Thailand. Die arabischen Staaten interessieren mäßig. In Nordafrika handelt es sich um Ägypten und Marokko, beides Fälle autoritärer Regime, die eine gewisse Parteienvielfalt zulassen und Wahlen veranstalten. Sehr intensiv wird allerdings das subsaharische Afrika unter die Lupe genommen.

Eher am Rande kommt Lateinamerika vor, und zwar hauptsächlich mit Brasilien, Argentinien und Mexiko. Wenig erstaunlich: Die Redaktion von *Democratization* ist bei weitem nicht so stark mit Lateinamerika-Experten bestückt wie die des *Journal of Democracy*. Europa hingegen, Ost wie West, steht stark im Vordergrund. Es bietet einfach den meisten Stoff, auch in historischer Hinsicht, für gescheiterte und erfolgreiche Demokratieversuche. Sie werden auf ihre Lehren für Länder in anderen Weltregionen abgeklopft.

Die Autoren von *Democratization* arbeiten stärker als das *Journal of Democracy* mit Modellen. Sie führen in aller Regel auch kurze Theoriediskussionen.

Policies allerdings, ob in Fallstudien oder Fallvergleichen, sucht man so vergeblich wie im *Journal of Democracy*.

Dessen ungeachtet ist *Democratization* offen für die demokratiepolitischen Implikationen der internationalen Ökonomie. Das Wohlfahrtsgefälle zwischen reichen Demokratien und armen Diktaturen eröffnet Chancen, um mit Wirtschaftshilfe, Schuldenerlass und Handelsliberalisierung auf regimepolitische Gegenleistungen zu pochen. Immerhin ist die Redaktion so selbstkritisch, dass sie auch Stimmen zu Wort kommen lässt, die den Nutzen der Versuche zur externen Demokratieförderung infrage stellen.

Werfen wir einen Seitenblick auf die *Comparative Politics*, eines der älteren und bekannteren Journale im Schwerpunktbereich des Vergleichs politischer Systeme. Die wesentlichen Unterschiede zu beiden Demokratiejournalen sind die Folgenden:

Weniger Beiträge zur Theorie, zur Begrifflichkeit, zum Staat, zur Demokratie und zur Diktatur allgemein, dafür aber deutlich mehr Beiträge, die zwei und mehr Länder unter dem Aspekt der Verfassung, der Parteiensysteme, ausgesuchter Verbände, der Eliten, der subnationalen Politik (Föderalismus) und der Interessenvermittlung vergleichen. Hinzu kommt eine deutlich größere Zahl vergleichender und Einzelfallstudien zur materiellen Politik.

In regionaler Hinsicht liegt ein Schwerpunkt der Beiträge im Bereich Westeuropa. Hier stehen Parteien, Gewerkschaften, Arbeitsbeziehungen und soziale Bewegungen im Mittelpunkt. Auch die osteuropäischen Demokratien finden starke Beachtung, auch wieder unter den Aspekten der Parteien und Verbände. Russland, China sowie Ost- und Südostasien und der Nahe Osten kommen eher am Rande vor. Bei *Comparative Politics* fällt die sehr große Anzahl von Beiträgen über Lateinamerika auf. Damit stellt es sich in eine Reihe mit dem *Journal of Democracy* und den *Comparative Political Studies*. Auch Afrika findet große Beachtung.

Der Gestus der meisten Beiträge lässt mäßigen methodischen Ehrgeiz erkennen. Das Oberthema sind Interessen und Interessenverarbeitung sowie politische Ergebnisse. Viele Beiträge handeln über Policies: In den Artikeln, die Europa, Nord- und Südamerika und Ostasien gewidmet sind, geht es vorzugsweise um Arbeitsbeziehungen, Steuerpolitik, Sozialpolitik sowie um Industrie- und Wirtschaftspolitik.

Kurz: materielle Politik und Regimepolitik werden im Zusammenspiel betrachtet.

Das nahezu gleiche Themenbild zeigen die *Comparative Political Studies*. Dort allerdings treten die Methoden des Ländervergleichs stärker hervor als in den drei zuvor skizzierten Journalen. Kaum ein Beitrag, der keine theoriegeleiteten Hypothesen aufgreift und sie einem Datentest unterwirft! Westeuropa und Lateinamerika werden in diesem Journal noch viel stärker bearbeitet als in den *Comparative*

Politics. Sehr viele Artikel sind Fallstudien über Länder *und* Policies. Beide Journale bringen in geringer Zahl Beiträge über China, Japan, Taiwan und Korea, auch diese nehmen meist Bezug auf eine Policy.

Viele Beiträge, die über China erscheinen, dies gilt für alle vier Journale, handeln über die kommunale Ebene, auf der seit einigen Jahren halbwegs freie Wahlen zugelassen sind.

Für die herausragende Beachtung Lateinamerikas unter den außereuropäischen Regionen und Ländern drängt sich die Erklärung auf, dass dort Wahlen stattfinden, dass halbwegs verlässliche Umfrageergebnisse vorliegen, dass es ernstzunehmende Verfassungen gibt und dass die Regierungen, wie in den Demokratien üblich, mit ihrer materiellen Politik um die Zustimmung des Elektorats werben. Im starken Interesse an Lateinamerika dürfte sich auch die Tatsache spiegeln, dass die meisten Autoren in den USA beheimatet sind. Dort wird Lateinamerika stärker beachtet als in Europa, Spanisch rangiert vielerorts nicht nur im Alltag mittlerweile als Zweitsprache, es ist auch eine bevorzugt gewählte Fremdsprache.

Ganz nach ihrem Anspruch leuchten die beiden Demokratiejournale intensiver die Weltgegenden aus, in denen die Demokratie entweder noch nicht konsolidiert ist, wo noch Übergangsprozesse stattfinden und wo es demokratische Kräfte überhaupt schwer haben, sich Gehör zu verschaffen. Die entsprechenden Themen werden darüber hinaus im Zeitverlauf ohne große Schwankungen bearbeitet. Lediglich das Interesse an Europa verzeichnet einen Rückgang. Was wunder, bietet es doch nur mehr historischen Stoff für demokratischen Wandel!

7.2 Politikverständnisse

Bei allen kritischen Beiträgen, die auch in den beiden Demokratiejournalen publiziert werden, steht das *Journal of Democracy* unverändert auf dem Standpunkt, der bereits bei seiner Gründung den Ausschlag gegeben hat: Der Demokratie gehört die Zukunft! Es gibt keine ernstzunehmenden Alternativen mehr. Da ist dann allerdings noch die lästige Tatsache des einen oder anderen Autokraten, der dank der Gunst der Umstände seinem Volk die bürgerlichen Freiheiten und freie Wahlen verweigert.

Demokratie ist ein politisches Phänomen, wie der Markt ein wirtschaftliches Phänomen ist. Da beide nur in Freiheit gedeihen, die Demokratie in politischer Freiheit, die Ökonomie in der Freiheit der Märkte, ist die liberale Wirtschaftsordnung die beste Voraussetzung für die Festigung der Demokratie. Sie entlastet den Staat, und durch Wachstum und Steuern eröffnet sie überhaupt erst die Möglichkeit, an die Armen und Kranken umzuverteilen, die am Markt nicht mithalten können.

Das *Journal of Democracy* verweist regelmäßig auf Umfragen in den verschiedensten Welt- und Kulturregionen, denen zufolge Menschen *auch außerhalb des westlichen Kulturkreises* die Demokratie für richtig und erstrebenswert halten: Die Idee der Demokratie hat sich erfolgreich von geografischen und kulturellen Räumen gelöst. Es lässt sich aber nicht bestreiten, so *Plattner* in einem erst kürzlich erschienen Artikel, dass es mit der Ausbreitung der Demokratie, teils auch mit der Festigung junger Demokratien nicht mehr recht voran geht (Plattner 2014).

Wie Auszüge aus einer Debattierrunde der Herausgeber zeigen, hat der Siegeszug der Demokratie wieder einmal – wie so oft zuvor in der Geschichte – eine Pause eingelegt. Doch immerhin verzeichnet sie dort, wo sie erst vor 25 Jahren Fuß gefasst hat, eine erfreuliche Stabilisierung, namentlich in Teilen Osteuropas, in Lateinamerika, hier und dort auch in Südostasien, weniger allerdings in Afrika, im Kaukasus und in Zentralasien (Møller und Skaaning 2013).

Also gibt es weiterhin gute Gründe, neue Demokratien und beharrungsfähige autoritäre Regime zu beobachten und Länder und Ereignisse unter die Lupe zu nehmen, um zu erkennen, wo sich Risse im Gebälk autoritärer Regime zeigen. Immerhin kennen wir, teils verpackt in Modellen, teils in statistisch untermauerten Untersuchungen, die Sollbruchstellen autoritärer Regime. Die Tatsache, dass sich immer mehr autoritäre Regime auf Wahlen einlassen, mögen diese auch manipuliert werden, ist ein Menetekel: Die manipulierte Wahl ist die letzte Verteidigungslinie autoritärer Herrschaft (Schedler 2010).

Demokratie kann nicht von außen über den Rest der noch nicht demokratischen Welt kommen. Die Diktaturen müssen erst so mürbe werden, dass die Herrschenden selbst zur Einsicht finden, dass ihre Zeit abgelaufen ist. Dann aber sind sie gut beraten, Zeitpläne aufzustellen und daran mitzuwirken, sich einen gewaltfreien und persönlich sicheren Abgang zu verschaffen.

Die Beobachtung lehrt, worauf besonders geachtet werden muss, um den Lauf der Dinge richtig einzuschätzen. Ein Beispiel: *Leon Aron*, für den Russland keine Diktatur, aber doch ein halbautoritäres Regime darstellt, prognostizierte auf der Basis der Proteste gegen *Putins* dritte Wahl zum russischen Präsidenten, so allmählich müsse sich der große Zampano im Kreml mal entscheiden, wohin er wolle: auf das Demokratiebegehren der Mittelklasse eingehen oder es aber ignorieren und dann unvermeidlich selbst die wenigen bürgerlichen Freiheiten einschränken, die es in Russland ja immerhin gebe (Aron 2013). Davon abgesehen, dass eine Mittelklasse ja immer in die Wertewelt ihrer Gesellschaft eingelassen ist, dass also die Mittelklasse in Russland in politischer Hinsicht etwas anderes sein dürfte als die Mittelklasse in Europa oder in Nordamerika, fragt sich, warum denn *Putin* aus-

gerechnet wegen dieser kleinen russischen Mittelklasse davon Abstand nehmen
sollte, den freien öffentlichen Raum weiter einzuschränken. Hat er ja auch nicht!
Bei solchen Überlegungen ist allzu offensichtlich der Wunsch der Vater des Ge-
dankens. Die Masse der russischen Bürger außerhalb der bekannten Metropolen,
also in den Westlern nicht geläufigen großen Städten und auf dem platten Lande
erwarten vom Kreml einen sichtbar starken Führer, pünktliche Rentenzahlungen,
Arbeit und bescheidenen Wohlstand. Könnte es sein, dass der Autor hier den gleichen Fehler begeht wie so viele journalistische Berichterstatter, die in Moskau leben und vielleicht noch Petersburg kennen und die das, was sie dort wahrnehmen,
auf das ganze Land übertragen? Ein Fehler, der allzu gern gemacht wird, wo auf
großen öffentlichen Plätzen, etwa in Tunis oder Kairo, Massenproteste stattfinden,
die ein Regime erschüttern!

Das *Journal of Democracy* lässt auch warnende Stimmen zu Wort kommen.
Lilia Shevtsova, eine anerkannte Russland-Expertin der Carnegie Foundation, erinnert daran, dass ein Wandel zur Demokratie nur von den Bürgern erzwungen
werden kann (Shevtsova 2012). Ja, so ist es wohl, und wenn die Bürger eben nicht
wollen oder können, bleibt es so, wie es ist.

Der streitbare *Ivan Krastev*, ein häufig bemühter Autor des *Journal of Democracy*, lehnte sich zu weit aus dem Fenster, als er der „infame managed democracy" *Putins* angesichts der Moskauer Proteste gegen die manipulierte Duma-Wahl
von 2011 das Aus prognostizierte (Krastev 2012). Zu früh gefreut!

Ein ganzes Heft *des Journal of Democracy* widmete sich 2013 der Frage, ob
China denn nun so weit sei, dass es sich endlich in Richtung Demokratie verände-
re. Wie *Andrew J. Nathan*, auch er ein anerkannter Experte, in seinem Eröffnungs-
beitrag ausführt, ist China allerdings ein ganz anderer Fall als etwa die marode
DDR-Diktatur. Diese hielt Ende der 1980er Jahre keiner weiteren Erschütterung
mehr stand und kippte nach den Ereignissen in der Sowjetunion selbst, in den baltischen Sowjetrepubliken und in Polen wie ein bereits wackelnder Dominostein um.
China betreibt demgegenüber eine erfolgreiche Wachstumspolitik, seine Polizei ist
effektiv. Wer wollte dem widersprechen!

Aber es gibt Hoffnung: Die Chinesen sind besser informiert als je zuvor, und
sie verlieren ihre Angst vor der Repression. Hier drängt sich die Frage auf: einige
schon, aber sind es auch genug? Die Veränderung des Regimes ist nach *Nathan*
nur noch eine Frage der Zeit (Nathan 2013). Ja freilich, alles hat seine Zeit. Man
muss kein China-Experte sein, es genügt die regelmäßige Lektüre einer seriösen
Tageszeitung mit kundigen Auslandsmitarbeitern, um Überlegungen dieser Art als
bloßes Wünschen und Meinen zu erkennen.

Democratization ist sich mit dem *Journal of Democracy* darin einig, dass Demokratie und Wirtschaftsfreiheit zusammengehören. Eine der jüngsten Ideen, um

den Voraussetzungen und Hindernissen auf dem Wege zur Demokratie auf die Spur
zu kommen, ist die „abweichende Demokratie", der letzte große Neuzugang in der
Modellsammlung der Demokratieforschung.

Ausgehend von der Beobachtung, dass die Demokratie am besten Fuß fasst,
wenn ein gewisser Grad an wirtschaftlicher Entwicklung erreicht ist, zeigen
Rendske Dorenspleet und *Splet Kopecký*, dass Demokratien, wenn auch in einer
Magerversion, dort entstanden sind, wo es sie eigentlich gar nicht geben dürfte, in
islamischen und in ethnisch gespaltenen Ländern. Es handelt sich um demokrati-
sche Inseln in einer erdrückend erscheinenden autoritären Umgebung: Benin, die
Mongolei, Indien, Costa Rica und Botswana (Dorenspleet und Kopecký 2008). Die
Autoren sprechen hier von „devianten Demokratien."

Devianz verweist stets auf den Normalfall. Um also die Demokratie als ab-
weichendes Phänomen zu ermitteln, kommt *Michael Seeberg* auf die naheliegende
Idee, die „normalen Bedingungen" zu aufzuführen, unter denen die Demokratie am
besten Fuß fassen sollte (Seeberg 2014):

1. Modernität, d. h. Säkularisierung und wirtschaftliche Entwicklung: Beides
   ist messbar am Verhältnis von Staat und Religion und an der ökonomischen
   Leistungsfähigkeit mit der darin implizierten Verteilungskapazität. Ökonomische Leistung ist wichtig, um Infrastruktur, Bildung und Gesundheitswesen zu
   finanzieren.
   Eigentlich ist diese These, so vernünftig sie ist, ein Verstoß gegen das *Diamond*-
   Diktum, Demokratie sei ein rein politisches Phänomen.
2. Eine günstige Nachbarschaft: Ein Umfeld demokratischer Nachbarn, die
   Kraft ihres Vorbilds Druck auf eine nachholende demokratische Entwicklung
   erzeugen.
3. Ressourcenreichtum: Der gesellschaftliche Druck auf demokratische Verhältnisse lässt nach, wenn die Regierenden dank der Einkünfte aus dem Verkauf
   von Öl und Gas aus dem Vollen schöpfen können. Sie haben damit die Mittel,
   um von oben nach unten zu verteilen. Sie schalten damit das Motiv wirtschaftlicher Not für ein Aufbegehren gegen das Regime aus und neutralisieren bei den
   Armen das Begehren nach demokratischen Reformen.
4. Religion: Sind Muslime in der Mehrheit, steht es schlecht mit der Empfänglich-
   keit für die Demokratie. Islam und Freiheit vertragen sich nicht.
   Doch was ist „der" Islam? Und was verursacht die Schwierigkeit, in den von
   Muslimen bewohnten Gesellschaften die Demokratie zu etablieren? Jahr-
   zehntelange härteste Repression, die Kumpanei des Westens mit Diktatoren,
   mit denen man sich im Antikommunismus einig war? Ausweglose Armut und
   Chancenlosigkeit selbst für Menschen mit guter Ausbildung? Hier lässt der alte

Huntington mit seiner verqueren und alarmistischen Sicht auf den Islam grü-
ßen. Der Islam ist eine üble, ja gefährliche Sache, eine Antithese zur Demokratie! So mancher Stammtisch ist da schon weiter.

5. Ethnische und kulturelle Homogenität: Die ethnische Spaltung einer Gesellschaft behindert den Weg zur Demokratie. Wie im Nullsummenspiel wird der
   Mehrheitsentscheid von der unterlegenen Seite als Oktroi aufgefasst. Die Mehrheit reißt sich nach allgemeiner Erfahrung den Staat und seine Ressourcen unter
   den Nagel, um etwas für die eigene Klientel zu tun.
   Hier nun befindet sich der Autor in guter Gesellschaft, was die Erkenntnisse des
   Fachs betrifft.

6. Britannien als Schule der Demokratie: Die Vergangenheit als britische Kolonie
   ist eine gute Voraussetzung, damit die Demokratie Fuß fassen kann. Die Erfahrung mit britischen Verwaltern, die recht gewaltarme Dekolonisierungspolitik
   nach dem letzten Weltkrieg und generell die britische Lebensart haben ein Vorbild gesetzt.

Dazu kann man nur mit dem Kopf schütteln: Das britische Kolonialimperium war
für Inder, Afrikaner und Asiaten keine Partymeile. Briten waren schließlich nicht
in Übersee, um dort die frohe Botschaft der Demokratie zu verbreiten. Ganz im
Gegenteil hinterließen sie Ökonomien, die auf ihre Bedürfnisse ausgelegt waren
und an denen die unabhängigen Staaten teilweise bis heute laborieren. Und was
die politische Hinterlassenschaft betrifft, sei daran erinnert, dass die Briten – wie
jeweils Franzosen und Portugiesen – in den von ihnen beherrschten Gebieten Afrikas und Asiens nicht als Vorturner der liberalen Demokratie auftraten, sondern eine
koloniale Diktatur ausübten. Wie kommt der Autor zu dieser verqueren These?
Doch wohl nur, weil bei der Verarbeitung der Datenprofile statistisch signifikant
eine britische Kolonialvergangenheit auftaucht! Das aber sollte nicht allzu sehr
verwundern, weil die meisten Kolonialgebiete, darunter größere und wirtschaftlich interessantere, aus denen später unabhängige Staaten wurden, zum einstmals
großen britischen Kolonialreich gehörten.

Seeberg steht mit seiner These nicht allein. *Rollin F. Tusalem* kommt in den
methodisch ambitionierten *Comparative Political Studies*, was die Religion betrifft, zum gleichen Ergebnis. Der Protestantismus eignet sich besser für das Reifen
junger Demokratien als Katholizismus und Islam. Grundlage dieser Erkenntnis:
ein Fallvergleich von Staaten im früheren Britisch-Afrika, von Peru und Nicaragua
(Tusalem 2008). Dieser Autor wäre besser beraten gewesen, hätte er zuvor tatsächlich ein Methodenwerk konsultiert, das nicht nur zum Umgang mit Daten anleitet,
zum Beispiel dasjenige von *Geddes'*. Es enthält ein schönes Kapitel mit dem Ti-

tel, dass die Fälle, die man wählt, unter Umständen schon das Ergebnis vorgeben (Geddes 2003, S. 89 ff.).

Kaum weniger peinlich sind die Lobgesänge einiger Autoren im *Journal of Democracy* auf den Protestantismus ob seines Beitrags zur Demokratie. Im selben Zusammenhang wird das Wirken evangelikaler Bewegungen gepriesen, von denen die Freiheitsfackel der Pilgerväter heute in Lateinamerika, Afrika und Asien hochgehalten wird (exemplarisch Woodberry und Shah 2004).

Derart krachlederne Beiträge findet man in *Democratization* kaum. Zum Thema Islam und Demokratie lässt es einen kundigen Experten zu Wort kommen (Eshtehami 2004). *Raymund Hinnebusch* geht das Thema gleichlautend mit *Eva Bellin* im Journal *Comparative Politics* unter dem Blickwinkel an, dass in den Ländern des Nahen Ostens eben nicht nur Muslime leben, sondern dass sie leider nichts anderes kennen als knallharte autoritäre und ausbeuterische Regime mit erprobten und schwer zu erschütternden Gewaltapparaten, denen sich nolens volens das ganze Sozialgefüge hat anpassen müssen (Hinnebusch 2006; Bellin 2004, 2012). *Paul Freston* kommt bei der Betrachtung der Evangelikalen in der Dritten Welt zu dem Ergebnis, dass sich kein positiver Einfluss auf Demokratisierungsprozesse nachweisen lässt (Freston 2004).

Wenn schon Demokratie, so insbesondere das *Journal of Democracy*, dann muss es aber auch die richtige sein. Man braucht nicht weit zu blicken, um sie zu erkennen. Seit der zweiten Hälfte des letzten Jahrhunderts ist der Anti-Amerikanismus eine Konstante in der Welt. Er richtet sich nicht aber nicht gegen die USA als solche oder in ihrer Eigenschaft als Weltmacht, sondern gegen die demokratische Idee, für welche die Vereinigten Staaten stehen (Krastev 2004).

In Lateinamerika, das in den 1980er und 1990er Jahren doch zu so schönen Hoffnungen berechtigte, haben sich in den letzten 15 Jahren Regime (Bolivien, Ecuador, Venezuela) etabliert, die offensichtlich vom Willen und von der Stimmung einer Bevölkerungsmehrheit getragen werden. Sie sind keine Diktaturen, sie veranstalten Wahlen und gehen für gewöhnlich nicht einmal den Privilegierten an die persönliche Freiheit. Aber sie haben mit plebiszitären Mitteln und außerhalb der etablierten Verfassungsregeln die Verfassungen geändert, und zwar mit dem Effekt, dass diese Verfassungen nicht mehr als Reformbremsen für eine Oberschicht taugen, die den Reichtum des Landes kontrolliert. Die von wenigen Familien kontrollierten Medien, denen es unbenommen bleibt, aus allen Rohren und mit teils rassistischen Untertönen gegen die linken Regierungen zu schießen, haben Konkurrenz von Staatssendern erhalten. Charismatische Persönlichkeiten mit Wurzeln in den verachteten unteren Klassen und in der indigenen Bevölkerung sind in Bolivien und Venezuela ins Präsidentenamt gelangt (Lupien 2013). Ausländische Investoren werden zwar nicht enteignet, aber bei der Ausbeutung der natürlichen Ressourcen stärker zu Kasse gebeten. Die US-Botschafter haben als Prokonsuln der heimischen Innenpolitik ausgedient.

Die Gründe liegen für die Demokratieforscher im Populismus. Er wird als eine Strategie dargestellt, um die Institutionen zu überspielen, die dem Willen der Exekutive Einhalt gebieten könnten. Das Phänomen des Populismus ist aber vielschichtiger als eine Kräfteverschiebung zwischen den Institutionen. Populismus heißt nicht zuletzt, die vom etablierten Politikbetrieb tabuisierten Probleme zu thematisieren (dazu Decker 2006). *Kurt Georg Weyland* fällt im *Journal of Democracy* nicht mehr dazu ein, als dass der neue, gefährlich linke Populismus in Lateinamerika die Demokratie bedroht. Er hebelt ein gewaltenteiliges System aus und setzt all die ökonomischen Erfolge aufs Spiel, die dem Vollzug neoliberaler Reformen zu verdanken sind (Weyland 2013). *Steven Levitsky* und *James Loxton* lassen es sich in *Democratization* nicht nehmen, den Regimen, in denen sich dieser neue Populismus entfalten konnte, sogar die Qualität einer minimalen Demokratie abzusprechen (Levitsky und Loxton 2013).

Der Gleichklang dieser Urteile mit dem neoliberalen, ja libertären Demokratieverständnis ist nicht zu überhören: Umverteilung, die über die Finanzierung der minimalen Staatsfunktionen hinausgeht, darf kein legitimes Betätigungsfeld der Politik sein.

Ivan Krastev stellt im *Journal of Democracy* die Frage, warum die Politikwissenschaft keine Antwort auf die Frage hat, warum autoritäre Regime im Zeitalter der Demokratisierung überleben, und warum es so schwer fällt, dem „neuen Autoritarismus" beizukommen, der sich mit formaldemokratischen Attributen wie Wahlen und Verfassung schmückt (Krastev 2011).

Diese Frage ist symptomatisch für den Anstoß zur Erforschung der Autokratie, die sich der Demokratieforschung hinzugesellt hat: Wie Autoren beider Journale in den letzten Jahren bisweilen schon beinahe resignierend einräumen, scheint es mit der Hochkonjunktur der Demokratisierung vorbei zu sein. Exemplarisch ist die Prognose eines Mitherausgebers des *Journal of Democracy*, eine so dichte Folge demokratischen Wandels wie in den 1990er Jahren werde es wohl nicht mehr geben (Plattner 2014; so auch Merkel 2010, S. 493 ff.). Dies wirft allerlei Probleme auf. Die älteren und die neueren Demokratien, selbst die Fälle demokratischen Wandels, in denen sich auch über Jahre hinweg keine Konsolidierung abzeichnet, und schließlich die Beharrungsfähigkeit der Diktaturen haben den Raum eng werden lassen, in dem über die Demokratie geforscht werden kann.

Osteuropa und Lateinamerika, alles in allem Fälle erfolgreicher Demokratisierung, sind inzwischen geradezu „übererforscht." Gibt es noch irgendwelche guten Gründe, an Polen, Tschechien, die baltischen Republiken, an Spanien und Portugal oder an Südkorea Fragen zu richten, auf die am Gegenstand Großbritanniens,

Frankreichs, Österreichs, der Schweiz, der Benelux-Länder und Skandinaviens, der USA und Kanadas sowie Japans von vornherein verzichtet wurde? Afrika, Südostasien und der arabisch-orientalische Raum sind schon so lange und häufig durchgeknetet, dass für originelle neue Ansätze oder Beiträge kaum noch Platz bleibt.

Da liegt es auf der Hand, Thesen wiederzubeleben, die den Zusammenhang von Demokratie und ökonomischer Entwicklung zur Sprache bringen. Ein altes Thema der vergleichenden Politikwissenschaft, zugleich aber auch das Eingeständnis, dass an der Bedeutung materieller Politik für die Demokratie doch wohl mehr dran ist, als man in den euphorischen fetten Jahren demokratischen Wandels hat glauben wollen.

Russland und China fanden lange großes Interesse. Inzwischen hat sich die Einsicht durchgesetzt, dass es wenig Zweck hat, hier noch nach Symptomen einer beginnenden Demokratisierung Ausschau zu halten. Russland hat ganz im Gegenteil den Rückwärtsgang eingelegt. Das chinesische Regime steht wie ein Fels, allerdings in keiner demokratischen Brandung. Die schwachen Demokratien in der Nachbarschaft werden mit guten Gründen nicht als regimepolitische Bedrohung wahrgenommen. Ganz im Gegenteil, weckt China Bewunderung und Ängste bei den Nachbarn. In Russland sieht es da schon anders aus, es sieht sich zumindest an seinen westlichen Grenzen regimepolitisch herausgefordert und eingekreist. Beide Länder sind Schwerstgewichte in der Weltpolitik. Es gibt ungeachtet ihrer regimepolitischen Qualität gute Gründe, sie politikwissenschaftlich zu beobachten. Warum sollte sich die Demokratieforschung hier heraushalten? Da beide reale Gegenbilder zur Demokratie darstellen, gibt es auch von dieser Seite her Grund genug zu einer Autokratieforschung.

Der Orient und Afrika bieten noch ganz andere Themen als bloß autoritäre Regime, die sich hier und dort abwechseln, sich der Demokratie aber partout verweigern: Staatszerfall, Bürgerkrieg, bewaffnete Intervention, Völkermord, Menschenrechtsverletzungen, Hungersnöte. Das jüngste Schlagwort der Demokratieforschung lautet *Krieg und Demokratie*. Das Thema schlägt eine Brücke zum Gegenstandsbereich der Demokratieförderung. Es geht um moralische und empirische Fragen im Zusammenhang mit ausländischer Militärintervention, namentlich in der Dritten Welt, sowie um den Krieg und seinen Beitrag zum Entstehen demokratischer Strukturen (Grimm und Merkel 2008; Merkel 2008).

Vor diesem Hintergrund sollte man erwarten, dass die Demokratieforschung allmählich in die breite Spur der Themen zurücklenkt, die seit je zum Vergleich von Ländern und Regionen motiviert haben.

Literatur

Aron, L. (2013). Putin versus civil society: The long struggle for freedom. *Journal of Democracy, 24*, 62–74.

Bellin, E. (2004). The robustness of authoritarianims in the Middle East: Exceptionalism in comparative perspective. *Comparative Politics, 36*, 139–157.

Bellin, E. (2012). Reconsidering the robustness of authoritarianism in the Middle East: Lessons from the Arab Spring. *Comparative Politics, 44*, 127–151.

Decker, F. (Hrsg.). (2006). *Populismus. Gefahr für die Demokratie oder notwendiges Korrektiv?* Wiesbaden: VS.

Diamond, L. (1989). Beyond authoritarianism and totalitarianism: Strategies for democratization. *Washington Quarterly, 12*, 141–163.

Diamond, L., & Plattner, M. F. (1990). Why the Journal of Democracy? *Journal of Democracy, 1*, 3–5.

Dorenspleet, R., & Kopecký, P. (2008). Against the odds: Deviant cases of democratization. *Democratization, 15*, 697–713.

Eshtehami, A. (2004). Islam, Muslim politics, and democracy. *Democratization, 11*, 90–110.

Freston, P. (2004). Evangelical Protestantism and democratization in contemporary Latin America and Asia. *Democratization, 11*, 21–41.

Geddes, B. (2003). *Paradigms and sand castles: Theory building and research design in comparative politics.* Ann Arbor: University of Michigan Press.

Grimm, S., & Merkel, W. (2008). War and democratization: Legality, legitimacy, and effectiveness. *Democratization, 15*, 457–471.

Haukenes, K. (2013). Enforcing consens? The hidden bias in EU democracy promotion in Central and Eastern Europe. *Democratization, 20*, 1258–1296.

Hinnebusch, R. (2006). Authoritarian persistence, democratization theory and the Middle East: An overview and critique. *Democratization, 13*, 373–395.

Krastev, I. (2004). The anti-American century? *Journal of Democracy, 15*, 5–17.

Krastev, I. (2011). Paradoxes of the new authoritarianism. *Journal of Democracy, 22*, 5–16.

Krastev, I. (2012). Putin under siege: An autopsy of a managed democracy. *Journal of Democracy, 23*, 33–45.

Levitsky, S., & Loxton, J. (2013). Populism and competitive authoritarianism in the Andes. *Democratization, 23*, 107–131.

Lupien, P. (2013). The media in Venezuela and Bolivia: Attacking the bad left from below. *Latin American Perspectives, 40*, 226–246.

Merkel, W. (2008). Democracy through war? *Democratization, 15*, 487–508.

Merkel, W. (2010). *Systemtransformation. Eine Einführung in die Theorie und Empirie der Transformationsforschung* (2. überarb. u. erw. Aufl.). Wiesbaden: Springer VS.

Møller, J., & Skaaning, S.-E. (2013). The Third Wave: Inside the numbers. *Journal of Democracy, 24*, 97–109.

Nathan, A. J. (2013). China at the tipping point: Thinking the unthinkable? *Journal of Democracy, 24*, 20–25.

Plattner, M. F. (2014). The end of the transitions era? *Journal of Democracy, 25*, 5–16.

Schedler, A. (2010). Authoritarianism's last line of defense. *Journal of Democracy, 21*, 69–80.

Seeberg, M. (2014). Mapping deviant democracy. *Democratization, 21*, 634–654.

Shevtsova, L. (2012). Putinism under siege: Implosion, atrophy, or revolution? *Journal of Democracy, 23,* 19–32.

Tusalem, R. F. (2008). The role of Protestantism in democratic consolidation among traditional states. *Comparative Political Studies, 42,* 882–915.

Weyland, K. G. (2013). The threat from the populist left. *Journal of Democracy, 24,* 18–32.

Woodberry, R. D., & Shah, T. S. (2004). Christianity and democracy: The pioneering Protestants. *Journal of Democracy, 15,* 47–61.

Demokratieförderung 8

Ein Nebenaspekt der Demokratieforschung ist die Förderung der Demokratie. Demokratie muss sich aus den Gesellschaften selbst heraus entwickeln. Aber es sollte möglich sein, den in der Halblegalität oder im Verbotenen operierenden Gruppen, Initiativen oder Parteien mit Rat und Tat zur Seite zu stehen. Die Erfahrung der etablierten Demokratien, die Erforschung erfolgreicher Demokratisierungsprozesse und das im Studium von Demokratie und Diktatur erworbene Wissen um den Zustand autoritärer Regime, so die Idee der *democracy promotion*, sollen nicht einfach Bücher und Journale füllen. Dieses Wissen muss auch gezielt angewandt werden, um die Welt besser, d. h. demokratischer werden zu lassen. Ein ungelöstes Problem ist dabei die Frage, wie denn die Demokratie zu verstehen ist, die da gefördert werden soll, letztlich also genau die Debatte, die um die minimale und um die gute Demokratie geführt wird (Agn 2014).

Wie die großen Vermessungsprojekte des Freedom House, von Polity IV und von Bertelsmann braucht die so verstandene Demokratieförderung Geld und Personal: für Institutionen, Analytiker, Tagungen und Seminare, Veröffentlichungen und Auslandsmitarbeiter. Von daher ergibt sich eine Affinität zu den Regierungen sowie zu Stiftungen und „Denkfabriken", die bereits im Geschäft der Politikberatung und der Schulung politischen Personals tätig sind.

Die ersten und die ältesten Institutionen, die sich auf diesem Feld betätigten, waren die großen deutschen Parteienstiftungen, die Konrad-Adenauer-, die Friedrich-Ebert- und die Friedrich-Naumann-Stiftung. Eine ihrer selbst gestellten Aufgaben war die Förderung nahestehender Parteien, teils auch von Gewerkschaften. Die Stiftungen sind unabhängig, aber sie finanzieren sich fast ausschließlich aus Steuermitteln. Sie stehen in keinem Konkurrenzverhältnis, sondern ergänzen ein-

© Springer Fachmedien Wiesbaden 2015
J. Hartmann, *Demokratie und Autokratie in der vergleichenden Demokratieforschung*, DOI 10.1007/978-3-658-07479-1_8

ander. Vom Ergebnis her schwer messbar, liegen die Erfolge ihrer Tätigkeit darin, dass sie Foren bieten, die den Exponenten einer demokratischen Opposition die Chance bieten, Erfahrungen austauschen und hinter den weltanschaulichen Unterschieden das gemeinsame Anliegen entdecken.

Das deutsche Stiftungsmodell diente bei der Gründung des US-amerikanischen National Endowment for Democracy (NED) als Vorbild. In der Sache ging daraus aber eine andere Konstruktion hervor. Dies schon deshalb, weil es Parteien in der Art der deutschen und der in Europa üblichen in den USA nicht gibt. Für eine Aktivität im Sinne der sozialen oder christlichen Demokratie gibt es im weltanschaulichen Horizont der amerikanischen Politik keinerlei Ansatzpunkt. Das NED ist denn auch eine Dachorganisation für eine Vielzahl von Institutionen, die sich dem Ziel der Förderung der Demokratie in der Welt verschreiben und vom US-Kongress dafür finanziell unterstützt werden (Scott und Steele 2005).

Im NED arbeiten die beiden großen Parteien, Demokraten und Republikaner, ferner die US-Handelskammer und auch die Gewerkschaftskonföderation AFL/CIO mit. Die Rolle der Parteiinstitute in der Stiftung war Gegenstand einer Kontroverse. Schließlich wurde entschieden, dass die indirekte Finanzierung der Parteien über die Mitarbeit der Institute im NED nicht erlaubt sei. Auch die Rockefeller und die Carnegie Foundation kooperieren mit dem NED (dazu Lowe o. J.).

Die Institutionen, die sich der Demokratieförderung verschreiben, arbeiten teils zwar in den Zielländern (ein Überblick bei Scott 1999). Ihr Ansatz ist aber die externe Demokratieförderung. Zum Leistungsprogramm gehören Schulungen in den Heimatländern der Stiftungen, Stipendien für ein Hochschulstudium, Seminare, Praktika und die Unterhaltung von Büros im Ausland, also erreichbare Anlaufpunkte für die Adressaten vor Ort. Liegen die Dinge aber so, dass die Adressaten hauptsächlich sich selbst und einen kleinen Zirkel von Gleichgesinnten repräsentieren, d. h. mangelt es ihnen an breiter Resonanz in der Gesellschaft, schrumpfen diese Förderungsmaßnahmen auf einen ausländischen Patron und inländische Klienten – nichts, was ein Regime zu fürchten hätte.

Wie am Beispiel Russlands belegt, bevor die Tätigkeit einschlägiger NGOs in der Ära *Putin* praktisch unterbunden wurde, sind die NGOs der Förderländer eng mit der Politik ihrer Regierung verwoben. Für ihr weltweites Netz von Mitarbeitern und Stationen brauchen sie eine Zentrale mit der üblichen bürokratischen Struktur. Das Berichtsverhalten an die Geldgeber und die Meldungen der Auslandsmitarbeiter an die Zentrale sind auf Erfolgsmeldungen disponiert. Wer will schon ein schmaleres Budget riskieren, die Schließung oder die Reduzierung der Auslandsmission, wenn realistisch geschildert würde, dass es an greifbaren Erfolgen mangelt? Die Empfänger verhalten sich kaum anders, verschafft ihnen die Demokratieförderung doch Jobs und Einkünfte (Henderson 2002). Ganz ähnliche

Mechanismen sind im Verhältnis der Mutterorganisationen und Auslandsfilialen im Bereich der Wirtschaftshilfe nachgewiesen (Hanlon 2004).

Die Grenze zwischen externer Demokratieberatung und innenpolitischer Einmischung sind fließend. Das amerikanische NED steht im Dienste der Washingtoner Außenpolitik. Bei den europäischen Stiftungen ist nicht der Fall. Die Adressaten sozialdemokratischer oder christlich-demokratischer Stiftungen, die je auf ihre Weise ein sozialpflichtiges Demokratiebild pflegen, dürften den Betreibern des NED schon viel zu weit links stehen.

Die Demokratieförderer arbeiten auf schwankendem Boden. Solange die Opposition nicht die Kreise des autoritären Regimes stört, lässt man die ausländischen Demokratiehelfer gewähren. Wer will mit Schikanen schon Regierungen verärgern, die in den internationalen Organisationen über Entwicklungsprojekte, dringend benötigte Kredite oder Entschuldungsvorhaben entscheiden? Wird die heimische Opposition aber zu laut, könnte sie breite Resonanz finden, wird anders kalkuliert: Geht es ums Eingemachte, also um die Kontrolle, tritt das Interesse am Wohlwollen der Geldgeber zurück. Dann werden schon einmal Büros geschlossen und durchsucht. In Russland wurde ein Gesetz beschlossen, das die Tätigkeit der NGOs als Agententätigkeit qualifiziert und praktisch abwürgt.

Die Erfolge externer Demokratieförderung sind kaum messbar. Höchst anschaulich war die Tatsache, dass die politikwissenschaftlichen Experten und die in der Demokratisierung engagierten Institutionen vom Großereignis des Arabischen Frühlings gleichermaßen überrascht wurden. Das Gleiche gilt für die Tatsache, dass sich dieser demokratische Frühling bald als Wettertäuschung erwies. In den Folgeereignissen hat sich der Bestand zerfallender Staaten um einige Neuzugänge gesteigert. Westliche Regierungen waren der Auffassung, da die Gelegenheit schon günstig erschien, sollten sie wankenden Diktatoren wie *Gaddafi* und *Assad* den letzten Stoß versetzen, sei es auch mit den Mitteln einer externen militärischen Demokratieförderung.

Noch vor dem Arabischen Frühling hatte die US-Außenpolitik mit der Besetzung des Irak im Jahr 2003 gute Vorarbeit für die Destruktion staatlicher Strukturen im Namen der Demokratie geleistet. Der Vorwand irakischer Massenvernichtungswaffen war rasch als unwahr entlarvt, eventuelles Interesse an den irakischen Ölvorkommen ließ sich als Motiv international schwer verkaufen. Also blieb immer noch das hehre Unterfangen, einer irakischen Demokratie auf die Beine zu verhelfen. Wie wir heute wissen, hat auch das nicht geklappt. Der schiitisch-irakische Regierungschef *al-Maliki* düpierte die sunnitische Minderheit um nichts weniger, als zuvor jahrzehntelang die Schiiten unterdrückt worden waren. Das Ergebnis: Der Irak zerlegt sich in sunnitisch, schiitisch und kurdisch dominierte Gebietsteile.

Westliche Politiker stehen an der Seitenlinie und gestikulieren heftig, sich doch bitte fair zu verhalten, aber sie finden, wen wundert's, kein Gehör. Auch die Europäer mit stolzer Weltbeherrschungsvergangenheit wollten sich nicht lumpen lassen. Briten und Franzosen wurden handgreiflich, um den wankenden libyschen Diktator *Gaddafi* endgültig zu Fall zu bringen und die Opposition zu unterstützen, darunter meuternde Truppen, welche die Zeichen der Zeit erkannt hatten und es für klug hielten, die Seiten zu wechseln. *Gaddafi* kam denn auch zu Fall, allerdings mit der Folge, dass mit dem Regime auch die einzige Klammer gelöst wurde, die das fragile Gebilde des nachkolonialen Libyen zusammengehalten hatte. Der Staat war nach dem letzten Weltkrieg, wie auch sonst in Afrika und teilweise im Orient, aus Gebieten und Volksgruppen zusammengeschustert worden, die wenig miteinander gemeinsam hatten. Libyen bietet derzeit das Bild eines gescheiterten Staates mit seiner typisch machtlosen Regierung und starken Warlords.

Der ägyptische Präsident *Husni Mubarak* wurde lange als Verbündeter des Westens wertgeschätzt. Als es um die Wende der Jahre 2011/2012 auf dem wichtigsten öffentlichen Platz Kairos eng und laut wurde, weil dort viele Menschen ein Ende der Diktatur einforderten, ließen ihn die US-Administration und die Regierungen der großen europäischen Ländern fallen. Dann übernahm der gewählte Präsident *Mohammed Mursi*, ein Repräsentant der bisher oppositionellen Kraft der Muslimbrüder das Präsidentenamt. Zur Empörung vieler säkularer Ägypter und toleranter Muslime nahm er das Vorhaben in Angriff, das öffentliche Leben stärker zu islamisieren. Die Fraktion der nach dem eigenem Verständnis wirklich frommen Muslime, für die ihr Glaube nicht einfach eine private, sondern eine öffentliche und politische Sache ist, spendete jedoch lauten Beifall.

Das Militär machte dem Spuk, der bald an den Rand eines Bürgerkrieges führen sollte, im Sommer 2013 ein Ende. In Washington und in den europäischen Hauptstädten wurde dieser Putsch verurteilt. Die Mehrheit der Ägypter hieß ihn gut. Sie hatten den früheren Präsidenten nicht für die noch stärkere Islamisierung des öffentlichen Lebens aus dem Amt treiben wollen und gaben sich jetzt mit einem Militärpräsidenten zufrieden, der wenigstens die als misslich empfundene Episode der Muslimbrüderherrschaft mit harter Hand beendet hatte.

Die Reaktion der demokratischen Regierungen fiel schizophren aus. Als hätten sie die schlichten Schemata von Freedom House und Polity IV verinnerlicht, verurteilten sie den Putsch, weil er gegen die Verfassung verstieß. Dass das von *Mursi* in Aussicht genommene Programm fundamentale demokratische Werte wie religiöse Toleranz und die Entscheidung, in säkularer Weise zu leben, verletzt hätte, war in diesem Zusammenhang kaum zu vernehmen. Doch an sich waren die westlichen Regierungen froh, dass es so gekommen war. Was letztlich wieder zählte, war die Aussicht auf Stabilität.

Besonders stark fiel die Fehlkalkulation in Syrien aus: Die westlichen Regierungen einschließlich der Türkei überschlugen sich geradezu in der Unterstützung von Gruppen, die das Assad-Regime stürzen wollten. Dass es aber keine Protagonisten des liberalen Politikmodells waren, die das Regime am stärksten in Bedrängnis brachten, sondern vielmehr Kräfte, die gegen Andersgläubige und säkulare Syrer wüteten, schien den Entscheidern erst zu dämmern, als es längst in den Zeitungen zu lesen und von TV-Beobachtern zu hören war.

In Lateinamerika waren in den letzten 15 Jahren hier und dort beträchtliche Veränderungen zu Gunsten der Linken zu verzeichnen. Gewinner dieser Entwicklung waren aber nicht die von westlichen Stiftungen geförderten Parteien und Gruppen, sondern politische Eigengewächse. Sie reüssierten dank der Mobilisierung von Menschen in prekären Lebensverhältnissen, und zwar der städtischen Armen hier, einer mehrheitlich indigenen, in ländlicher Armut gefangenen Bevölkerung dort.

Die größten und nachhaltigsten Erfolge verzeichneten externe Impulse für eine demokratische Entwicklung ganz zu Beginn der „dritten Welle." Die deutschen und die schwedischen Sozialdemokraten waren schon vor dem endgültigen Aus für die portugiesische und spanische Diktatur aktiv, um die entsprechenden Exilparteien zu unterstützen, und sie setzten diese Unterstützung nach der Überwindung der autoritären Vergangenheit tatkräftig fort. Hier war das günstige Umfeld zu bedenken. Selbst für diejenigen Parteien, die Funktionsträgern des alten Regimes noch ein Betätigungsfeld boten, gab es keine Alternative zur Mitgliedschaft in der Europäischen Union mit all ihren Chancen für wirtschaftliches Wachstum und Beschäftigung. Der Preis dafür war bekannt: die liberale Demokratie. Außerhalb Europas waren die demokratischen Parteien und ihre Stiftungen vor allem bei der Unterstützung demokratischer chilenischer Exilpolitiker erfolgreich.

Das krachende Scheitern der US-amerikanischen Politik bei den Versuchen, zu Anfang der 1960er Jahre das junge linke Regime auf Kuba zu destabilisieren und in den 1980er Jahren die historische Linksdrift Nicaraguas zu unterlaufen, bieten weitere Beispiele dafür, dass sich das pralle Leben schlecht in akademische und ideologische Entwürfe einfangen lässt.

Die Wirtschafts- und Entwicklungshilfe wird auch als ein Vehikel für die Förderung der Demokratie diskutiert. Wo Demokratien wirtschaftlich helfen, sollen sie verlangen dürfen, dass sich die Empfänger für die Demokratie öffnen.

In diesem Zusammenhang ergibt sich in der Beschaffenheit der Diktaturen, die Wirtschaftshilfe in Empfang nehmen, ein Problem. Wie *Joseph Wright* ausführt, der dabei auf den Pfaden *Mancur Olsons* (Olson 1993) wandelt, nehmen Diktatoren mit einer langen Zeitperspektive, die sich also sicher im Sattel wähnen dürfen, die Angebote mit Kusshand entgegen. Wirtschaftshilfe mag nützlich sein, um vorzeigbare Verbesserungen zu erzielen, die dann nicht den ausländischen Gebern, sondern dem Regime zugeschrieben werden. Diktatoren hingegen, deren Herrschaft notorisch gefährdet ist, können es sich nicht leisten, über den Tag hinaus zu denken. Sie holen so viel aus dem Land heraus, wie kurzfristig nur möglich ist, um auch nach ihrem Sturz noch gut leben zu können (Wright 2008). Wozu dann Wirtschaftshilfe, die allein denen nützen mag, die nach ihnen kommen?

Wenn Wirtschaftshilfe mit Bedingungen einhergeht, die zur Förderung der Demokratie bestimmt sind, sieht die Sache auch für sattelfeste Diktatoren schon anders aus. Es dürfte ihnen kaum gefallen, dass sie Opposition nicht mehr hart anfassen dürfen. Entweder verzichten sie auf das Geld, was selten der Fall ist, oder sie müssen es irgendwie hinbekommen, zwar die Bedingungen zu akzeptieren, sie aber mit allerlei Tricks gleich wieder zu unterlaufen.

Ob die externe Demokratieförderung nun erkennbare Effekte hat oder auch nicht: Zweifel an der Wirkung einer wissenschaftlich unterfütterten Demokratieförderung werden so stark in Watte verpackt, dass sich die Kritik kaum noch heraushören lässt (z. B. Burnell 2012). Lautere und ehrlichere Skepsis wäre wissenschaftlich angebrachter. Sie käme aber dem öffentlich bekundeten Selbstverständnis demokratischer Staaten in die Quere, die nichts unversucht lassen wollen, um ihre Werte auch im Verhältnis zur übrigen Welt zu bekräftigen. Demokratie ist allemal eine schöne Sache, nicht nur für Menschen, die in demokratischen Verhältnissen leben, sondern auch für den Rest der Welt. Wer wollte dem widersprechen?

Literatur

Agn, H. (2014). Is successful democracy promotion possible? The conceptual problem. *Democratization, 21*, 49–71.

Burnell, P. (2012). Promoting democracy. *Government & Opposition, 48*, 265–287.

Hanlon, J. (2004). Do donors promote corruption? The case of Mozambique. *Third World Quarterly, 25*, 747–764.

Henderson, S. L. (2002). Selling civil society: Western aid and the nongovernmental Organization sector in Russia. *Comparative Political Studies, 35*, 139–167.

Lowe, D. (o. J.). *Idea to reality: NED at 30.* Washington, D.C.: National Endowment of Democracy. http://www.ned.org/about/history. Zugegriffen: 21. Juni 2014.

Olson, M. (1993). Dictatorship, democracy, and development. *American Political Science Review, 87*, 567–576.

Scott, J. M. (1999). Transnationalizing democracy promotion: The role of western political foundations and think tanks. *Democratization, 12*, 439–460.

Scott, J. M., & Steele, C. A. (2005). Assisting democrats or resisting dictators? *Democratization, 12*, 146–170.

Wright, J. (2008). To invest or to insure? How authoritarian time horizons impact foreign aid effectiveness. *Comparative Political Studies, 41*, 971–1000.

Das Ende einer politikwissenschaftlichen Erkundungstour?

Die Forschung über Demokratie und Autokratie setzt neue Akzente beim Vergleich politischer Systeme.

Die Demokratie ist ein Edelprodukt des Herrschaftssystems. Sie verlangt gewisse Standards. Es gibt eine gewisse Varianz. Allzu groß darf sie aber nicht geraten. Sonst droht der Absturz in die Residualkategorie der Diktatur.

Die Demokratie mit ihren Beteiligungs- und Persönlichkeitsrechten und mit ihrer gewaltenteilig kontrollierten Macht hat ein charakteristisches Format. Die Diktaturen gleichen sich darin, dass sie eben nicht als Demokratie identifizierbar sind. Die zahlreichen Diktaturen treten in vielerlei Gestalt auf. Mit dem einfachen Ablegen von Länderkärtchen in die Schubladen von Demokratie und Diktatur ist kein akademischer Blumentopf zu gewinnen. Da winkt schon der politikwissenschaftliche Laie ab. Das sollte auch jeder Schüler leisten können, der im Politik- und Geographieunterricht aufgepasst hat. Die hehre Wissenschaft suggeriert, mehr daraus machen zu können.

Etliche Diktaturen kommen geradezu unterirdisch daher. Sie sind Spielbälle durchgeknallter Machtmenschen, die mit allem und jedem in ihrer Reichweite tun und lassen, was sie wollen. Andere Diktaturen legen Wert auf eine demokratische Fassade. Wo sich aber die Mächtigen in der Politik mit den Mächtigen in Wirtschaft und Religion verbünden, entsteht ein diktatorisches Spielfeld, auf dem gewisse Regeln gelten.

Die Staatenwelt ist nicht nur als ein Komplex der Staaten- und Wirtschaftsbeziehungen, sondern auch in der Struktur der Länder und ihrer Regime fortwährend in Bewegung. Die Qualität der Regime changiert. Hin und wieder stürzt eine Demokratie ab. Gelegentlich lässt sich eine Öffnung autoritärer Regime zur Gesell-

© Springer Fachmedien Wiesbaden 2015
J. Hartmann, *Demokratie und Autokratie in der vergleichenden Demokratieforschung*, DOI 10.1007/978-3-658-07479-1_9

schaft hin beobachten. In glücklichen Fällen geling sogar ein Aufstieg in die Liga der Demokratien.

Die Grundidee zur Erforschung politischen Wandels liegt lange vor der Zeit, bevor die gegenwärtige Demokratieforschung Konjunktur hatte. Sie geht auf *David Easton* und *Gabriel Almond* zurück. Sie boten im politischen System ein Modell an, das die Institutionen der Willensbildung und des Regierens mit den gesellschaftlichen Strukturen und dem Wertehorizont verknüpft. Demgegenüber muten die hier besprochenen Autoren über Demokratie und Diktatur wie aus der Zeit gefallen an. Das soziologische Argument und das Wissen um Kultur und historisch gewachsene Institutionen zählen nicht mehr viel. An ihre Stelle treten die Datenverarbeitung, der szientistisch aufgezäumte Beweis mit großen Fallzahlen, das der Ökonomie entlehnte handlungstheoretische Kalkül und die Reduzierung komplexer Phänomene wie der Demokratie auf einige Verfassungsmerkmale.

Die Forschung über Demokratie und Diktatur operiert unter anderem mit dem Anspruch, den politischen Wandel von Demokratie und Diktatur auf der Zeitachse zu beobachten. Aber wie erklärt sie diesen Wandel? – Bis auf einige unbeholfene Versuche: Fehlanzeige! Wie könnte es anders sein, wird doch das komplexe Gebilde eines Regimes auf rechenhafte Strukturen wie Wahlen und tagesaktuelle Ereignisse eingedampft, die den Respekt vor dem Rechtsstaat bestätigen oder ihn widerlegen!

Der Gründe dafür verweisen auf den Wandel im Wissenschaftsverständnis. Viele Politikwissenschaftler vermeinen, es methodisch mit der Naturwissenschaft aufnehmen zu können. Es handelt sich um die aktuelle Version des alten Streits in der Sozialwissenschaft. Bestimmt die Methode den Gegenstand? Die Rechenkundigen antworten mit einem emphatischen *Ja*. Oder bestimmt der Gegenstand die Methode? Die anderen zucken die Schultern, ignorieren, was die Kolleginnen und Kollegen da treiben, und signalisieren wie auch immer ihr *Nein*.

Wer letzterer Überzeugung ist, macht sich eher klein. Was *Werner J. Patzelt* (1953-) kritisch zur vergleichenden Diktaturforschung anmerkt, gilt für den ganzen Komplex der Forschung über Demokratie, Transition und Diktatur (Patzelt 2009, S. 167 f.). Der Trend weht mit allem, was ihn stark macht, mit Forschungsgeldern, tagesaktueller Reputation, der Widmung von Professuren und mit Netzwerken, von denen Berufungen gesteuert werden, in die andere Richtung.

Die Art, Demokratie und Diktatur zu erforschen, erinnert an das Denken eines auf den Kopf gestellten Marxismus. Dieser geht davon aus, dass die politische Form ein Ausdruck der gesellschaftlichen Verhältnisse ist: Basis sticht Überbau! Die Demokratieforschung interessiert sich für nichts anderes als für die formal bestimmte Demokratie. Deren Basis in Ökonomie, Historie und Kultur interessiert nicht oder sie wird ausgeblendet, und erst in allerjüngster Zeit ist zu vernehmen, dass derlei vielleicht doch eine Rolle spielen könnte.

Dies erinnert an den Ehrgeiz der modernen Wirtschaftswissenschaft, mit wenigen und messbaren Variablen das wirtschaftliche Geschehen nicht nur verstehen, sondern es auch wissenschaftlich begründet in die erwünschte Richtung lenken zu können. Dahinter steht als Norm der Markt, das freie Spiel rational sich verhaltender Akteure auf der Grundlage klar definierter und unbestrittener Eigentumsrechte. Weicht die Realität von dieser Norm ab, kommt es darauf an, so die Empfehlung der Ökonomen, dass sich die Wirklichkeit an die Norm anpasst. Ganz ähnlich mutet das Anliegen der Demokratieforschung an.

Die Welt ist in weiten Teilen offensichtlich nicht demokratisch. Aber sie wäre besser, wenn sie demokratischer würde. Hierin stimmen Politik und Politikwissenschaft überein. Die Überlegung dahinter: Entwickeln sich immer mehr Staaten in Richtung auf die Demokratie, ist eine größere Respektierung der Menschenrechte, die Gewöhnung an den friedlichen Konfliktaustrag und die habituelle Bindung der Regierenden an den Willen der Regierten zu erwarten.

Um an dieser Stelle noch einmal auf die Wirtschaftswissenschaft zurückzukommen: Sie stößt sich mit ihrem Idealbild eines sich selbst regelnden Systems am Phänomen des Staates. Die Politik folgt einer anderen Rationalität als die Ökonomie. Den politischen Akteuren geht es in der Demokratie um den Erwerb und die Erneuerung des Wählermandats. Weil demokratische Politik legitimiert ist, ihren Willen auch gegen die Logik des Marktes geltend zu machen, verdirbt sie das Marktgeschehen. Daher die in der Wirtschaftswissenschaft waltende Aversion gegen das Eingreifen der Politik in wirtschaftliche Prozesse.

Die hier erörterte Demokratieforschung kommt dem ökonomischen Ideal insgesamt nicht in die Quere. Sie klammert die materielle Politik aus der Demokratie aus und eröffnet neben der Marktwissenschaft ihre eigene Party. Die Themen lauten hier auf Wahlen, Repräsentation, Gewaltenteilung, persönliche Freiheiten. Wo die Forscher den Antipoden der Demokratie wahrnehmen und näher hinschauen, wird sie zur Forschung über die Diktatur, sorry, weil das zu platt und die Diktatur seit je im Sprachschatz vorhanden ist: jetzt der Autokratie.

Was aber kann eine Politikwissenschaft dazu beitragen, die Welt demokratischer zu machen? Bei realistischer Betrachtung denkbar wenig! Viel wäre schon geleistet, wenn sie das Verständnis für die Gründe förderte, warum Diktaturen so beharrungsfähig sind und warum einige darunter Chancen auf eine Liberalisierung erkennen lassen, andere aber so marode sind, dass der Trimumh privater Gewalt in einem gescheiterten Staat droht.

Warum ist es gut, das zu wissen? Nehmen wir nur das Projekt der externen Demokratieförderung (Burnell 2000). Politische Stiftungen und NGOs, die sich dem Fortschritt der Demokratie in der Welt widmen, könnten daraus die Erkenntnis gewinnen, wo sich ihr Einsatz überhaupt zu lohnen verspricht und wo die Einmischung von außen eine fragile Staatlichkeit eher ganz zu ramponieren droht.

Der Blick auf die Weltkarte informiert zuverlässig, dass dort, wo es Armut, Volkskrankheiten, unzureichende Ernährung sowie mangelhafte Hygiene und Analphabetismus gibt, wo Volksgruppen oder Religionsgemeinschaften einander bekämpfen, wo unter dem Deckmantel solcher Gegensätze eine Balgerei um die staatlichen Verwaltungen und um die Verteilung der Ressourcen stattfindet, es entweder keine Demokratie gibt, oder falls es sie denn geben sollte, dass sie es schwer hat, sich zu behaupten.

Die Frage nach Demokratie und Diktatur muss tiefer bohren als ins Verfassungsgebälk oder in die Beschaffenheit von Wahlen und Abstimmungen. Um es mit Brecht auszudrücken: „Erst kommt das Fressen, dann die Moral!" Demokratie ohne Ergebnisse, auch solcher materieller Natur, brauchen die wenigsten. Dies gilt für alte wie für junge Demokratien, für Asien, den Orient, Lateinamerika und Afrika um nichts weniger als für Europa und Nordamerika.

Wer die Familie nicht ernähren kann, wem die Kinder wegen epidemischer Lappalien unter den Händen wegsterben, weil die Impfstoffe fehlen, die im Einzelfall Pfennigbeträge kosten, wem die Inflation das bescheidene Ersparte auffrisst, dem dürfte die physische Verbesserung seiner Situation wichtiger sein als das Abstraktum der Meinungs- und Wahlfreiheit, das Dissidenten und Oppositionellen so wichtig ist.

Die Empörung über solche Missstände braut den Cocktail, der die Energien für den Regimewandel freisetzt – einen Wandel, der unter Umständen in ein neues autoritäres Regimes überleitet. Forscher, denen das Unwägbare Unbehagen verursacht, dürften wenig Geschmack an der These finden, dass ein autoritäres Regime, das in eine schwere Krise gerät, sich eher häuten dürfte, als dass es sich selbst aufgibt und an der Ausfahrt zur Demokratie die Spur wechselt. Da ist die mit gehöriger Skepsis gewürzte ältere „interkulturelle" Politikforschung, die ihr Vorhaben als ein substanzielles und nicht als ein methodisches und modellierendes versteht, von jeher realitätsnäher und aussagekräftiger.

Literatur

Burnell, P. (2000). Democracy assistance: The state of the discourse. In P. Burnell (Hrsg.), *Democracy assistance: International co-operation for democratization* (S. 3–33). London: Frank Cass.
Patzelt, W. (2009). Was soll und wie betreibt man vergleichende Diktaturforschung? Ein forschungspolitischer Essay in evolutorischer Perspektive. *Totalitarismus und Demokratie, 6,* 167–207.

If you have any concerns about our products,
you can contact us on
ProductSafety@springernature.com

In case Publisher is established outside the EU,
the EU authorized representative is:
**Springer Nature Customer Service Center GmbH
Europaplatz 3, 69115 Heidelberg, Germany**

Printed by Libri Plureos GmbH
in Hamburg, Germany